论"期权腐败"

及其治理

阎德民　刘兆鑫　著

人民出版社

目　录

自　序 ……………………………………………………（1）

绪　论 ……………………………………………………（1）

第一章　"期权腐败"的含义及其分类和特点 …………（4）
　　一、"期权腐败"的含义 ……………………………（4）
　　二、"期权腐败"的分类 ……………………………（10）

第二章　"期权腐败"的本质特征及其具体特点 ………（23）
　　一、"期权腐败"的本质特征 ………………………（23）
　　二、"期权腐败"的具体特点 ………………………（28）

第三章　"期权腐败"的演变趋势及其危害 ……………（37）
　　一、"期权腐败"的演变趋势 ………………………（37）
　　二、"期权腐败"的危害性 …………………………（56）

第四章　"期权腐败"现象滋生蔓延的直接原因和深层次
　　　　原因 ……………………………………………（87）

一、"期权腐败"现象滋生蔓延的直接原因 ……………（87）

二、"期权腐败"现象滋生蔓延的深层次原因 ………（90）

第五章 加强反腐倡廉宣传教育，夯实预防和治理"期权腐败"的思想道德基础 ……………（131）

一、充分认识新形势下加强反腐倡廉宣传教育的重大意义 ……………………（132）

二、重点加强对各级领导干部的反腐倡廉宣传教育 ………………………（134）

三、大力推进廉政文化建设 ……………（143）

四、着力构建拒腐防变教育长效机制 ……………（147）

第六章 加强对权力的制约和监督，牢牢把握预防和治理"期权腐败"的关键 ……………（152）

一、预防和治理"期权腐败"，重在加强对权力运行的制约和监督 ……………（152）

二、预防和治理"期权腐败"，核心在强化对权力运行的制约 ……………（156）

三、预防和治理"期权腐败"，关键在加强对领导干部的监督 ……………（166）

第七章 推进制度体制机制创新：预防和治理"期权腐败"的根本路径 ……………（178）

一、进一步加大体制机制制度创新力度是有效预防和治理"期权腐败"的客观要求 ……………（178）

二、着力推进预防和治理"期权腐败"的体制创新 ………
……………………………………………………（184）

三、加快推进预防和治理"期权腐败"的机制创新 ………
……………………………………………………（197）

四、扎实推进预防和治理"期权腐败"的制度创新 ………
……………………………………………………（207）

第八章　加快廉政法治建设：预防和治理"期权腐败"
　　　　的迫切要求 ………………………………（233）
一、"期权受贿"犯罪的构成要件 …………………（233）
二、关于"期权受贿"立法入罪的若干思考 ………（245）
三、关于甄别和认定"期权受贿"犯罪的几个问题 ………
……………………………………………………（262）
四、关于惩治"期权受贿"犯罪的立法建议 ………（269）

附录一　"期权腐败"及其治理对策 …………………（287）

附录二　再论"期权腐败"及其治理对策 ……………（300）

附录三　论构建中国特色社会主义权力制约机制 ……（313）

附录四　关于惩治"期权受贿"犯罪的立法建议 ……（323）

主要参考文献 …………………………………………（340）

后　　记 ………………………………………………（347）

自　　序

一

2004 年初春的一天上午 10 点左右，我照例来到所在研究所办公室翻阅当天新来的报纸。翻着翻着，光明日报社主办的《文摘报》上摘编的一篇文章立即吸引了我的眼球。这是原刊发于《京华时报》的不足 400 字的一篇短文，文章的题目是：《警惕权力腐败的"期权化"》。由于是一篇短文，我在这里不妨把它全文摘录下来：

在两会采访中，有代表委员议论：现在一些"聪明"的领导干部为企业办事谋好处，在位时不拿企业的钱，而在退休后或辞职去企业"打工"时，以高额薪酬的方式得到老板的回报。浙江省经济建设咨询委员会副主任翁礼华代表说，群众把这种现象称为权力腐败的"期权化"。在当前沿海地区干部"下海热"中，这种权力腐败的"期权化"，是值得警惕的新动向。现在，领导干部"下海"最受争议的有两种类型:一是县、市党政领导或综合管理部门的领导到自己曾管辖地区的企业任职。据了解,级别越高的干部,到企业去享受的待遇也越高,其收入是原来的几倍、甚至十几倍。二是职能部门掌握行政审批权的领导干部,"下海"后到原来被审批的企业任职。在不少地方,土地、城建、房地产管理部门的领导干部,辞职或提前退休后到房地产公司任职的已屡见不鲜。一位代表对记者说,有的干部一下海就能拿到几十万元的年薪,还能得到车、房和股份。没有"特殊"贡献,老板哪能给如此待遇。[1]

细细阅读之后,我陷入了深深的思索:腐败"期权化"的本质特征是什么,它同传统的腐败现象有什么区别?为什么会出现这样一种新的腐败现象……

思索之余,我便下决心对"期权腐败"进行深入研究,探寻其本质特征,揭开其神秘面纱,揭露其巨大的社会危害性,探索预防和治理这种新型腐败现象的路径和办法,为新形势下的党风廉政建设和反腐败斗争贡献自己的一份绵薄之力。

由于"期权腐败"是一种新出现的腐败现象,当时关注和研究此类腐败现象者甚少。为了获取和借鉴已有的相关成果,我通过互联网和报刊、图书等纸质印刷品两大途径广泛查询,结果收效甚微、令人大失所望:除了少数几篇短小的新闻报道类文章以外,几乎看不到一篇像样的理论文章。研究工作陷入了巨大的困顿之中。

"山重水复疑无路,柳暗花明又一村"。就在笔者苦于找不到研究的切入点的时候,2004年11月17日《解放日报》刊登的一篇题为《浙江探索遏制官员"权力期权"打击变相腐败》

的文章及其给予笔者的启迪，使笔者从先前的困顿中解脱出来。该文引用了时任浙江省人民政府参事室主任的金士希先生提供的"期权腐败"案例或"疑似"案例。案例一：浙东南某县级市的房管办负责人在位时，通过各种关系精心策划将市区黄金地段大片地块出让给某民营企业，该企业借此开发的小商品市场建成后，日进斗金，成了"亿元户"。房管办负责人退休后，该企业老板把他聘为本公司干部，年薪 30 万，高级住房一套，以及每年几万元的请客送礼签批权。案例二：浙西某县级市城建局局长，在位时为某建筑企业在几次重大项目的"公开招投标"过程中施加权力影响，并亲自出面替该企业弄到了银行贷款，使原本实力不强的企业一年内蹿升至当地建筑企业中的"龙头老大"地位。该局长退休后，企业将其派往江西"负责"业务，实则坐在家里收钱[2]。

看了这篇文章特别是金士希先生提供的两个案例，使笼罩在笔者心头的迷雾顿时趋于消散。这篇文章特别是金士希先生提供的两个案例，给了笔者研究思路和研究方法论上的深刻启迪：从研究具体的实际案例入手，通过"期权腐败"案例与传统的腐败案例，以及此一"期权腐败"案例与彼一"期权腐败"案例的比较研究，揭示"期权腐败"的本质特征，探索"期权腐败"滋生和蔓延的规律，进而探寻预防和治理"期权腐败"的路径与办法。

得到这一启示，于是笔者便投入到了具体的实际案例的收集和比较研究之中，并将这一研究与当前腐败与反腐败的博弈形势的研究紧密地结合起来。

在研究过程中，笔者对"期权腐败"逐渐有了一些粗浅的认识。在此基础上，笔者撰写了《"期权腐败"及其治理对策》[3]

一文。该文首次对什么是"期权腐败"作出了自己的阐述：

> 所谓"期权腐败"，是一种类似于期货投资的套期式腐败行为。其表现通常是，职务犯罪嫌疑人与商业性经营主体之间达成某种权钱交易的"期权契约"。根据这种"契约"，职务犯罪嫌疑人在位时利用其手中掌握的权力，为商业性经营主体谋取非法利益，但并不要求受益人即时给予回报，而是让对方在未来的某个适当时候给予其形式不同的巨额回报。这个"未来的某个适当时候"，一般是指职务犯罪嫌疑人离开一定职位（退休、退职、离职）以后。

在这篇文章中，笔者探讨了"期权腐败"滋生和蔓延的社会历史背景。指出：近年来，随着反腐败力度的不断加大，一些腐败分子逐渐感到了在权力寻租中前所未有的压力和风险。他们既不甘心放弃权力寻租，又担心在权力寻租中东窗事发，于是便绞尽脑汁不断研究和"创新"以权谋私、权钱交易的策略与手法，力图探寻更加隐秘、能够有效规避风险的腐败方式。一些腐败分子不敢再明目张胆地以现权套现利，转而采取在任时将手中的权力作为一种无形资产进行"资本投资"，待离职以后再套现"投资收益"的方式和策略。这表明，"期权腐败"是权钱交易空间日趋狭小而出现的新变种。此外，笔者还指出了"期权腐败"滋生和蔓延的诱因，强调："寻租"利益回报的高兑付率和高安全性，是"期权腐败"形式受到愈来愈多的腐败分子青睐的重要诱因。虽然，职务犯罪嫌疑人在为不法商人谋得巨大利益后辞去官职，亦有回报得不到兑付之虞（如果得不到兑付，职务犯罪嫌疑人也无可奈何），但从现实情况看，这种风险很小，一般都能依约兑付。"期权腐败"不仅兑付率较高，同时又经过了多种多样的遮蔽，因而安全系数也比较高，大大降低了东窗事发的几率。

在这篇文章中，笔者还比较深入地分析了"期权腐败"现象滋生和蔓延的制度、体制、机制层面的原因。指出，"期权腐败"现象之所以得以发生和蔓延，同现行经济、政治、法律的体制和制度性弊端密切关联。这些弊端主要表现在以下几个方面。一是政府职能尚未得到根本转变，行政权力对微观经济活动特别是投融资活动的干预依然过多。政府干预经济活动能够在一定程度上弥补市场的缺陷，但对微观经济活动特别是投融资活动的干预过多，为腐败分子利用行政权力从事寻租活动提供了机会和空间。二是领导与决策体制改革还不到位，权力过分集中问题尚未得到根本解决。在不少地方和单位，对重要建设项目的安排和大额度资金的使用，决策权仍集中在少数人特别是"一把手"手里，大到城市规划、土地批租，小到合同的签订与合同的履行，往往是"一把手"说了算。这种情况，很难对权力运行进行有效制约和监督，从而为腐败分子搞"暗箱操作"、权力寻租创造了条件。三是权力运行机制还有待进一步完善，对权力运行的监督制约亟待加强。权力配置不够科学，程序不够严密；权力运行不够规范，过程不够透明；监督制约机制不够健全，对权力运行的约束相当乏力，等等，所有这些都为权力寻租留下了制度和机制上的漏洞与缝隙。四是法律制度不够完善，尚存在相当大的法律真空。由于"期权腐败"是权力扩张和寻租的新变种，且具有很大的遮蔽性，因而我们目前对其还缺乏足够的法理学方面的认识，暂时还很难制定出相应的具体适用的法律规范，尚未将其纳入法律调整的对象范围。

笔者在揭示"期权腐败"的本质特征方面进行了尝试。笔者指出:从权力寻租和扩张的一般规律看,通常具有空间和时间两个维度。在现代法治社会,任何公权力都有其法定的行使边界。缺失行使边界,必然造成权力滥用,而权力自身又都具有突破这种行使边界以期扩张和寻租的天然禀性。权力超越法定边界的扩张和寻租,即为权力在空间上的寻租和扩张。权力的扩张和寻租通常会产生两大后果:一是损害公众利益,二是谋得个人私利。这两种后果既可同时发生,亦可异时发生。寻租和扩张后果发生时序上的这种延展性,即是权力在时间上的寻租和扩张。"期权腐败"即属于权力在时间维度上的寻租和扩张。这种寻租和扩张模式具有相当的遮蔽性和欺骗性。行为人利用寻租和扩张后果发生时序的延展性,故意使损害公众利益的后果发生在前,谋得个人私利后果发生在后,打一个时间差,模糊两种后果发生之间的关联性,借以掩人耳目、瞒天过海,达到规避风险、逃避打击的目的。

接下来,笔者分析了"期权腐败"的具体特点。指出"期权腐败"区别于其他腐败的一个最显著标志,在于其权钱交易是现权与期利之间的一种交易。职务犯罪人不是像有些贪官那样一手办事、一手要钱,而是着眼长远,先投入后求回报,离职前利用职务上的便利为不法商人谋取利益,当时并不要求即时得到回报,而是在事隔相当长时间甚至多年待其离职后,才以各种貌似合法的方式加以兑现。这是其本质特征。由这一本质特征所决定,"期权腐败"具有以下一些具体特点。一是具有较强的预谋性。作为一种智能化程度较高的职务犯罪实施者,行为人一般都具有较高的智商,并对与其职务相关的专业知识和法律法规相当熟知，反侦查能力比较强。为规避风险，在实施职务犯罪以前，通常都进行了精心、周密的谋划，在心理上和作案条件上做了充分准备，而且其预谋多是围绕反侦查这一核心展开的，意在逃避法律的追究。有的甚至不惜出重金，请"高人"指点。二是具有较强的纠合性。犯罪嫌疑人一般数量较少，通常只有职务犯罪者和不法商人两个自然人构成。双方一般是战友、同学、老乡关系，是彼此之间最信得过、靠得住的"铁哥们"，情感深厚、彼此耦合、过往甚密、便于沟通，容易臭味相投、沆瀣一气，易于在主观上形成共同的犯罪故意，在犯罪目的、动机和手段上达成共识，结成紧密的利益共同体，订立宁死不招的攻守同盟，且在实施犯罪过程中彼此角色配合默契。即便是一方东窗事发、身陷囹圄，也自恃彼此之间的这种过硬关系，负隅顽抗。三是具有较强的时差性。与以往那种赤裸裸的权钱交易行为相比，"期权腐败"中的权钱交易并不是简单的即时兑现式的投桃报李，而是采取了十分隐秘的手法。经过周密的设计和策划，职务犯罪者和不法商人故意将权钱交易的实施过程拖长，使职务犯罪者谋得个人私利后果的发生，大大滞后于损害公众利益后果的发生，以模糊二者之间的因果关系。从时间跨度上看，两种后果发生的时间差通常达几年甚至十几年之久。四是具有较强的异域性。"期权腐败"中的权钱交易双方，虽是好朋挚友，但并不一定处在同一地域。市场经济语境下，资本的跨地域、跨行业、跨国境流动十分频繁。权钱交易双方充分利用这样的机会，彼此勾结，共同犯罪。有的职务犯罪者甚至以境外的不法商人为合作对象，在国内为对方牟取非法利益，在境外得到回报。有的职务犯罪嫌疑人以前曾在国有控股公司任过职，后来又担任党政领导职务。在国有控股公司任职时，与民营企业老板达成期权交易协议，离职后被依约聘任到民营企业任职，直至此时，其所得回报才得以兑付。同时，一些不法商人反哺职务犯罪嫌疑人的回报也形式多样，花样翻新，通常以各种看似"合情、合理、合法"的形式兑现。

在这篇论文中，笔者初步探讨了"期权腐败"的巨大社会危害性。强调："期权腐败"的遮蔽性强，因而其社会危害性也较大。由于职务犯罪嫌疑人认定这种腐败行为安全系数大，因而往往尽可能地把手中权力的运用空间发挥到极致，为不法商人谋取尽可能大的利益，以便将自己手中的权力转化为尽可能大的资本，为自己争得尽可能大的期权收益。此类职务犯罪以国家的经济权益为其主要侵害客体，往往会造成巨额的国有资产流失，严重损害社会公共利益。

最后，笔者尝试提出预防和治理"期权腐败"的对策。指出，"期权腐败"这一腐败新变种的发生和蔓延，已经引起社会各界的忧虑和关切。要坚持标本兼治、综合治理、惩防并举、注重预防的战略方针，积极探索从体制、机制、制度上预防和惩治"期权腐败"的有效途径，努力从源头上不断铲除"期权腐败"滋生蔓延的土壤。笔者在文中提出的具体对策主要有以下七条：

一是悉心研究和探讨"期权腐败"的特点和规律，为从源头上防治"期权腐败"奠定思想认识基础。当前，我们对"期权腐败"的特点和规律还知之不多，知之不深。这是目前惩治和预防"期权腐败"还相当乏力的一个重要原因。要进一步深化对"期权腐败"现象的研究，科学界定这一职务犯罪的构成要件，深刻揭示和准确把握其基本特征，为加强反腐防腐立法、惩治"期权腐败"犯罪，提供科学的量刑依据和标准。同时，还要动态剖析"期权腐败"现象发生蔓延的条件和环境、过程与环节，找出相关体制、机制、制度和管理上存在的漏洞与薄弱环节，不断增强反腐败工作的预见性、针对性和有效性。

二是进一步加强反腐倡廉教育，切实筑牢抵御"期权腐败"的思想道德防线。那些堕落为"期权腐败"分子的党员领导干部，往往是从思想道德防线失守开始的。防治"期权腐败"，基础在于加强思想道德建设。要以各级领导干部为重点，以树立马克思主义的世界观、人生观、价值观，正确的权力观、地位观、利益观，科学的发展观和政绩观以及社会主义荣辱观为根本，以艰苦奋斗、廉洁奉公为主题，以更好地做到立党为公、执政为民为目标，进一步加强反腐倡廉教育。要坚持和完善反腐倡廉"大宣教"的工作格局，把思想道德教育和纪律教育贯穿于工作的各个环节，把教育、制度规范和严格管理有机结合起来，发挥整体效能，形成合力。充分利用现代教育手段，开展正面宣传和警示教育，弘扬正气，激浊扬清，以案明纪，警钟长鸣。切实加强廉政文化建设，积极营造良好的党风廉政建设和反腐败工作的社会环境、舆论环境和人文环境，进一步增强各级领导干部廉洁自律、廉洁从政意识，筑牢拒腐防变思想道德防线。

三是继续深化改革，通过体制和机制创新逐步铲除腐败现象产生的土壤和条件。"期权腐败"之所以在一些领域、环节和部位得以滋生和蔓延，是同这些领域、环节和部位存在着的体制和机制上的缺陷和弊端分不开的。预防和治理"期权腐败"，关键在推进体制和机制创新。要着重抓住那些容易产生"期权腐败"的重点领域、环节和部位，加快推进行政审批制度、财政管理体制、投融资体制改革和干部人事制度改革。当前，要重点推进建设工程招投标、经营性土地使用权出让、产权交易、政府采购等管理体制和机制创新。要引入市场竞争机制，建立统一开放的招投标中心，对经营性土地使用权出让、建设工程发包、企业产权交易和政府采购实行公开招投标或拍卖，规范各类招投标、交易、采购中心的运行机制与管理监督制度，切实做到与政府主管部门机构、职能、人员、财务“四分开”，割断领导干部利用职权干预和插手这些经济活动以从中进行“期货交易”的可能。要加快行政管理体制改革，推进政府职能转变，着力建设有限政府、法治政府、责任政府和服务政府，充分发挥市场在资源配置中的基础性作用，严格禁止领导干部插手微观经济活动，防范权力进入市场。应建立重大建设项目和投融资活动终身责任追究制，不管职务犯罪嫌疑人离职多少年，都要依法追究其法律责任。

四是进一步加强制度建设，为预防“期权腐败”提供可靠的制度屏障。反腐倡廉，制度更带有根本性、全局性、稳定性和长期性。预防和治理“期权腐败”，关键在加强制度建设。要适应新形势新任务的要求，切实加强以党章为核心的党内法规制度体系建设，着力提高制度的科学性、系统性、权威性，做到用制度管权、用制度管事、用制度管人。要对权力进行适度的分解，坚决改变一个人说了算的金字塔权力结构，建立健全决策权、执行权、监督权既相互制约又相互协调的矩阵型亦即网状权力结构，形成结构合理、配置科学、程序严密、制约有效的权力运行机制，以便有效地防止权力失控、决策失误、行为失范。全面贯彻落实党风廉政建设责任制，进一步完善报告制度、谈话制度、述职述廉制度、评议制度、考核制度和责任追究等制度，坚持和完善“三重一大”集体决策制度、领导干部经济责任审计制度，健全信访举报管理制度，深化和完善政务公开制度；建立健全内部控制制度。加快廉政立法进程，进一步完善相关的法律规范。

抓紧研究制定反"期权腐败"的专门法律条款，修订和完善刑法、刑事诉讼法等相关法律制度。

五是进一步加强对领导干部行使权力的全方位、全过程监督，最大限度地减少"期权腐败"发生的可能。"期权腐败"的本质是权力的失控、失范和滥用。历史和现实都表明，失去制约和监督的权力必然导致腐败。预防和治理"期权腐败"，重在加强对权力运行的制约和监督。把权力运行置于严密的制约、监督之下，权钱交易就失去了条件，无论是"即时交易"还是"期权交易"均难以进行。要增强监督意识。权力具有潜在的扩张性、诱惑性和腐蚀性，只有切实加强对权力运行的制约和监督，才能有效遏制"期权腐败"的滋生和蔓延。要突出监督重点，着重加强对领导干部特别是主要领导干部的监督，加强对重点环节和重点部位权力行使的监督。尤其要加强对财政资金运行的监督，依法规范财政资金分配行为；加强对国有资产和金融的监管，健全对国有资本投资决策和项目法人的约束机制，实行重大投资项目论证制和重大投资决策失误追究制。要拓宽监督渠道，充分发挥各监督主体的积极作用，使各种监督形式有机结合、各方面监督力量有效配合。切实加强党内监督，支持和保证人大、政协、司法和政府专门机关的监督。尤其要切实加强社会监督，依法保障公民的知情权、参与权、选择权、监督权和检举权、控告权、申诉权，认真受理人民群众举报反映的问题。

六是依法规制行政自由裁量权，最大限度地压缩"期权腐败"的滋生和蔓延空间。滥用行政自由裁量权，是权力扩张和寻租、"期权腐败"滋生的温床。自由裁量权是指国家主体在法律、法规规定的原则和范围内有选择余地的处置权力，其实质是行政主体在法定的范围和幅度内，对具体的行政行为以及行为的范围、方式、种类、幅度、时限等拥有自行选择权和决定权。赋予行政主体这样的权力，便于行政主体在复杂多变的问题面前审时度势、权衡轻重、灵活机动地作出决断，履行职责，以避免错过处置问题的最佳时机，确保行政效率和行政效能。但正由于行政自由裁量权具有选择性和较强的任意性，行政主体可在法定范围内相对自由地作出决断和处置的特点，也容易导致行政主体滥用该权。在依法治国的时代背景下，慑于法治的威严，一些腐败分子在滥用权力的方式选择上慎之又慎，往往要为其披上"合法合规"的外衣。于是，滥用行政自由裁量权便成为他们搞"期权腐败"的首选。预防和治理"期权腐败"，必须依法规制行政自由裁量权。要进一步完善行政立法，从源头上加强对行政自由裁量权的控制。应根据法的目的，对自由裁量权行使的条件、运用的范围、裁量的幅度、事实要件的确定标准等作出准确、明晰的规定，以尽可能地压缩自由裁量的弹性空间。要进一步完善程序立法，强化对自由裁量权的程序控制。行政程序是公正与效率的平衡机制。应通过制定实施细则，以严密的行政程序来规范自由裁量行为。要进一步强化对行政自由裁量的监督，建立自由裁量公示制度，使自由裁量权的行使在"阳光"下运行；建立自由裁量登记报告备案制度，使自由裁量权的行使有案可稽；建立自由裁量质询制度，使自由裁量权行使中的违规行为得以及时发现与纠正。

七是进一步规范和完善领导干部辞职制度，切实加强对领导干部辞职以后从事经营活动情况的跟踪监督。辞职从事经营活动，是权力滥用受益者向原权力行使人兑付期权收益的重要形式和关键阶段。防治"期权腐败"，还需在期权收益套现这一重要环节进行跟踪追击。要进一步规范领导干部辞去公职的条件，健

全和完善领导干部辞去公职的审核、批准程序，健全和完善领导
干部辞去公职经济责任审计制，建立健全领导干部辞职以后遵守
有关从业规定的承诺制。依法对领导干部离开公职后从事经营活
动作出更加严格的限制，明确规定不得从业任职的区域、单位和
业务范围以及禁入的期限，进一步明确违反离职从业限制者所应
承担的法律责任以及对其所采取的强制性制裁措施。

二

在取得上述初步研究成果的基础上，2007 年春天，经过长
达一个半月的课题论证，笔者以《"期权腐败"问题研究》为题
申请了当年的国家哲学社会科学基金一般项目。

在论证国家哲学社会科学基金一般项目过程中，笔者对
"期权腐败"这一腐败新变种有了新的进一步认识，遂于 2008
年撰写完成了《再论"期权腐败"及其治理对策》[4] 这样一篇反
映自己新观点、新看法的论文，对"期权腐败"现象及其治理
进行了新的探讨。

这篇论文修正了笔者于 2006 年发表的那篇题为《"期权腐
败"及其治理对策》的论文中的某些观点，其中最核心的，就
是修正了以往对请托人向利用职务上的便利为其谋取利益的国家
工作人员兑现约定的"期利"的"未来的某个适当时候"所做
的界定，强调离开一定职位并不是"期权腐败"的必备要件，
国家工作人员在职期间收受贿赂的一些贪腐行为，同样也带有
"期权腐败"的色彩，具有"期权腐败"的性质。在此基础上，
笔者将"期权腐败"作了在职型"期权腐败"和离职型"期权
腐败"的区分。

　　笔者首先再次对"期权腐败"作了概念上的界定，指出：所谓"期权腐败"，是指把公共权力当作一种资本，被掌握这种权力的国家工作人员利用来为请托人谋取利益，此后请托人在某个时期内按照事前的约定，将"投资收益"回报给该国家工作人员或者其亲属等利益相关人。笔者接着指出：在这里，掌握公共权力的国家工作人员为他人谋取利益，但并不要求立即兑付回报，而是约定在未来的某个适当时候再予以兑现。这个"未来的某个适当时候"，或者是该牟利行为的影响期过后，或者是待该国家工作人员离开一定职位（退休、退职、辞职）以后。而在 2006 年发表的那篇题为《"期权腐败"及其治理对策》的论文中，笔者曾经把"未来的某个适当时候"，界定在国家工作人员"离开一定职位（退休、退职、辞职）以后"。现在看来，似有不妥。依目前笔者愚见，这个"未来的某个适当时候"，不仅应当包括"离开一定职位（退休、退职、辞职）以后"，而且还应当包括国家工作人员在职期间。也就是说，国家工作人员在职期间收受贿赂的一些贪腐行为，同样也带有"期权腐败"的色彩，具有"期权腐败"的性质。

　　为了使自己的理论观点更具说服力和现实感，笔者结合四川省犍为县原县委书记田玉飞贪腐案对问题进行了深入的分析和阐述。2002 年，犍为县电力公司国有股转让，乐山东能集团公司董事长王德军意欲购买。在与时任县委书记的田玉飞"密谋"时，王德军提出：出资 3000 万元购买该县电力公司国有股，事成以后给田玉飞好处费 1500 万元。于是，两人很快达成了"交易协定"。在田玉飞的极力促成下，2002 年 11 月，该县将拥有 4.6 亿元总资产、1.9 亿元净资产的电力公司国有股，以 4000 万元的价格出售给了王德军的东能集团公司。由于实际收购价比请托人王德军的出价稍高些，田玉飞主动提出少要好处费 300 万元。随后，王德军便按照双方事前的约定，开始向田玉飞兑现"承诺"。到 2004 年 9 月，王德军总计向田玉飞行贿钱物价值一千二百万余元。

笔者指出，在这个案例中，尽管田某接受贿赂时并未离开原有职位，而是仍然在现任职务任期内，但是他的行为符合"期权腐败"的基本特征，具有明显的"期权腐败"性质。这种腐败行为的期权性质，并不能因为职务犯罪嫌疑人尚未离开一定职位而发生任何改变。笔者列举了以下几点理由：

首先，从"期权腐败"的内涵和基本特征看。"期权腐败"与这类现权与现利之间即时交易式的传统的、一般性的腐败现象有很大不同。"期权腐败"不同于传统的和一般性的权钱交易行为。传统的和一般性的权钱交易行为，通常是请托人向掌握公共权力的国家工作人员行贿在先，国家工作人员利用职务上的便利为请托人谋得利益在后，或者是请托人向国家工作人员行贿与国家工作人员利用职务上的便利为请托人谋得利益同时进行，亦即人们常说的"先拿钱，后办事"、"一只手受贿，一只手卖权"。"期权腐败"与这类现权与现利之间即时交易式的传统的、一般性的腐败现象存在着明显的区别。它区别于其他腐败的一个最显著标志，就在于它是"现权"与"期利"之间的一种交易：国家工作人员利用职务上的方便为请托人谋取利益，但并不要求即时回报，而是与请托人约定，在该牟利行为的影响期过后，或者国家工作人员离职以后再予以兑现。也就是说，职务犯罪嫌疑人不是像过去有些贪官那样，一手办事、一手要钱，而是先投入后求回报。他们利用职务上的便利为不法商人谋取利益，当时并不要求即时得到回报，而是着眼于长远，在事隔多年或者待其离职以后，才以各种貌似合法的方式加以兑现。可以说，它实质上是一种延期回报的权钱交易行为。在上述贪腐案中，职务犯罪嫌疑人田玉飞在为请托人王德军牟取利益的时候，并没有即时索取或者收受请托人的贿赂，而是约定在事成之后再行收受。在这里，职务犯罪嫌疑人田某既把公共权力当作谋取私利的工具，又以期权投资的方式与请托人进行"交易"，是一种典型的"期权腐败"行为。

其次，从"期权腐败"的本质特征看。在 2006 年发表的那篇题为《"期权腐败"及其治理对策》的论文中，笔者在剖析"期权腐败"的本质特征时指出，权力的寻租和扩张通常具有两个维度：空间和时间；产生两大后果：一是损害公众利益，二是谋得个人私利。这两种后果既可同时发生，亦可异时发生。寻租和扩张后果发生时序上的这种延展性，即是权力在时间上的寻租和扩张。笔者进一步指出，"期权腐败"即属权力在时间维度上的寻租和扩张。行为人之所以使损害公众利益的后果发生在前，谋得个人私利后果发生滞后，使这两种权力寻租和扩张的后果发生的时序出现错位，就是要打一个时间差，故意模糊两种后果发生之间的关联性，借以掩人耳目、瞒天过海，达到规避风险、逃避打击的目的。在田玉飞贪腐案中，职务犯罪嫌疑人利用职务上的便利为请托人王德军谋取利益，使其以明显低于实际价值的 4000 万元的价格，购得 4.6 亿元总资产、1.9 亿元净资产的县电力公司国有股，造成了国有资产的严重流失。他明知自己的这一行为会发生损害公众利益的严重后果，但是却对自己的这一行为以及由此可能造成的后果的发生采取了放任的态度。他之所以这样做，完全是为了谋得个人私利，从请托人王德军那里得到 1500 万元的"回报"。在这里，损害公众利益的后果发生在前，而从请托人那里谋得个人私利的后果发生在后，而且二者之间存在着密不可分的因果关系。这两种后果发生时序的错位性，决定了职务犯罪嫌疑人贪腐行为的期权性。

再次，从在职型"期权腐败"行为与离职型"期权腐败"行为的异同看。按照谋得个人私利后果发生时职务犯罪嫌疑人在职与否，笔者将"期权腐败"行为划分为两种类型：一种是谋得个人私利的后果发生在职务犯罪嫌疑人在职期间，另一种则是谋得个人私利的后果发生在职务犯罪嫌疑人离职之后。前者可简称为在职型"期权腐败"行为，而后者则可简称为离职型"期权腐败"行为。二者既有区别，又有联系。二者的区别主要在于并且仅仅在于：在前一种类型"期权腐败"行为中，谋得个人私利的后果发生在职务犯罪嫌疑人在职期间，而在后一种类型"期权腐败"行为中，谋得个人私利的后果发生在职务犯罪嫌疑人离职之后。二者的这种区别，丝毫也不能湮没或者改变它们的"期权腐败"的共同性质：二者均是把权力作为一种资本进行"投资"，以期获得某种收益，并且二者均是损害公众利益的后果发生在前，谋得个人私利后果发生滞后。

在新的这篇论文中，笔者进一步提出了一个新的观点，即"事先约定是'期权腐败'不可或缺的构成要件"。笔者指出，"期权腐败"是一种事后受贿类的职务犯罪行为，但是该种职务犯罪行为又同一般性的事后受贿职务犯罪行为存在着一定的差异。二者的本质区别就是在于国家工作人员在利用职务上的便利为请托人谋取利益时，其是否就贿赂的标的物及其数量和事后双方交接的时间、方式等事项，与请托人进行了约定。当然，约定的内容可简可繁；约定的形式可以是书面的，也可以口头的；约定的主动方可以是国家工作人员，也可以是请托人。在"期权腐败"型职务犯罪行为中，当事人双方就这些事项进行了某种形式的约定，而在一般性事后受贿职务犯罪行为中，当事人双方则未就这些事项进行任何约定。

为了阐明自己的上述观点，笔者又做了举例说明。某国有公司总经理陈某，利用职权为下属李某单独制定了一个特殊的利润提成办法，并以公司文件的形式下发。由此，李某的年度提成比例比当时公司别的处室的提成比例高出许多倍，两年间共有总额达一百八十余万元的超额利润归个人支配。为感谢陈某对他的这种特殊关照，李某先后分 3 次将 33 万元人民币和 15 万元港币送给陈某。陈某的妻子用李某送的钱在珠海以本人的名义购买了一套价值 50 万元的商品房。

在这个案例中，尽管陈某的行为亦属事后受贿类的职务犯罪行为，但是其事前并未就收受贿赂的有关事项与李某进行约定。他事先为李某谋取利益时并没有受贿的故意，但在事后明知李某所送的财物是对自己职务行为的不正当回报而予以收受，于是便具有了收受贿赂的故意。因此，陈某的行为构成了受贿罪，但不属于"期权腐败"型职务犯罪行为。陈某的行为之所以不属于"期权腐败"型职务犯罪，主要在于陈某利用职务上的便利为李某谋取利益之时，未就李某给予其回报的相关事宜与李某作"事先约定"，而离开这种"事先约定"，陈某的事后受贿行为就不具有期约性。也就是说，陈某利用职务上的便利为李某谋取利益时，并没有将手中的权力当作"期权投资"的资本，没有以此获取李某不菲回报的主观上的期待。既然陈某未将手中的权力当作"期权投资"的资本，亦没有以此获取不菲回报的主观期待，那么他的受贿行为当然就不属于"期权腐败"型职务犯罪。而前面所举的田玉飞贪腐案中，请托人王德军在与田玉飞"密谋"时，开出 1500 万元的价码来收买田玉飞，条件是田玉飞必须利用职务上的便利为其谋取利益：以 3000 万元的价格收购总资产为 4.6 亿元、净资产达 1.9 亿元的县电力公司国有股。这是一个典型的"事先约定"、事后受贿类的职务犯罪案例。在这个"约定"中，"交易"双方就请托事项和贿赂的标的物及数量与时间等进行了约定。于是，作为国家工作人员的田玉飞在收受请托人王德军的钱财之前，应请托人王德军的请求，许诺为他谋取利益，那么这种请求和许诺之间在客观上就形成了一种以权换利的约定。这种约定的本身就使职务行为的纯洁性不可收买性受到了侵犯，具备了受贿罪最本质的犯罪特征。这个约定的达成，使田某收受贿赂的主观故意表露无遗：他明知利用职务上的便利为请托人谋取利益而非法收受贿赂的行为是一种损害其职务行为廉洁性的犯罪行为，而故意地实施这种行为。在其受贿的主观故意中，不仅包含有非法收受他人财物的故意，而且还包含有为他人谋利益作为非法收受财物的交换条件，即以权换利的故意。在这起贪腐案中，田玉飞不仅主观上具有索取和收受他人财物的故意，而且其行为还具有明显的期约性。这种期约性，集中和突出地体现在田玉飞与请托人王德军所达成的那个"约定"上。透过该"约定"，作为国家工作人员的田玉飞作出了利用职务上的便利为请托人王德军谋取利益的许诺。利用职务上的便利为请托人谋取利益，作出如此这般许诺，其本身就是一种行为。这种许诺一经作出，就在作为国家工作人员的田玉飞与请托人王德军之间客观地形成了以权换利的权钱交易关系，并以该种关系的形成使人们产生以下认识：国家工作人员的职务行为是可以收买的，只要给予一定的财物，就可以使国家工作人员为自己谋取各种利益。这本身就使国家工作人员职务行为的不可收买性受到了侵犯。于是，无论田玉飞为请托人谋取的利益是否正当，也不论他为请托人王德军谋取的利益是否实现，其行为已经具备了刑法所规定的受贿罪的客观要件。

在此基础上，笔者强调指出，利用职务上的便利为他人谋取利益并在事后收受他人财物，这是典型的受贿犯罪形式。一般情况下，无需考察事先有无明确约定，因为行为人收受他人财物的行为本身就说明了他主观上具有受贿的故意，认定为受贿是没有争议的。但是，要认定"期权腐败"型职务犯罪行为，则必须对国家工作人员与请托人双方事先有无约定的情形作出详尽的考察。以往人们也十分注重对国家工作人员事后收受他人财物（无论是在职期间还是离职以后）的案件中有无事先约定的情形进行考察，但是他们作出这种考察的目的，主要在于对行为人事后收受他人财物是否构成受贿罪作出正确判断，以避免客观归罪现象的发生。譬如，有些专家学者认为，国家工作人员利用职务上的便利为他人谋取利益离退休后收受财物的，要认定其受贿罪，须以在职时有事先约定为定罪条件。如果没有这一限制要件，很有可能造成客观归罪。很显然，这些专家学者是从犯罪构成与否即罪与非罪的视角，来考察事先约定对于办理"期权腐败"这一新类型受贿刑事案件的意义的。笔者以为，事先约定不仅是国家工作人员事后受贿构成受贿罪的主观要件和客观要件，而且也是国家工作人员此类行为构成"期权腐败"型职务犯罪的认定要件。"期权腐败"型职务犯罪行为的最本质特征是它的期约性。这里所说的"期约"，指的是作为国家工作人员的受贿者与作为请托人的行贿者之间就前者利用职务上的便利为后者谋取利益、后者在未来一个时期内向前者交付贿赂的有关事项达成意思合致而形成的约定。该约定以国家工作人员即时职务上的行为为对价而期约收受请托人的财物。该约定的达成，标志着现权与期利之间期约对价关系的确立。此类约定的达成和此种期约对价关系的确立，是认定"期权腐败"型职务犯罪行为的限制要件。假如没有此类约定的达成和此种期约对价关系的确立，或者案发后没有充分证据证明有此类约定的达成和此种期约对价关系的确立，就无法认定其以权换利行为的期约性，从而也就无法认定其行为是"期权腐败"型职务犯罪行为。

在取得上述新的认识的基础上，笔者就惩治和预防"期权腐败"提出了新的对策建议，强调：制度创新是惩治和预防"期权腐败"的根本路径。

笔者指出，从现实情况看，"期权腐败"之所以得以滋生蔓延，其社会背景和因素是相当复杂的，因此治理这种腐败必须采取综合措施，作出多种路径选择。同时又要清楚地认识到，治理"期权腐败"，最根本的是要靠制度、靠法制。这就要求我们必须把制度创新放在更加突出的位置，着力从源头上解决深层次问题。预防和治理"期权腐败"，核心是加强制度建设，推进体制、机制、制度创新。现在，"期权腐败"之所以能够在一些领域和环节滋生蔓延，一个重要原因，就是在于这些领域和环节的体制、机制、制度还不完善不健全，还存在一些漏洞和缺陷。我们必须按照十七大的部署和要求，在坚决惩治腐败的同时，更加注重治本，更加注重预防，更加注重制度建设，通过新的体制、机制、制度安排筑牢从源头上预防和治理"期权腐败"的制度防线。当前和今后一个时期推进制度创新，要着力做到以下几个方面：

一是要坚持以规范和制约权力运行为核心。历史和现实都表明，权力一旦失去规范和制约，必然导致腐败。目前一些"期权腐败"现象之所以能够滋生蔓延，其中的一个重要原因，就是对权力运行规范的乏力和制约的缺位。要有效预防和治理这类受贿犯罪，必须按照结构合理、配置科学、程序严密、制约有效的原则，建立健全决策权、执行权、监督权既相互制约又相互协调的权力结构和运行机制，将权力运行的每一个部位、每一个环节都置于有效的监督之下，切实把预防腐败的要求落实到权力结构和运行机制的各个环节。严格落实党内监督制度，督促各级领导机关、领导干部特别是"一把手"认真执行民主集中制，切实做到科学民主决策、依法规矩用权。要通过建立健全各项制度，努力形成用制度规范从政行为、按制度办事、靠制度管人的有效机制，保证权力在阳光下运行，防止权力失控、决策失误和行为失范，最大限度地减少权力"寻租"的机会。

二是要坚持以"期权腐败"易发多发的重点领域和关键环节为着力点。从现已经查处的"期权腐败"案件的相关情况看，此类受贿犯罪大多发生在工程建设、房地产开发、土地批租和金融、司法等领域，以及干部人事、行政审批、行政执法、财政资金运行等权力行使的关键环节和掌管人、财、物的关键岗位。针对这种情况，要重点研究干部人事、行政审批、土地管理、国有资产管理、财税金融、投资体制等方面权力的科学配置，用制度强化对干部人事权、司法权、行政审批权和行政执法权运行的规范和制约，用制度强化对财政资金和金融以及国有资产的监管，靠制度实现对权力在这些领域和环节的运行进行全方位、全过程的监控，靠制度防止"期权腐败"在这些领域和环节的频发与蔓延。对于资源不能完全由市场配置、垄断性比较强的领域，应认真组织相关制度的廉政风险评估，加强制度建设，堵塞制度漏洞，坚决防止因垄断引发权力滥用问题。

三是要坚持以改革统揽预防和治理"期权腐败"的各项工

作。改革是发展中国特色社会主义的强大动力，也是从源头上防治腐败的根本途径。预防和治理"期权腐败"，必须始终坚持这一治本的办法。要以改革创新精神把制度建设贯穿于"期权腐败"预防和治理工作的各个环节，不断深化对"期权腐败"这种新型受贿犯罪的特点和规律，研究提出惩治和预防此类犯罪行为体系建设的新思路、新办法、新举措。要把惩治和预防这种新型受贿犯罪寓于各项改革措施之中，坚持用改革的办法解决导致此类犯罪行为发生的深层次问题。要坚持以改革创新精神加强制度建设，紧紧围绕权力制约、资金监控和从政行为规范，加快推进干部人事、司法体制、行政管理、社会体制、财税、金融、投资体制、国有企业等方面的改革和现代市场体系建设及相关改革，最大限度地减少以权谋私、权钱交易的体制机制漏洞。

笔者还提出，推进制度创新，当前和今后一个时期应当确立和秉持下列重要理念：

一是民主理念。推进体制机制制度创新、预防和惩治腐败，核心是规范和制约权力运行。而要规范和制约权力运行，保证人民赋予的权力始终用来为人民谋利益，关键在树立民主理念，强化民主监督。民主是腐败的天敌，是规范和制约权力运行的利器。大量事实表明，凡是"期权腐败"易发多发的地方，无不是民主遭到践踏、少数人独断专行、监督制约机制失灵的地方。只有大力发展党内民主和人民民主，切实加强和改进党内监督，支持和保证人大监督和其他各方面的监督，把党员的各项民主权利和人民群众的知情权、参与权、选择权和监督权真正落到实处，让权力在阳光下运行，才能有效防止权力失控、决策失误和行为失范，确保权力正确行使。要通过大胆实践，着力建立健全保障党员权利和人民民主权利的具体制度，使党员权利和人民民主权利的保障工作更加规范。同时，又要充分尊重广大党员和人民群众的主体地位和首创精神，广泛听取他们的意见，善于集中他们的智慧，并以他们满意不满意作为检验体制、机制、制度创新实际成效的最高标准。

二是法治理念。在现代社会，法治的核心价值在于对权力运行形成有效的规范和制约。在法律与权力的关系上，法治理念强调权力秩序是法律的产物，一切权力秩序都必须恪守法律规则的制度安排；宪法和法律具有至上的权威，任何权力行为主体都不得凌驾于法律之上。这就要求应当运用法律规范对权力运作实施必要的制约，以法律的强制力将权力运行控制在法律允许的范围内；应当通过法定程序构建规范和制约权力运行的法律法规体系，为防止权力失范和滥用提供可靠的法治保障，提高预防和惩治"期权腐败"的法制化水平。当前以法治理念推进体制机制制度创新，当务之急是要做两件事情。第一，按照程序正义和程序法定原则的要求，进一步健全和完善行政程序法和司法程序法，对权力的授予和剥夺尤其是权力运作程序作出规定，把权力运作程序上升为法定程序。第二，要把经过实践检验的惩治越权、擅权、滥权行为的具体措施和办法通过立法程序变成法律规则，充分发挥其惩戒功能以增大"期权腐败"的犯罪成本并对此类犯罪分子形成强有力的震慑。

三是分权制衡理念。分权制衡绝对不是资产阶级的专利，而是人类共同的文明成果，它体现了民主宪政的基本精神和现代公法的价值取向。任何权力都需要制衡，失缺制衡的权力是不能想象的。权力制衡的重要前提和先决条件，是对权力进行合理的分解，使之具有相对性和有限性。历史表明，绝对的、无限的权力必然导致专权与腐败。目前我国社会之所以不时地发生包括

"期权腐败"在内的各种以权换利的受贿犯罪行为，其中的一个重要原因，就是在一些领域和环节，权力还依旧高度集中，某些权力行使主体集决策、执行、监督等各项权力于一身，既是游戏规则的制定者，又是游戏本身的参与者。为确保自己能赢得这个游戏，这些权力行使主体还常常利用订规立制之便，把自己设计成"监督者"或者"裁判员"。在这样一种权力结构下，发生以权换利的受贿犯罪行为也就不可避免了。因此，要从源头上防治腐败，必须通过推进体制改革和机构整合，对权力配置作出新的制度安排，建立健全决策权、执行权、监督权既相互制约又相互协调的权力结构，形成结构合理、配置科学、程序严密、制约有效的权力运行机制，最大限度地减少权力"寻租"的机会。

三

2007 年 7 月间，全国哲学社会科学规划办公室关于 2007 年度国家哲学社会科学基金项目中标情况的公告正式发布，笔者申报的课题《"期权腐败"问题研究》竟榜上有名、一举中标了。在经历了一阵翻江倒海般和热血沸腾式的兴奋与激动以后，笔者开始了课题研究的前期准备工作——搜集有关资料。

2007 年 10 月，有关资料尚未搜集齐备，中国共产党第十七次全国代表大会胜利召开了。根据省委有关部门和河南省社会科学院领导的部署和要求，笔者立即以极大的热情投入了党的十七大精神的学习、研究和宣传工作之中。先是在《新论断、新命题、新要求——十七大精神解读》[5]的策划和撰稿中发挥了重要的骨干作用，接着又承担了河南省社会科学院重点课题《中国特色社会主义研究丛书》的研究、撰写任务，独著其中的一部专著《中国特色社会主义理论体系论》[6]，与万银峰、宋艳琴两位同事合著另外一部专著《改革创新与执政党建设》[7]。大约是在 2008 年初夏，完成了这两部著作、执笔撰写了三十余万字以后，笔者强忍着母亲病逝带来的莫大痛苦，旋即便将主要精力投入到了国家社科基金项目的研究之中。但是，不久之后，笔者的此项研究工作再次被迫中断。先是承担河南省社会科学院为纪念中国共产党十一届三中全会召开 30 周年而组织撰写的《河南改革开放三十年》[8]，随后又在河南省社会科学院为纪念新中国成立 60 周年而组织撰写的大型理论丛书《崛起的中原》[9]中发挥了重要的作用。在前一部理论著作的编撰过程中，笔者不仅承担了十分繁重的撰稿任务，而且还担任此一著作的副主编，参与了全书的通稿工作；在后一套理论丛书的编撰过程中，笔者担任《河南政治发展与进步》的主编，不仅拟定了全书的写作提纲，而且还承担了部分章节的撰稿任务。

在做完上述研究工作以后，笔者重新着手国家社科基金项目的研究工作，开始撰写《"期权腐败"问题研究》这一研究报告。

经过将近一年的不懈努力，到 2010 年 8 月，长达十二余万字的课题研究主报告终于全部撰写完毕。课题研究主报告共分八个部分：

第一部分，从学理层面对"期权腐败"的基本内涵作了界定。在此基础上，按照谋得个人私利后果发生时职务犯罪嫌疑人在职与否，将"期权腐败"划分为两种类型：一是在职型"期权腐败"；二是离职型"期权腐败"，并强调指出，这两种类型的"期权腐败"在表现形式上的不同，不能湮没或者改变它们的"期权腐败"的共同性质：二者均是把权力作为一种资本进行"投资"，以期获得某种收益，并且二者均是损害公众利益的后果发生在前，谋得个人私利后果发生滞后。

第二部分，在界定"期权腐败"基本内涵的基础上，进一步揭示了"期权腐败"的本质特征及其特点。指出"期权腐败"区别于其他腐败的一个最显著标志，在于它的期约性。着重强调，这里所说的"期约"，指的是作为国家工作人员的受贿者与作为请托人的行贿者之间就前者利用职务上的便利为后者谋取利益、后者在未来一个时期内向前者交付贿赂的有关事项达成意思合致而形成的约定。该约定的达成，标志着现权与期利之间期约对价关系的确立。此类约定的达成和此种期约对价关系的确立，是认定"期权腐败"型职务犯罪行为的限制要件。此外，该部分还着力分析了"期权腐败"类职务犯罪的诸多具体特点，即具有较强的预谋性、纠合性、时差性、异域性、隐匿性等。

第三部分，从五个方面考察和分析了当前"期权腐败"的演变趋势：一是从贿赂的标的物来看，已经超出了传统的"财物"界限和范围，开始向财产性利益和非财产性利益领域延伸；二是从收受贿赂的策略手法来看，已出现了许多不可忽视的新现象和新变化；三是从贿赂的实际接受人来看，已不再仅仅局限于职务犯罪嫌疑人本人；四是从贿赂标的物在请托人手中滞留的时间来看，不尽相同，有长有短；五是从贿赂标的物所有权转移的情况来看，呈现出表面上虽未转移而实质上已转移的趋势。该部分又对"期权腐败"的严重的社会危害性进行了经济、政治、社会和国际等诸多层面的考察和分析。

第四部分，首先考察和分析了"期权腐败"滋生蔓延的直接原因，指出："在权钱交易空间日趋狭小的新的历史条件下，腐败分子为规避风险而被迫进行腐败形式'创新'，这是'期权腐败'现象得以滋生蔓延的最直接原因。"在此基础上，具体和深入地考察和分析了"期权腐败"滋生蔓延的深层原因：一是资源配置的行政垄断；二是一些权力行为主体在市场经济条件下价值观发生了扭曲和蜕变；三是权力结构与权力配置机制存在弊端；四是权力制约和监督的缺失和失语；五是规范权力运行的制度缺席与失灵。

第五部分，阐明了新形势下加强反腐倡廉宣传教育的重大意义，强调领导干部是反腐倡廉宣传教育的重点对象。指出领导干部是权力的执掌者和行使者，是各类请托人竞相拉拢、腐蚀的重点对象，这也就决定了加强反腐倡廉宣传教育，领导干部是重点对象。阐明了廉政文化建设和构建拒腐防变教育长效机制在预防和治理"期权腐败"中的地位和作用，以及如何加强廉政文化建设、构建拒腐防变教育长效机制。

第六部分，从加强对权力运行的制约和监督的角度考察和分析了防治"期权腐败"的路径和办法。指出加强对权力运行的制约和监督，是从源头上预防和治理"期权腐败"的重要途径和有效措施。只要把权力运行置于严密的制约、监督之下，权钱交易就失去了条件，无论是"即时交易"还是"期权交易"均难以进行。强调防治"期权腐败"，重在加强对权力运行的制约和监督，核心在强化对权力运行的制约，关键在强化对领导干部的监督，并就加强对权力运行的制约、强化对领导干部的监督提出了对策建议。

第七部分，从推进体制机制制度创新的角度探讨了防治"期权腐败"的途径和措施。指出："期权腐败"现象得以滋生蔓延，既有深层次的道德文化和价值观念方面的原因，更有体制、机制和制度方面的深刻原因。提出：进一步加大体制机制制度创新力度是预防和治理"期权腐败"的客观要求。强调推进体制、机制和制度创新，最大限度地减少滋生腐败的土壤和条件，首先必须创新预防和治理腐败的体制。提出了推进体制、机制和制度创新以防治"期权腐败"的思路和对策。

　　第八部分，着重就如何预防和治理"期权腐败"加强廉政立法进行了探讨。指出：作为一种职务犯罪，"期权受贿"是受贿罪的一种特殊表现形式，其犯罪构成与其他类型的受贿罪相比更为复杂。从"期权受贿"罪的客体、客观方面和主体、主观方面等四个方面，分析了"期权受贿"犯罪的构成要件；就甄别和认定"期权受贿"犯罪的几个问题阐明了观点和看法；从强化对离职以后的原国家工作人员从业行为的法律规范、在刑法中增加受贿罪的"约定"行为类型、在刑法中将贿赂的范围由财物扩大为"不正当好处"、在我国刑事诉讼法中引入贿赂推定制度等几个方面，提出了惩治"期权受贿"犯罪的立法建议。

　　在撰写课题研究主报告期间，笔者先后在一些学术期刊发表了下述三篇作为阶段性研究成果的学术论文。

　　第一篇为《论权力运作的原则、程序及其控制》，发表在《中共福建省委党校学报》2009年第6期上。在这篇论文中，笔者提出，加强对权力运行的制约和监督，核心是解决权力运行的体制和机制问题。在依法执政的历史语境下，要切实把权力置于有效的制约和监督之下，确保权力的正确行使和规范运行，必须按照社会主义民主宪政的要求，推进权力运行的法治化进程，以法律的形式确认权力运行的原则和程序，并依法对权力运行实施有效控制。

　　第二篇为《权力制约范式论析》，发表在《社会科学》2009年第7期上。在这篇论文中，笔者指出，对权力运行的制约和监督可从多维文化视阈加以观照，故有以法律制约权力、以道德制约权力、以权力制约权力、以权利制约权力等多重制约范式可供选择。这四种权力制约范式不是彼此对立的，而是互为补充的；不是彼此隔绝的，而是互相贯通的；不是相互排斥的，而是相互依存的。它们共同构成了一个以道德制约为先导、以法律制约为规范、以权利制约为根本、以权力制约为核心的完整的和有机的权力制约体系。

第三篇为《论构建中国特色社会主义权力制约机制》，发表在《中州学刊》2009 年第 5 期上。在这篇论文中，笔者强调，加强对权力运行的制约，构建中国特色权力制约机制，是防止权力滥用和权力腐败的治本之策，是加强党的执政能力建设、增强党执政合法性的客观要求，是发展社会主义民主政治、建设社会主义政治文明的必由之路。在构建中国特色权力制约机制过程中，应遵循民主正义、合法法治、适合国情、分工制约等原则，着力解决好人大对"一府两院"的制约监督、多党合作与政治协商制度框架下的党际制约、执政党内部的权力制约、行政机关内部的权力结构和权力配置等问题。该论文发表以后，被收入由中央纪律检查委员会研究室主编的《中国反腐倡廉建设理论文选（2009 年度)》[10]。

在做出上述诸多努力的基础上，笔者与合作者于 2010 年 9月向全国哲学社会科学规划办公室提出课题结项申请。俨然是小学生交了作业忐忑不安地等待着老师的朱批一样，笔者与合作者陷入了战战兢兢的漫长等待之中。

四

在经历了近5个月的耐心等待之后，终于从北京传来了令我们感到十分振奋的消息：我们的研究成果以良好的等次获准结项！消息传来，笔者那颗忐忑已久的心才算稳稳地落地了。于笔者而言，这已是相当完美的结局了。

在这近5个月的时间里，笔者并非是在沉默和悠闲自得中度过的。在向全国哲学社会科学规划办公室提出课题结项申请以后，笔者立即投入了新的、艰巨的理论研究工作——撰写一部学术专著《中国特色权力制约和监督机制构建研究》。

撰写这样一部学术专著，是笔者多年以来执著追求的一件事情，因为笔者以为，腐败在本质上就是权力的滥用，而防止权力滥用，核心在加强对权力运行的制约和监督，根本在加强制度建设、构建权力制约和监督机制。"世界是丰富多彩的"，"这是世界充满活力的表现，也是世界蓬勃发展的动力"。[11]构建权力制约和监督机制，应当大胆借鉴人类政治文明的一切有益成果。但是必须看到，由于各国在文化传统、社会制度、价值观念、发展模式等方面存在着明显的差异，因此世界上没有也不可能有一种具有普世价值的、放之四海而皆准的权力制约模式。在当代中国，我们必须始终坚持从本国的基本国情和具体实际出发，构建中国特色的权力制约和监督机制。因此，笔者下决心着手研究中国特色的权力制约和监督机制及其构建问题，撰写一部有分量的、既具有较高学术价值又具有一定应用价值的学术专著，并为之做了大量的思想准备和必要的学术积累。所以，在向全国哲学社会科学规划办公室提出课题结项申请以后，笔者立即启动了这项宏大的学术研究工程。

　　至 2010 年 2 月笔者从全国哲学社会科学规划办公室发布的结项公告中得知我们的研究成果顺利结项时,《中国特色权力制约和监督机制构建研究》这部学术专著的撰写工作已经取得重大进展。此时,笔者并没有因为研究成果顺利结项而沉溺于盲目的欢欣和快乐而不能自拔,而是始终保持着高度的责任感和使命感,因为笔者清醒地认识到,尽管近年来在以胡锦涛同志为总书记的党中央的正确领导下,各级党委、政府和纪检监察机关坚持标本兼治、综合治理、惩防并举、注重预防的方针,加快推进惩治和预防腐败体系建设,深化对反腐倡廉建设规律的认识,党风廉政建设和反腐败斗争取得了新成效、积累了新经验,但是我们面临的反腐败斗争形势并不容盲目乐观。正如胡锦涛总书记所说:"必须清醒地看到,党风廉政建设和反腐败斗争仍然面临一些突出问题,反腐败斗争形势依然严峻、任务依然艰巨。我们既要看到反腐倡廉建设取得的明显成效,又要看到反腐败斗争的长期性、复杂性、艰巨性,以更加坚定的决心和更加有力的举措坚决惩治腐败、有效预防腐败,进一步提高反腐倡廉建设科学化水平。"[12]笔者坚定地认为,虽然自己主持的国家社科基金项目已经完成结项了,但是作为一个具有很强的现实针对性和应用价值的理论研究并没有最后完结,因为"期权腐败"或者"期权受贿"现象仍在继续蔓延,预防和治理"期权腐败"、"期权受贿"的任务仍任重而道远。面对依然严峻的反腐败斗争形势,面对依然艰巨的党风廉政建设和反腐败斗争,我们没有理由终止我们的研究工作,时代和实践呼唤我们继续为预防和治理"期权腐败"、"期权受贿"做出自己的努力。

　　正是基于这样的责任感和使命感,笔者在继续撰写《中国特色权力制约和监督机制构建研究》这部学术专著的同时，思考着要在结项成果的基础上继续深化对"期权腐败"及其治理对策问题的研究。于是，笔者便与在这一方面有较深学术造诣的刘兆鑫博士共同探讨这一事宜，我们商定在深化研究的基础上撰写一部研究"期权腐败"问题的学术专著，并就相关研究问题进行了分工。

2011 年 3 月，《中国特色权力制约和监督机制构建研究》这部三十五万余字的学术著作的撰写工作终于告罄。在将书稿发给人民出版社并与之签订出版合同以后，随即又把主要的精力转移到了"期权腐败"问题深化研究方面。

在深化研究过程中，笔者先后在《中国社会科学报》上发表了《加强对地方政府权力的制约和监督》[13]、《"期权受贿"犯罪认定的司法实践》[14]两篇论文，在《中共福建省委党校学报》上发表了题为《新中国的权力制约和监督：历史嬗变与经验启示》[15]的论文，在《学习论坛》上发表了题为《论利益冲突及其预防制度体系构建》[16]的论文，在《中州学刊》上发表了题为《扎实推进党务公开和县委权力公开透明运行——对河南省商城县试点工作开展情况的调查与思考》[17]的论文，在《中共郑州市委党校学报》上发表了题为《关于健全和完善权力运行监控机制的几点思考——以河南省为例》[18]的论文，在河南省社会科学院主办的《领导参阅》上发表了题为《推进党务公开和权力公开透明运行——关于信阳市试点工作的调查与思考》[19]的调研报告。这些深化研究的阶段性成果，有的被中国人民大学书报资料中心复印报刊资料"中国共产党"全文转载，有的入选河南省庆祝中国共产党成立 90 周年理论研讨会并获得优秀成果奖，有的被全国重要网站全文转载，在学术界和社会上产生了一定的影响。

2011 年 11 月，《中国特色权力制约和监督机制构建研究》这部学术著作正式面世之时，深化研究"期权腐败"问题的工作也接近尾声。又经过一个多月的加紧研究，这一新的研究工程也在壬辰龙年即将到来之际胜利完工。

深化研究的成果虽然已经撰写完毕，但是心中多少还是有些纠结：不知这部著作"出笼"以后能否得到学界同仁的认同，能否经得起反腐倡廉建设实践的检验？尽管我有"抛砖引玉"的念头和思想准备，但这种纠结还是在我心里时隐时现。真的是好无奈，只好硬着头皮等待学界同仁的评说和反腐倡廉建设实践的检验了！

啰里啰嗦写了这么多。是该搁笔的时候了！

此时的窗外，夜幕降临，万家灯火。不知是哪家心急的孩子燃放了爆竹，"噼里啪啦"地响个不停。玉兔奔月辞旧岁，金龙腾舞呈祥瑞。喔，该吃年夜饭了！

是为序。

阎德民

辛卯兔年除夕

注　释

1　柴骥程、张建平：《警惕权力腐败的"期权化"》，《京华时报》，2004 年 3 月 10 日。

2　杨健：《浙江探索遏制官员"权力期权"打击变相腐败》，《解放日报》，2004 年 11 月 17 日。

3　该文发表于河南省社会科学院主办的《中州学刊》，2006 年第 5 期。

4　该文发表于河南省社会科学院主办的《中州学刊》，2008 年第 6 期。

5　该文呈送领导同志参阅，受到河南省委主要领导的肯定与表扬，随后《河南日报》、《郑州日报》等多家报刊予以连载，在学习、宣传十七大精神活动中起到了重要的推动作用。

6　该部专著于 2008 年 4 月由河南人民出版社出版发行，全书约 25 万字，获 2008 年度河南省社会科学优秀成果二等奖。

7　该部专著于 2008 年 4 月由河南人民出版社出版发行，全书约 26 万字，获 2008 年度河南省社会科学优秀成果二等奖。

8　该部著作由时任河南省社会科学院院长的张锐和院党委书记林宪斋担任主编，副院长刘道兴任执行主编，笔者与李太淼、卫绍生、任晓丽任副主编，2008 年 12 月由河南人民出版社出版发行，全书约 40 万字，获 2008 年度河南省社会科学优秀成果一等奖。

9　该套理论丛书由时任河南省社会科学院副院长的喻新安担任主编，共有六个分册，2009 年 9 月由河南人民出版社出版发行，获 2009 年度河南省社会科学优秀成果一等奖。

10　该文选由中国方正出版社于 2010 年 7 月出版发行。

11　胡锦涛：《弘扬传统友谊，深化全面合作》，《人民日报》，2006 年 11 月 25 日。

12　胡锦涛：《深入贯彻落实以人为本执政为民理念 扎实开展党风廉政建设和反腐败斗争》，《人民日报》2011 年 1 月 11 日。

13　该论文发表在 2011 年 1 月 13 日《中国社会科学报》政治学版，全文约 2500 字。

14　该论文发表在 2011 年 11 月 1 日《中国社会科学报》对策版，全文约 2500 字。

15　该论文发表在《中共福建省委党校学报》2011 第 3 期，全文约 12000 字。

16　该论文发表在《学习论坛》2011 年第 5 期，全文约 7000 字。

17　该论文发表在《中州学刊》2011 年第 6 期，全文约 11000 字。

18　该论文发表在《中共郑州市委党校学报》2011 年第 6 期，全文约 9500 字。

19　该调研报告发表在《领导参阅》2011 年第 29 期，全文约 4900 字。

绪　　论

　　"期权腐败"是在近年来我国反腐败力度不断加大、权钱交易空间日趋狭小的新的历史条件下衍生出来的腐败新变种。所谓"期权腐败",是指把公共权力当作一种资本,被掌握这种权力的国家工作人员利用来为请托人谋取利益,此后请托人在某个时期按照事前的约定将"投资收益"回报给该职务犯罪嫌疑人或者其近亲属、情妇(夫)等特定关系人。在这里,掌握公共权力的职务犯罪嫌疑人为他人谋取利益,并不要求立即兑付回报,而是约定在未来的某个适当时候再予以兑现。

　　"期权腐败"区别于其他腐败的一个最显著标志,在于它是现权与期利之间的一种交易:职务犯罪嫌疑人在利用职务上的便利为请托人谋取不正当利益时并不要求即时得到回报,而是与请托人约定,待该谋利行为的影响期过后或待该官员退休或者辞职从商后再予以套现。其要害在于通过延展权力寻租后果发生的时序,为其权钱交易行为加上层层掩人耳目的遮蔽,借以掩人耳目、瞒天过海,达到规避风险、逃避打击的目的。

　　与传统权钱交易方式相比较，这种权力寻租方式具有较强的预谋性、纠合性、时差性和异域性，因而更具遮蔽性与欺骗性。这无疑极大地增大了甄别和查处此类腐败行为的难度，提高了权钱交易的安全系数，所以深为许多腐败分子所青睐，故而成为腐败分子权钱交易方式的首选。于是，近年来这种腐败现象在我国沿海经济发达地区迅速滋生蔓延，并且大有愈演愈烈之势。

　　该种权力寻租方式的最大功效，就是能将通过权钱交易得到的黑钱洗白，以降低权钱交易的风险，降低权钱交易的案发几率。“期权腐败”所具有的遮蔽性和欺骗性，以及由此所带来的寻租利益回报的高兑付率和高安全性，使职务犯罪嫌疑人的权力寻租行为愈加肆无忌惮，因而其危害性亦更烈。

　　“期权腐败”侵害的客体，是职务犯罪嫌疑人职务行为的廉洁性和社会公平正义。在目前我国社会处在矛盾凸显期的情势下，直接威胁社会和谐与稳定。

　　“期权腐败”的滋生和蔓延，已经引起社会各界的忧虑，同时也受到党和国家最高决策层的高度重视和严重关切。由人民日报社主办的《人民论坛》刊登文章惊呼：权力期权化“已成为腐败的一种新动向。”2006 年 8 月 3 日，时任中共中央政治局常委、中央纪律检查委员会书记的吴官正同志在纪检监察干部培训班上的讲话中强调指出：“要针对少数领导干部‘官商勾结’、‘投资入股’、‘期权化’和生活作风腐化等问题，不断完善和落实相关规定。”[1]

　　深入研究“期权腐败”的特征和规律，探索和把握其内在的本质联系，廓清该类腐败现象的种种遮蔽，提出相应的治理对策特别是相关的立法、司法建议，对于破解“期权腐败”行为取证难、查处难、审判难的困局，有效预防和惩治该类职务犯罪，维护社会公平正义，具有重要的实践意义和理论价值。

　　预防和惩治"期权腐败"，既要加强反腐倡廉教育，切实筑牢抵御"期权腐败"思想道德防线，又要继续深化改革，通过体制和机制创新逐步铲除腐败现象产生的土壤和条件，更应抓紧研究制定反"期权腐败"的专门法律条款，修订和完善刑法、刑事诉讼法等相关法律制度。

注　释

1　吴官正：《拓宽从源头上防治腐败工作领域》，《求是》，2006 年第 18 期。

第 一 章

"期权腐败" 的含义及其分类和特点

一、"期权腐败" 的含义

"期权腐败" 中的 "期权",是从经济学的期货概念引申而来的。

期货是投资者投资理财的一种工具。最初的期货交易是从现货远期交易发展而来的。最初的现货远期交易是双方口头承诺在某一时间交收一定数量的商品,后来随着交易范围的扩大,口头承诺逐渐被买卖契约代替。期货的内涵和要义是:交易双方不必在买卖发生的初期就交收实货,而是共同约定在未来的某一个时候交收实货。简单地说,期货就是一种合约。这种合约是由期货交易所统一制定的,规定了某一特定的时间和地点交割一定数量和质量商品的标准化合约,其内容就是交易双方承诺在将来某天买进或卖出一定量的 "货物"(可以是玉米、大豆、小麦、天然橡胶、燃油、黄金、钢材、铜、铝、锌等实物商品,也可以是汇率、利率、股票指数等金融产品)。合约规定的义务,需要通过交收现货或者进行对冲交易履行或解除。

在经济学中，期货是相对于现货而言的，其本质特征就在"期"上，即并非一手交钱一手交货，而是交钱与交货分开进行，即现钱与期货之间的交易。

借用"期权"这样一个经济学概念，可能对更为准确地诠释"期权腐败"现象，较为深刻地认识和把握该类权力寻租和权力腐败现象的特征、本质及其规律，有所裨益。

目前，学界及社会各界对这种利用公共权力为请托人谋得不正当利益提供某种便利，并期冀从请托人那里获得预期利益的腐败现象，称谓不尽相同，称其为"权力期权化腐败"[1]者有之，称其为"期权化腐败"[2]者有之，称其为"期权腐败"[3]者亦有之。具体表述虽有一定差异，但是其基本内涵却是相同无异的。人们对这同一腐败现象的称谓尽管有所不同，但是并不能改变该腐败现象本来的自身性质。在这些称谓中，我们认为，第三种称谓更能言简意赅地揭示该腐败现象的本质特征及其基本内涵，故采纳和使用此一概念。

所谓"期权腐败"，是指把公共权力当作一种资本，被掌握这种权力的职务犯罪嫌疑人利用来为请托人谋取利益，此后请托人在某个时期内按照事前的约定，将"投资收益"回报给该职务犯罪嫌疑人或者其亲属等利益相关人。

在这里，掌握公共权力的职务犯罪嫌疑人为他人谋取利益，但是并不要求立即兑付回报，而是约定在未来的某个适当时候再予以兑现。这个"未来的某个适当时候"，或者是该谋利行为的影响期过后，或者是待该职务犯罪嫌疑人离开一定职位（退休、退职、辞职从商）以后。

"期权腐败"本质上是一种职务犯罪行为，是受贿犯罪在新的历史条件下一种新的表现形式。

"期权腐败"这类职务犯罪，不同于传统的和一般意义上的权钱交易行为。传统的和一般意义上的权钱交易行为，通常是请托人向掌握公共权力的职务犯罪嫌疑人施以贿赂在先，职务犯罪嫌疑人利用职务上的便利为请托人谋得利益在后，或者是请托人向职务犯罪嫌疑人行贿与职务犯罪嫌疑人利用职务上的便利为请托人谋得利益同时进行，也就是人们通常所说的"先拿钱，后办事"、"一只手受贿、一只手卖权"。

"期权腐败"与这类"现权"和"现利"之间即时交易式的传统的、一般意义上的腐败现象有很大的不同。这类腐败区别于其他腐败的一个最显著的标志，就在于它是"现权"与"期利"之间的一种交易：职务犯罪嫌疑人利用职务上的方便为请托人谋取利益，但是并不要求即时给予回报，而是与请托人事先约定，在该谋利行为的影响期过后，或者职务犯罪嫌疑人离职以后再予以兑现。也就是说，职务犯罪嫌疑人不是像过去有些贪官那样，一手办事、一手要钱，而是先投入、后求回报。他们利用职务上的便利为不法商人谋取利益，当时并不要求即时得到回报，而是出于逃避法律制裁的"安全方面"的考虑，着眼于长远，在事隔多年或者待其离职以后，才以各种貌似合法的方式予以兑现。可以说，"期权腐败"实质上是一种延期回报的权钱交易行为。这是它最本质的特征。

权力具有天然的扩张性和腐蚀性，在失缺有效制约的情况下，很容易被异化成寻租的资本，从而导致腐败现象的发生。诚如英国19世纪著名历史学家和政治思想家阿克顿勋爵所指出的："权力导致腐败，绝对的权力导致绝对的腐败。"[4]从一般规律看，权力的寻租和扩张通常具有两个维度，即空间维度和时间维度。在现代法治社会，任何公权力都应当有其法定的行使边界。行使边界不清晰，或者行使边界缺失，必然导致权力越界和滥用，而权力自身又都具有突破这种行使边界以期扩张和寻租的天然禀性。权力超越法定行使边界的扩张和寻租，即为权力在空间上的寻租和扩张。权力的扩张和寻租通常会产生两大后果：一是损害公众利益，二是谋得个人私利。这两种后果既可同时发生，亦可异时发生。寻租和扩张后果发生时序上的这种延展性，即是权力在时间上的寻租和扩张。

"期权腐败"即属权力在时间维度上的寻租和扩张。它的要害就是在于通过延展权力寻租后果发生的时序，为职务犯罪嫌疑人和请托人之间的权钱交易加上层层掩人耳目的遮蔽。这种寻租和扩张模式具有相当的隐蔽性和欺骗性。行为人利用寻租和扩张后果发生时序的延展性，故意使损害公众利益的后果发生在前，谋得个人私利后果发生在后，打一个时间差，模糊两种后果发生之间的相互关联性，借以障人耳目、瞒天过海，达到规避风险、逃避打击的目的。

当然，也有专家学者对"期权腐败"这一概念持有异议。其中最具代表性的，当属中共中央党校政法教研部教授、博士生导师林喆女士。林喆女士坦言道："我不赞成使用'期权腐败'这个词，这容易让人误解。"在阐述自己不赞成使用"期权腐败"这一概念的主要理由时，林喆教授说："因为在金融领域专门有期权的概念，容易混淆。"[5]笔者以为，林喆教授的这一忧虑可能是多余的。金融领域确有"期权"这一概念，并且"期权腐败"中的"期权"这一概念，正是从金融领域中的"期权"这一概念借用而来的。但是，由于我们在借用这一概念之时赋予了这一概念以新的特定内涵，因而人们在谈论这类腐败现象时，指向是非常明确的，不会将其与金融领域的"期权"概念混淆起来。现实生活中，借用某一概念来表述另一事物的情形是司空见惯、屡见不鲜的。譬如，"重心"原本是一个力学概念，指的是在重力场中，物体处于任何方位时所有各组成质点的重力的合力都通过的那一点。现在，人们经常借用这一概念来形容事情的中心、核心或其主要部分，而且人们在借用这一概念的时候，并没有把它与力学领域中的"重心"概念混淆起来。

其实，林喆教授也承认现实生活中的确存在着我们用"期权腐败"这一概念所描述的腐败现象。在谈到这一腐败现象时，她指出："这种腐败形式的一大特点就是表面上看双方似乎没有发生直接的权钱交易，其实这个交易已经存在，只是兑现时间是在以后。"[6]既然林喆教授不赞成使用"期权腐败"这一概念，但是又承认此类腐败现象的客观存在，那么她到底主张用什么概念来表述此类腐败现象呢？为了表述这类腐败现象，林喆教授发明了一个新词，叫做"利用影响力牟取私利"。她说："我们应称为'利用影响力牟取私利'，这样讲更加确切。我们也可以把退职前为退职后做准备、埋下伏笔的情况叫'未来回报'。"[7]笔者以为，林喆教授使用的这一概念倒是内涵不够清楚，不能准确表述我们用"期权腐败"所描述的这类腐败现象，很容易将这类腐败现象与其他腐败现象混淆起来。

"利用影响力牟取私利"这一概念，其实也是借用了《中华人民共和国刑法修正案（七）》新增的"利用影响力受贿罪"这一罪名。所谓利用影响力受贿罪，是指国家工作人员的近亲属或者其他与该国家工作人员关系密切的人，通过该国家工作人员职务上的行为，或者利用该国家工作人员职权或者地位形成的便利条件，通过其他国家工作人员职务上的行为，为请托人谋取不正当利益，索取请托人财物或者收受请托人财物，数额较大或者有其他较重情节的行为。这一新的规定扩大了受贿类犯罪的主体，将与国家工作人员有一定关系的非国家工作人员也纳入到了受贿类犯罪的主体，这不仅是国内经济和社会发展的需要，也是与国际接轨的需要，具有很强的现实意义。但是，使用"利用影响力牟取私利"这一概念，根本不能准确表述我们用"期权腐败"所描述的此类腐败现象。应当说，"利用影响力牟取私利"这种腐败的行为主体，是国家工作人员的近亲属或者其他与该国家工作人员关系密切的人，而不包括国家工作人员。而"期权腐败"的行为主体则不同。"期权腐败"的行为主体只能是国家工作人员或者是曾经担任国家工作人员的人。也就是说，有些"期权腐败"行为是跨越行为人担任国家工作人员期间和其离职以后的。在整个权钱交易过程中，行为人的身份前后是有很大变化的。为了规避"受贿风险"，"期权腐败"行为人故意将其受贿行为分为两个时段来实施：在担任国家工作人员的时候利用职务上的便利为请托人谋取利益，将自己手中的权力作为资本来"投入"，在离开公职以后再收受贿赂，将"期利"予以变现。因此"期权受贿"的主体表面上是曾经担任国家工作人员或其他从事公务的人，事实上必须同时具备其在职期间或从事公务期间为他人谋取了利益的事实。因此，笔者认为，不宜用"利用影响力牟取私利"这一概念来表述"期权腐败"现象。更重要的是，"利用影响力牟取私利"这一概念，根本没有反映和揭示我们用"期权腐败"这一概念所描述的这类腐败现象的本质特征。因此，以笔者之见，还是使用"期权腐败"这一概念为好。

二、"期权腐败"的分类

本人曾经在《中州学刊》杂志 2006 年第 5 期上发表过一篇题为《"期权腐败"及其治理对策》的论文。在这篇论文中，笔者对"期权腐败"作出了自己的界定。指出："所谓'期权腐败'，是指掌握公共权力的国家工作人员把公共权力当做一种资本来利用，为请托人谋取利益，此后请托人在某个时期内按照事前的约定，将'投资收益'回报给该国家工作人员或者其亲属等利益相关人。在这里，掌握公共权力的国家工作人员为他人谋取利益，不要求立即兑付回报，而是与请托人约定在未来的某个适当时候再兑现回报。这个'未来的某个适当时候'，或者是该谋利行为的影响期过后，或者是该国家工作人员离开一定职位（退休、退职、辞职）以后。"[8]在这篇论文中，笔者把请托人为职务犯罪嫌疑人兑现约定的好处的那个"未来的某个适当时候"，界定在职务犯罪嫌疑人"离开一定职位（退休、退职、辞职）以后"。

当时，笔者之所以作出上述这种界定，主要是受到我国司法解释中关于"期权受贿"犯罪的规定的影响。进入新世纪以来，为了依法惩治和预防"期权受贿"犯罪行为，我国有关部门专门就此一受贿犯罪行为作出司法解释。

2000 年 6 月 30 日，最高人民法院审判委员会第 1121 次会议对江苏省高级人民法院《关于国家工作人员在职时为他人谋利，离退休后收受财物是否构成受贿罪的请示》进行了研究。会议通过了《关于国家工作人员利用职务上的便利为他人谋取利益离退休后收受财物行为如何处理问题的批复》法释〔2000〕21

号（以下简称《批复》）。2000 年 7 月 13 日，最高人民法院发布公告：此《批复》从 2000 年 7 月 21 日起开始实施。《批复》明确规定："国家工作人员利用职务上的便利为请托人谋取利益，并与请托人事先约定，在其离退休后收受请托人财物，构成犯罪的，以受贿罪定罪处罚。"

2003 年 11 月 13 日最高人民法院印发了《全国法院审理经济犯罪案件工作座谈会纪要》法〔2003〕167 号（以下简称《座谈会纪要》）。该《座谈会纪要》在第三部分（四）中就"离职国家工作人员收受财物行为的处理"作为规定："参照《最高人民法院关于国家工作人员利用职务上的便利为他人谋取利益离退休后收受财物行为如何处理问题的批复》规定的精神，国家工作人员利用职务上的便利为请托人谋取利益，并与请托人事先约定，在其离职后收受请托人财物，构成犯罪的，以受贿罪定罪处罚。"

在此基础上，最高人民法院、最高人民检察院又于 2007 年 7 月 8 日联合发布了《关于办理受贿刑事案件适用法律若干问题的意见》法发〔2007〕22 号（以下简称《意见》）。《意见》在第十项中就在职时为请托人谋利、离职后收受财物问题明文规定："国家工作人员利用职务上的便利为请托人谋取利益之前或者之后，约定在其离职后收受请托人财物，并在离职后收受的，以受贿论处。国家工作人员利用职务上的便利为请托人谋取利益，离职前后连续收受请托人财物的，离职前后收受部分均应计入受贿数额。"

受上述这些司法解释的影响，笔者对"期权受贿"犯罪亦即"期权腐败"行为形成了上述概念，作出了上述界定。然而，经过深入的研究和思考以后，笔者感到上述界定似有不周延的地方，没有将原本具有"期权腐败"性质的一些行为涵盖进去。笔者认为，有必要对"期权腐败"作出更加切合实际的新的界定，这样做不仅是为了概念上的完整、周延和科学，更重要的是这涉及对"期权腐败"的分类。

依笔者现在之愚见，这个"未来的某个适当时候"，不仅应当包括职务犯罪嫌疑人"离开一定职位（退休、退职、辞职）以后"，而且还应当包括职务犯罪嫌疑人在职期间。也就是说，职务犯罪嫌疑人在职期间收受贿赂的一些贪腐行为，同样也带有"期权腐败"的色彩，具有"期权腐败"的性质。

于是，按照谋得个人私利后果发生时职务犯罪嫌疑人在职与否，笔者将"期权腐败"行为划分为两种基本类型：一种是谋得个人私利的后果发生在职务犯罪嫌疑人在职期间；另一种则是谋得个人私利的后果发生在职务犯罪嫌疑人离职之后。前者可以简称为在职型"期权腐败"行为，而后者则应当简称为离职型"期权腐败"行为。

1. 离职型"期权腐败"行为

此一类型的"期权腐败"行为，是指职务犯罪嫌疑人在任职期间，利用职务上的便利为请托人谋取利益，当时并不收取请托人给予的任何好处，而是与请托人达成约定：待自己离开现任职务（包括退休、退职、辞职下海）以后再予以兑现。现举例说明。

例一：上海市房屋土地资源管理局原副局长殷国元涉嫌"期权腐败"案

殷国元，男，江苏泰兴人，1944 年 1 月出生，1968 年入伍，1994 年由南京军区后勤部正师级转业，1995 年至 2005 年任上海市房屋土地资源管理局副局长，2005 年退休以后出任上海市土地学会会长。2007 年 4 月 20 日因涉嫌受贿犯罪被检察机关立案调查，同月 26 日被依法逮捕。在法院庭审过程中，他被公诉人指控收受贿赂 3671 万元。这其中，3280 万元都来自同一人——江信惠。

江信惠，生于 1963 年 10 月，1985 年从上海大学毕业后进入一家广告公司，1995 年春他和殷同时调进上海市房屋土地资源管理局，从科员、处长助理干起，1998 年被提拔为建设用地事务中心副主任，是殷国元直接分管的一名干部，后辞职下海创办上海惠格置业发展有限公司（以下简称"惠格置业"）做房地产生意。2002 年年底，殷国元与江信惠共谋商定，由殷国元利用职务上的便利，为江信惠的惠格置业不正当商业竞争提供帮助，届时由江信惠给予其好处。

2003 年 9 月，在殷国元的帮助下，"惠格置业"在嘉定区黄渡镇征得曹安公路南侧、嘉松公路西侧的 B1/B2 两地块，面积计 520 亩。该地块紧邻同济大学嘉定校区、嘉定国际汽车城，以及规划中的上海 F1 赛车项目，位置极佳。F1 赛车项目签约以后，该幅土地价值顿时暴涨数倍。从 2002 年起，殷国元就督促下属——土地利用处原处长朱文锦（已被判刑）从速办理此宗征地手续，此后更要求嘉定区房地局配合，并降低嘉定区房地局下属上海嘉房置业有限公司在"惠格置业"中的持股比例。此后，江信惠又通过殷国元得到了金山区海湾路新城区 B15 地块 141 亩土地的开发权。在拿下嘉定、金山两幅土地后，"惠格置业"坐地生财，江信惠迅速暴富。

2005 年，殷国元退休以后出任上海土地学会会长。由于在获得上述地块开发权的过程中得到了殷国元的鼎力相助，所以发了横财后的江信惠自然没有忘记殷国元给予自己的特别关照，以及自己当初与其达成的"君子协定"。于是，开始按约定兑现给予殷国元的回报。2005 年"惠格置业"股份变更时，殷国元以上海园顺物贸发展有限公司的名义收受江信惠给予自己的 10% 的股份，价值人民币 1000 万元，并办理了股权变更工商注册登记。而这个园顺物贸发展有限公司，名义上由殷国元的胞弟和弟媳妇经营[9]。经查证，仅 2005 年一年，殷国元就从江信惠那里收受贿赂达 2800 余万元[10]。

例二：广州市商业银行天河支行原行长叶志涉嫌"期权腐败"案

叶志，曾用名叶启强，男，1962 年 9 月出生，广东梅县人，硕士研究生学历。1991 年 12 月至 1996 年 9 月，担任广州市天河城市信用合作社（属集体所有制企业）副主任。1996 年 9 月，该信用合作社改制为股份有限公司性质的广州城市合作银行天河支行，1997 年 7 月更名为广州市商业银行天河支行。叶志被委以重任，先后被广州市商业银行聘任为天河支行副行长、行长。经审理查明，1994 年至 1995 年期间，私营企业主姚冬文先后向广州市天河城市信用合作社属下的多家公司借款共计约 1000 万元。1997 年年初，身为广州城市合作银行天河支行负责人的被告人叶志向姚冬文提出，由天河支行向姚冬文贷款 2000 万元，其中 1000 万元用于偿还欠原天河城市信用合作社属下企业的借款，并与姚冬文商定，姚冬文除向天河支行支付正常的贷款利息外，再向叶志个人支付贷款总额的 1.1 分月息作为好处费[11]。经过多次商议，二人最终达成协议，姚冬文答应事后付给叶志 1800 万元[12]。

1997 年 3 月至 12 月，经叶志批准，天河支行先后向姚冬文的企业贷款共计人民币 2680 万元。在姚冬文获得贷款以后，为确保自己拿到这笔巨额好处费，叶志于 1998 年再次与姚冬文约定，虚构叶志开办的丽都公司拥有姚冬文开办的子光公司位于广州市天河区龙洞一块土地 50% 的使用权，然后以丽都公司向子光公司转让 50% 的土地使用权、子光公司向丽都公司支付土地转让款的方式，向姚冬文收取约定的好处费。

2002 年，叶志从广州市商业银行天河支行辞职。从这年的 3 月开始直到 2004 年 8 月，姚冬文依约陆续支付了人民币 910 万元、港币 300 万元给叶志的外甥、哥哥和女朋友等人，并由上述人等分别转交给叶志。在法院庭审过程中，据叶志自己交代，他用收到的贿款在珠海市购买了一栋价值七百多万元的豪宅，此外还购买了一栋一百多万元的房子。

2007 年 11 月 20 日，叶志因涉嫌犯受贿罪在广州市自家的住所被抓获，同年 12 月 6 日被批准逮捕。随后，他在珠海市的豪宅被依法扣押，其家属退还了 234 万元人民币和 24 万元港币。

在上述两个典型案例中，殷国元和叶志两个职务犯罪嫌疑人，一个涉嫌在退休以后收受请托人的贿赂，而另一个则涉嫌在辞职以后收受请托人的贿赂，表面上似乎有所区别，但是就其受贿的基本特征看却有着共同的性质，他们的行为均属"期权腐败"。

前面我们已经指出，所谓"期权腐败"，是一种类似于期货投资的套期式腐败行为。其表现通常是，职务犯罪嫌疑人与请托人之间达成某种权钱交易的"期权契约"。根据这种"契约"，职务犯罪嫌疑人在位时利用其手中掌握权力的便利，为请托人谋取利益，但是并不要求受益人即时给予回报，而是让对方在自己离开原任的职位以后，再将这种回报予以兑现。

上述两个职务犯罪嫌疑人收受贿赂的行为，均同即时交易式的传统的、一般意义上的腐败现象有着明显的区别，都属于"现权"与"期利"之间的一种交易行为。他们在涉嫌职务犯罪的时候，均利用了权力寻租和扩张后果发生时序的延展性，故意使损害公众利益的后果发生在前，谋得个人私利后果发生在后，打一个时间差，以模糊两种后果发生之间的关联性。他们这样做的目的，都是旨在障人耳目、瞒天过海，达到规避风险、逃避打击的目的。

2. 在职型"期权腐败"行为

所谓在职型"期权腐败"行为，顾名思义，亦即发生在职务犯罪嫌疑人任职期的"期权腐败"行为。这种"期权腐败"行为与离职型"期权腐败"行为的本质区别，就是在后一种"期权腐败"的情形下，职务犯罪嫌疑人利用职务上的便利为请托人谋利益的行为发生在其任职期间，收受请托人回报给其财物的行为则发生在他离职以后；而在前一种"期权腐败"的情形下，从职务犯罪嫌疑人起初利用职务上的便利为请托人谋利益到后来收受请托人的财物，整个过程都发生在其任职期间。

在我们的现实生活中，在职型"期权腐败"行为时有发生。然而迄今为止，多数学者都把"期权腐败"同职务犯罪嫌疑人"离开一定职位"联系起来，将其界定为离职型那样一种"期权腐败"行为。对此，笔者是不能苟同的。笔者以为，离开一定职位并非是"期权腐败"的必备要件，职务犯罪嫌疑人在职期间的一些受贿行为同样可以具有"期权腐败"**的性**质。

如前所述，掌握公共权力的职务犯罪嫌疑人利用职务上的便利为他人谋取利益，但是当时并不要求立即兑付回报，而是在双方密谋约定的未来的某个适当时候再予以兑现。问题的全部关键，在于究竟如何理解和界定这个"未来的某个适当时候"。

从现实生活中请托人向为其谋得利益的职务犯罪嫌疑人兑付"投资回报"的实际情况看，这个"未来的某个适当时候"可以有这样两种情形：一是该谋利行为的影响期过了以后，二是待该职务犯罪嫌疑人离开一定职位（退休、退职、辞职）以后。

在前一种情形中，职务犯罪嫌疑人和请托人之所以选择这个时候最终完成"期权交易"，就是因为前者为后者谋利的影响期，是一个有着巨大风险的"敏感期"。在这个期限内完成全部交易，人们对一些线索还记忆犹新，很容易将请托人给予职务犯罪嫌疑人的"投资回报"联系起来。如果是那样的话，东窗事发的可能性就比较大。而在这一时期过了以后，人们对其中的一些细节已经记忆不清，不容易把请托人给予职务犯罪嫌疑人的"投资回报"联系起来，从而能够有效地规避东窗事发的风险。这同职务犯罪嫌疑人离开一定职位后最终完成"期权交易"的第二种情形，无论在目的、形式和手段等方面，都有着异曲同工之妙。

目前，多数学者都将"未来的某个适当时候"，界定在职务犯罪嫌疑人"离开一定职位（退休、退职、辞职）以后"。但是依笔者愚见，这个"未来的某个适当时候"，不仅应当包括"离开一定职位（退休、退职、辞职）以后"，而且还应当包括职务犯罪嫌疑人在职期间。也就是说，职务犯罪嫌疑人在职期间收受贿赂的一些贪腐行为，同样也带有"期权腐败"的色彩，具有"期权腐败"的性质。

以四川省乐山市犍为县原县委书记田玉飞贪腐案为例。

田玉飞，男，1956年6月出生，四川省乐山人，大学文化。1999年至2004年，任乐山市沙湾区区长、犍为县县委书记、县人大常委会主任。2005年4月25日被刑事拘留，同年4月30日被四川省人民检察院依法逮捕。

2002 年，乐山市犍为县传出消息，作为该县国企改革的一部分，当地电力公司国有股将进行转让。乐山市东能集团董事长王德军（2004 年以资产 0.98 亿美元，在福布斯内地富豪榜排名167 位）得知后欲低价收购。王德军拉着时任乐山市委副书记的袁俊维到犍为县拜访田玉飞，谈收购犍为电力国有股的事情。袁俊维对田玉飞说："王德军是我的兄弟，他想要犍为电力，这个忙你一定要帮呵。"田玉飞见袁俊维发话，满口答应。中午，他请袁俊维和王德军吃饭。其间，袁俊维去了一趟洗手间，王德军趁机便向田玉飞许诺说，"事成之后，我给你 1500 万，但我买犍为电力只出 3000 万元。你看咋样？"田玉飞没有急于表态，但他一想到 1500 万，眼睛就发亮。几个回合下来，两人达成了默契的"交易"[13]。

是时，国务院已下达文件，要求各地停止电力国有资产的转让。但在王德军巨额贿款承诺的"激励"下，田玉飞竟公然违抗国务院禁令，在县委常委会上极力促成将电力公司国有股转让给王德军的东能集团。在没有进行招投标的情况下，于 2002 年11 月 27 日，将拥有 4.6 亿元总资产、1.9 亿元净资产的犍为电力仅作价 4000 万元，匆忙签约卖给乐山市东能集团公司。而乐山市电力股份公司等企业均提出开价 8000 万元购买该公司，但却被拒之门外[14]。

由于收购价格比二人预计的要高些，田玉飞主动向王德军提出少要 300 万元的好处费。随后，王德军便按照两人事前的约定，开始向田玉飞兑现"承诺"：将现金、银行卡、轿车、高档住宅等钱物，陆续送到田玉飞手中。到 2004 年 9 月，王德军总计给田玉飞行贿钱物价值 1200 万余元[15]。

在这个案例中，尽管田玉飞接受贿赂的时候并没有离开原有职位，而是仍旧在现任职务的任期以内，但是其行为却完全符合"期权腐败"的基本特征，具有明显的"期权腐败"性质。这种腐败行为的期权性质，并没有因为职务犯罪嫌疑人尚未离开一定职位而发生任何改变。

首先，从"期权腐败"的内涵和基本特征看。"期权腐败"与这类现权与现利之间即时交易式的传统的、一般意义上的腐败现象有很大不同。传统的和一般意义上的权钱交易行为，通常是请托人向掌握公共权力的职务犯罪嫌疑人行贿在先，职务犯罪嫌疑人利用职务上的便利为请托人谋得利益在后，或者是请托人向职务犯罪嫌疑人行贿与职务犯罪嫌疑人利用职务上的便利为请托人谋得利益同时进行，亦即人们常说的"先拿钱，后办事"、"一只手受贿，一只手卖权"。

"期权腐败"与这类"现权"与"现利"之间即时交易式的传统的、一般意义上的腐败现象存在着明显的区别。它区别于其他腐败的一个最显著标志，就是在于它是"现权"与"期利"之间的一种交易：职务犯罪嫌疑人利用职务上的方便为请托人谋取利益，但是并不要求即时回报，而是与请托人密谋约定，在该谋利行为的影响期过了以后，或者职务犯罪嫌疑人离职以后再予以兑现。也就是说，职务犯罪嫌疑人不是像过去有些贪官那样，一手办事、一手要钱，而是先投入权力资本、后求收受回报。他们利用职务上的便利为不法商人谋取利益，当时并不要求即时得到回报，而是着眼于长远，在事隔多年或者待其离职以后，才以各种貌似合法的方式加以兑现。可以说，它实质上是一种延期回报的权钱交易行为。

在上述贪腐案件中，职务犯罪嫌疑人田玉飞在为请托人王德军谋取利益之时，并没有即时索取或者收受请托人的贿赂，而是约定在事成以后再行收受。在这里，职务犯罪嫌疑人田玉飞既把公共权力当作谋取私利的工具，又以期权投资的方式与请托人王德军进行"交易"，是一种典型的"期权腐败"行为。

其次，从"期权腐败"的本质特征来看。在 2006 年发表在《中州学刊》第 5 期上的《"期权腐败"及其治理对策》这篇论文中，笔者在剖析"期权腐败"的本质特征时曾经指出，权力的寻租和扩张通常具有两个维度：空间和时间；产生两大后果：一是损害公众利益，二是谋得个人私利。这两种后果既可以同时发生，亦可能异时发生。寻租和扩张后果发生时序上的这种延展性，即是权力在时间上的寻租和扩张。笔者还进一步指出，"期权腐败"即属权力在时间维度上的寻租和扩张。职务犯罪嫌疑人之所以使损害公众利益的后果发生在前，谋得个人私利后果发生滞后，使这两种权力寻租和扩张的后果发生的时序出现错位，就是要打一个时间差，故意模糊两种后果发生之间的相互关联性，借以障人耳目、瞒天过海，达到规避风险、逃避打击的目的。

在田玉飞这起贪腐案件中，职务犯罪嫌疑人利用职务上的便利为请托人王德军谋取利益，使王德军以明显低于实际价值的4000 万元的价格，购得 4.6 亿元总资产、1.9 亿元净资产的县电力公司国有股，由此造成了国有资产的巨额流失。由此可以判定，职务犯罪嫌疑人田玉飞主观上明知自己的这一行为会发生损害公众利益的严重后果，但是却对自己的这一行为以及由此可能造成的后果的发生采取了放任的态度。他之所以这样做，完全是为了谋得个人私利，从请托人王德军那里得到那 1500 万元的巨额回报。在这里，损害公众利益的后果发生在前，而从请托人那里谋得个人私利的后果发生在后，而且二者之间存在着密不可分的因果关系。这两种后果发生时序的错位性，决定了职务犯罪嫌疑人贪腐行为的"期权"性。

再次，从在职型"期权腐败"行为与离职型"期权腐败"行为的异同来看。按照谋得个人私利后果发生时职务犯罪嫌疑人在职与否，笔者将"期权腐败"行为划分为两种类型：一种是谋得个人私利的后果发生在职务犯罪嫌疑人在职期间；另一种则是谋得个人私利的后果发生在职务犯罪嫌疑人离职之后。前者可简称为在职型"期权腐败"行为，而后者则可简称为离职型"期权腐败"行为。二者既有区别，又有联系。

二者的区别主要在于、并且仅仅在于：在前一种类型"期权腐败"行为中，谋得个人私利的后果发生在职务犯罪嫌疑人在职期间，而在后一种类型"期权腐败"行为中，谋得个人私利的后果发生在职务犯罪嫌疑人离职之后。二者的这种区别，丝毫也不能湮没或者改变它们的"期权腐败"的共同性质：二者均是把权力作为一种资本进行"投资"，以期获得某种收益，并且二者均是损害公众利益的后果发生在前，谋得个人私利后果发生滞后。

注　释

1　曹儒国：《领导干部权力期权化倾向及其防治》，《学习时报》，2006年11月13日。

2　乔新生：《受贿罪与期权化腐败之中存在的法律真空》，《中国经济时报》，2005年1月31日。

3　蒋元明：《解构"期权腐败"》，《前线》，2005年第3期。

4　［英］阿克顿著，侯健、范亚峰译：《自由与权力》，商务印书馆，2001年版，第343页。

5　6　7　杜晓、任雪、游垠:《遏制“期权腐败”遭遇取证定性两难》,《法制日报》,2010 年 7 月 26 日。

8　阎德民:《“期权腐败”及其治理对策》,《中州学刊》,2006 年第 5 期。

9　魏华兵、李燕:《受贿 3555 万,土地爷殷国元被判死缓》,《东方早报》,2008 年 8 月 15 日。

10　杨金志、刘丹:《反腐新规撂倒上海“土地巨贪”殷国元》,http://www. xin-huanet. com,2008 年 2 月 21 日。

11　李钢、穗法宣:《广州原商业银行支行副行长受贿 1200 万判 13 年》,《广州日报》,2008 年 12 月 6 日。

12　林霞虹:《银行行长受贿逾千万购 700 万豪宅,辞职 5 年后落网》,《广州日报》,2008 年 8 月 19 日。

13　逸西:《行贿 2800 万买断贪官》,《民主与法制》,2006 年第 21 期。

14　霍朗:《四川犍为县委书记难抵糖衣炮弹被控受贿 3000 万》,《第一财经日报》,2005 年 10 月 25 日。

15　王鑫、程兴华:《四川犍为原县委书记成都受审》,http://www. xinhuanet. com,2005 年 10 月 20 日。

第 二 章

"期权腐败"的本质特征及其具体特点

"期权腐败"区别于其他腐败的一个最显著的标志，就是在于它的期约性。这是"期权腐败"最本质的特征。由期约性这一本质特征所决定，"期权腐败"类职务犯罪具有较强的预谋性、纠合性、时差性、异域性和隐匿性等方面的具体特点。深刻揭示"期权腐败"的本质特征及其具体特点，对于我们正确把握"期权腐败"滋生、蔓延的规律，寻求有效治理"期权腐败"的路径和办法具有重要意义。

一、"期权腐败"的本质特征

"期权腐败"区别于其他腐败的一个最显著的标志，就是在于它的期约性。这是"期权腐败"最本质的特征。

一起"期权腐败"案件，就其形成的过程而言，大体上需要经历行求、期约和交付这样三个阶段。所谓"行求"，就是指请托人主动向职务犯罪嫌疑人提出交付贿赂标的物的意思表示。这种意思表示，既可以是明示的，也可以是暗示的；既可以是请托人直接向职务犯罪嫌疑人提出，也可以是行为人通过第三人间接地向职务犯罪嫌疑人提出。所谓"期约",就是指请托人与职务犯罪嫌疑人双方就职务犯罪嫌疑人的职务行为达成的请托人交付贿赂标的物,职务犯罪嫌疑人利用职务上的便利为请托人谋取利益的约定。这种约定是职务犯罪嫌疑人主动提出,还是由请托人或受贿者主动提出,对于贿赂犯罪的构成并无影响。所谓"交付",就是指请托人将贿赂标的物的控制权实际让渡给职务犯罪嫌疑人。贿赂标的物控制权的让渡,既可以是请托人本人向职务犯罪嫌疑人直接让渡,也可以是请托人通过第三人间接地实施让渡;既可以是直接让渡给职务犯罪嫌疑人,也可以是让渡给予犯罪嫌疑人有近亲属、情妇(夫)以及其他共同利益关系的特定关系人。

在"期权腐败"的整个职务犯罪过程当中,"期约"是其中最具标志性和决定意义的一个重要阶段。任何一起权钱交易类职务犯罪案件的形成,都必然地要经历"行求"和"交付"这样两个阶段或坏节,但是其中的许多案件则未必经历"期约"这一阶段或环节。

"期权腐败"是一种事后受财类的职务犯罪行为。所谓"事后受财",是指职务犯罪嫌疑人利用职务上的便利为请托人谋取利益的当时,没有索取或收受他人财物,而是在职务行为结束以后索取或收受的情形。"期权腐败"虽然属于事后受财类职务犯罪行为,但是这种职务犯罪又同一般意义上的事后受贿职务犯罪存在着一定的不同和差异。二者之间的最大差异,就是在于职务犯罪嫌疑人在利用职务上的便利为请托人谋取利益的时候,其是否就贿赂的标的物及其数量和事后双方交接的时间、方式等事项,与请托人进行了约定。在一般意义上的事后受财职务犯罪行为情形下,双方未就这些事项进行约定。而"期权腐败"型职务犯罪行为，双方则就这些事项进行了详略不等的约定。这就是说，只要行受贿双方未就上述诸多事项进行约定，就不属于"期权腐败"型职务犯罪行为，尽管该行为亦属于事后受财类的职务犯罪行为。

下面试以陈晓受贿一案为例来加以说明。陈晓，男，1945年5月出生，中国电子物资公司安徽公司原总经理（后改任顾问，副厅级）。1992年年初，该公司下达各部门承包经营方案。是年4月，能源化工处处长兼庐海公司经理李剑峰向陈晓递交书面报告，提出新的承包经营方案，建议超额利润实行三七分成。陈晓在没有通知公司其他领导的情况下，与公司党委书记、副总经理徐某（另案处理）、财务处长吴某及李剑峰四人研究李剑峰提出的建议，决定对李剑峰承包经营的能源化工处、庐海公司实行新的奖励办法，由陈晓亲笔草拟，并会同徐某签发《关于能源化工处、庐海实业有限公司试行新的奖励办法的通知》，规定超额利润70%作为公司利润上缴，30%作为业务经费和奖金分成，并由承包人支配。发文范围仅限财务处、能源化工处、徐某及陈晓个人。1993年年初，陈晓在公司办公会上提出在全公司实行新的承包方案，主持制定《业务处室六项费用承包核算办法实施细则》。依据《关于能源化工处、庐海实业有限公司试行新的奖励办法的通知》、《业务处室六项费用承包核算办法实施细则》的规定，李剑峰于1992年提取超额利润提成二十一万余元，1993年提取超额利润提成一百六十万余元。

在李剑峰承包经营期间，原审被告人陈晓以公司总经理身份及公司名义于1992年11月、1993年5月先后两次向安徽省计划委员会申请拨要进口原油配额6.5万吨，交给李剑峰以解决其进口加工销售业务所需，并多次协调李剑峰与公司财务部门之间就资金流通、使用等方面的矛盾。李剑峰为感谢陈晓为其制定的优惠政策及承包经营业务中给予的关照，于 1993 年春节前，送陈晓人民币 3 万元；1994 年春节前后又两次送给陈晓人民币 30 万元、港币 15 万元。陈晓收受李剑峰的钱款以后，以自己的妻子李延琴的名义用这些款项在广东珠海市吉大园林花园购买一套价值人民币 51 万元的商品房[1]。

在这起案件中，尽管陈晓的行为亦属事后受贿类的职务犯罪行为，但是其事前并未就收受贿赂的有关事项与李剑峰进行任何约定。他事先为李剑峰谋取利益时并没有收受其贿赂的故意，但是在事后明知李剑峰所送的财物是对自己职务行为的不正当回报而予以收受，于是便具有了收受贿赂的故意。因此，陈晓的行为便构成了受贿罪，但是并不属于"期权腐败"类职务犯罪行为。陈晓的行为之所以不属于"期权腐败"类职务犯罪，主要在于他利用职务上的便利为李剑峰谋取利益的时候，并未就李给予其回报的相关事宜与其作"事先约定"，而离开这种"事先约定"，陈晓的事后受贿行为就不具有期约性。也就是说，陈某利用职务上的便利为李剑峰谋取利益时，并没有将手中的权力当作"期权投资"的资本，没有以此获取请托人不菲回报的主观上的期待。既然陈晓未将手中的权力当作"期权投资"的资本，亦没有以此获取不菲回报的主观上的期待，那么他的受贿行为当然也就不属于"期权腐败"型职务犯罪。

而前面所列举的田玉飞贪腐案件中，请托人王德军在与田玉飞"密谋"时，开出 1500 万元的价码来收买田玉飞，条件是田玉飞必须利用职务上的便利为其谋取利益：以 3000 万元的价格收购总资产为 4.6 亿元、净资产达 1.9 亿元的县电力公司国有股。这是一个典型的"事先约定"、事后受财类的职务犯罪案例。在这个"事先约定"中，田玉飞和王德军"交易"双方就请托事项和贿赂的标的物及数量与时间等进行了约定。于是，作为国家工作人员的田玉飞在收受请托人王德军的钱财前，应请托人王德军的请求，许诺为他谋取利益，那么这种请求和许诺之间在客观上就形成了一种以权换利的约定。这种约定的本身就使职务行为的纯洁性和不可收买性受到了侵犯，具备了受贿罪最本质的犯罪特征。这个约定的达成，使田玉飞收受贿赂的主观故意表露无遗：他明知利用职务上的便利为请托人谋取利益而非法收受贿赂的行为是一种损害其职务行为廉洁性的犯罪行为，而故意地实施这种行为。在其受贿的主观故意中，不仅包含有非法收受他人财物的故意，而且还包含有为他人谋利益作为非法收受财物的交换条件，即以权力作为资本来为自己换取钱财的故意。

在这起典型的"期权受贿"案件中，田玉飞不仅主观上具有索取和收受他人财物的故意，而且其行为还具有明显的期约性。这种期约性，集中和突出地体现在他与请托人王德军所达成的那个"约定"上。透过他和请托人王德军达成的该"约定"，作为国家工作人员的田玉飞作出了利用职务上的便利为请托人王德军谋取利益的许诺。利用职务上的便利为请托人谋取利益，作出如此这般许诺，其本身就是一种行为。这种许诺一经作出，就在作为国家工作人员的田玉飞与请托人王德军之间客观地形成了以权换利的权钱交易关系，并以该种关系的形成使人们产生以下认识：国家工作人员的职务行为是可以收买的，只要给予一定的财物，就可以使国家工作人员为自己谋取各种利益。这本身就使国家工作人员职务行为的不可收买性受到了侵犯。于是，无论田玉飞为请托人王德军谋取的利益是否正当，也不论他为请托人王德军谋取的利益是否已经或者能够实现，其行为就已经具备了

《中华人民共和国刑法》所规定的受贿罪的客观要件。

由此，我们可以得出结论说：期约性是"期权腐败"类职务犯罪行为的最本质特征。这里所说的"期约"，指的是作为国家工作人员的受贿者与作为请托人的行贿者之间就前者利用职务上的便利为后者谋取利益、后者在未来一个时期内向前者交付贿赂标的物的有关事项达成意思合致[2]而形成的约定。该约定以国家工作人员即时职务上的行为为对价而期约收受请托人的贿赂标的物。该约定的达成，标志着"现权"与"期利"之间期约对价关系的确立。此类约定的达成和此种期约对价关系的确立，是认定"期权腐败"型职务犯罪行为的限制要件。假如没有此类约定的达成和此种期约对价关系的确立，或者案发后没有充分的证据证明有此类约定的达成和此种期约对价关系的确立，就无法认定其以权换利行为的期约性，从而也就无法认定其行为是"期权腐败"型职务犯罪行为。

二、"期权腐败"的具体特点

由期约性这一本质特征所决定，"期权腐败"类职务犯罪便具有了以下几个方面的具体特点。

1. "期权腐败"具有较强的预谋性

作为一种智能化程度较高的职务犯罪实施者，"期权腐败"行为人一般都具有较高的智商，并对与其职务相关的专业知识和法律法规相当熟知，反侦查能力比较强。为规避风险，在实施职务犯罪以前，通常都进行了精心、周密的谋划，在心理上和作案条件上做了充分准备，而且其预谋多是围绕反侦查这一核心展开的，意在逃避法律的追究。有的甚至不惜出重金，请"高人"

指点，有的居然还进行所谓的"反侦破演习"。湖北鄂州市有个副县级干部叫邵海，曾当过教师，头脑灵活，喜欢读一些经济书籍。他在一个镇担任镇长、镇党委书记期间，从"谨慎"到"放纵"，把镇里的项目资金当作是自家的菜园子，想咋掰就咋掰。几年下来，先后贪污受贿三百多万。为了防止东窗事发，他在聚敛钱财之初，就考虑着以后如何应对调查。临调离前，他多次与同伙订立攻守同盟；调离后，还几次与同伙进行反调查"演习"。发生在广东省司法系统的麦崇楷受贿案，是一起高级干部以"期权腐败"方式进行权力寻租的典型案件。犯罪嫌疑人麦崇楷原系广东省高级法院院长，具有丰富的法律知识和司法实践经验，反侦查能力极强。深圳某公司与陕西省国际信托投资股份有限公司因合作合同发生纠纷，案件上诉到广东省高级法院。深圳某公司经理罗坤权找到麦崇楷，请求麦崇楷帮其公司在这起官司中胜诉。麦便亲自听取该案的审议汇报，暗中帮助该公司如愿以偿胜诉。后来该公司被查封，罗坤权再次找到麦崇楷，麦崇楷就指示有关部门给予解封。事情办妥之后，麦崇楷以亲戚在深圳做生意为由，要罗坤权在深圳帮忙搞到一个商铺给他。罗坤权考虑到麦崇楷在公司诉讼案件中多次帮忙，便把位于深圳市南湖路的一间商铺无偿送给麦崇楷。麦崇楷得到这间商铺以后，并没有给自己的亲戚使用，而是转过来又让罗坤权帮忙把商铺租给一个个体老板，共得租金 28 万元[3]。罗坤权分三次把钱交给麦崇楷。麦将其中 10 万元交给自己的老婆保管，10 万元给了自己的情妇，8 万元留作自用。有材料显示，麦崇楷受贿有自己独特的一招：从来不收陌生人的钱物。他收受钱财，都是通过"中间人"来完成的。这样做，既免去了面对行贿人的尴尬，又增加了受贿的隐蔽性和安全性。万一东窗事发，还可以把事情推个一干二净[4]。

2. "期权腐败"具有较强的纠合性

犯罪嫌疑人一般数量较少，通常只有职务犯罪嫌疑人和不法商人两个自然人构成。双方一般是战友、同学、老乡关系，是彼此之间最信得过、靠得住的"铁哥们儿"，情感深厚、彼此耦合，过往甚密、便于沟通，容易臭味相投、沆瀣一气，易于在主观上形成共同的犯罪故意，在犯罪目的、动机和手段上达成共识，结成非常紧密的利益共同体，订立宁死不招的攻守同盟，且在实施犯罪过程中彼此角色配合默契。即便是一方东窗事发、身陷囹圄，也自恃彼此之间的这种过硬关系，进行负隅顽抗。在这方面，杭州市原副市长许迈永可谓是个"典型"。与以往的腐败案件表现出的"权钱交易"关系不同，许迈永和他老家的几个萧山籍企业家朋友长期共存共荣，不仅达成攻守同盟，而且多年来形成了很好的默契，有非常高的信任度。开氏集团董事长项兴良，萧山人，系许迈永交往多年的朋友。据检察机关调查，许迈永第一次利用房地产牟利是在 1995 年，其远房表弟许飞跃看中了萧山市一块土地，时任萧山市委常委、副市长的许迈永为其打招呼拿到开发权，结果许飞跃一倒手，就赚了 300 万元，许迈永分得 150 万元。许飞跃此后在多个项目中得到许迈永的关照。尝到甜头的许迈永从此一发不可收。调查显示，许迈永从许飞跃手中拿到的好处多达 2000 万元[5]。开氏集团有限公司董事长项兴良系萧山区青年商会常务副会长，与许迈永过往甚密。开氏集团在西湖区开发的西溪锋尚、西港新界等项目，都是许迈永亲自带项兴良考察商定的。这些楼盘都是留用地项目，原本不符合商品房销售政策，其最终顺利销售，自然少不了主政西湖区的许迈永的帮忙。为报答许迈永，项兴良先后 22 次送其 2500 万元[6]。汉帛中国前董事长高志伟、香港伟量发展有限公司总经理戴建坤也都是萧山人，两人同为许迈永的挚友，许迈永在利用职务上的便利为他们谋得利益之后，向高志伟索取贿赂 2000 万元，收受戴建坤的贿赂 700 万港元。中共江苏省委原常委、组织部原部长徐国健在这方面也毫不逊色。遵照其老婆沈秀如支的贪腐"妙招儿"，徐国健利用自己所担任的省委组织部长的要职，苦心经营了包括江苏省交通厅原厅长章俊元、江苏省国有资产经营（控股）有限公司原董事长李双成、江苏省国信集团原董事长王益民在内的腐败"小圈子"。这个"小圈子"成员虽然只有寥寥几人，但却都是实力派人物。据了解，徐国健结交的这"三大国资"巨头总共掌管着 600 亿元以上的总资产，占到江苏省级国有资产的 60% 左右[7]。有实力是必备的一条，但是更重要的是对他徐某人要绝对地忠诚、绝对地可靠，彼此间要成为"生死与共"的铁哥儿们。正是凭借着这种关系，徐国健同他的铁哥儿们演绎了一出出"期权腐败"的活话剧。2003 年 1 月，王益民在谋得了江苏省国信集团董事长这个掌管一百八十多亿元国有资产的肥差以后，曾经在一个很小的范围内酒后失言："徐部长有个存折在我这里。"说完觉得失态，连忙解释是"玩笑"[8]。中共江苏省委办公厅主办的《江苏内参》，曾经刊登过一篇讨论徐国健案件的文章。文中将徐国健、王益民二人的交易称为"还没有来得及变现的腐败期权。"文章还指出，按照圈内行情，这是一笔对双方回报率都极高的交易[9]。

3."期权腐败"具有较强的时差性

与以往那种赤裸裸的权钱交易行为相比，"期权腐败"中的权钱交易并不是简单的即时兑现式的投桃报李，而是采取了十分隐秘的手法。经过周密的设计和策划，职务犯罪者和不法商人故意将权钱交易的实施过程拖长，使职务犯罪者谋得个人私利后果的发生，大大滞后损害公众利益后果的发生，以模糊二者之间的因果关系。从时间上跨度上看，两种后果发生的时间差通常达几年甚至十几年之久。譬如，一些金融机构高管利用手中权力为请托人发放贷款、逃废债务等提供方便，并婉言谢绝请托人当即给予的巨额贿赂，转而与请托人暗订"君子协议"，期许待几年退休、辞职或其他"方便的时候"，再到企业"打工"，通过拿高薪来获取企业回报，有的则干脆要借贷单位在其退休或辞职后按贷款的一定比例给予高额回报。据报载，仅 2003 年一年，某国有商业银行的省、市两级分行就有近 10 名领导干部和中层骨干相继"跳槽"至企业或股份制商业银行担任相关职务[10]。2010年 7 月 3 日和 16 日，紫金矿业集团位于福建上杭县的紫金山铜矿湿法厂，先后两次发生含铜酸性溶液渗漏造成汀江重大水污染事故，直接经济损失高达 3187.71 万元。这起重大水污染事故引起社会高度关注，而媒体披露的一些细节也颇耐人寻味：上杭县政界多位退休领导干部，被紫金矿业委以闲职后，年薪十几万元到几十万元不等。比如紫金矿业监事会主席林水清此前为上杭县县委常委、统战部部长；监事林新喜曾任上杭县纪委副书记、常委。当然，也有来自北京和省里的前高官。比如担任公司独立董事的原地矿部前总工程师、中国地质科学院院长陈毓川；担任公司独立董事的原福建省资产评估中心主任、福建省国有资产管理局局长、福建省财政厅副厅长林永经……此外，有些领导干部还通过各种渠道拥有紫金矿业股份[11]。

4. "期权腐败"具有较强的异域性

"期权腐败"中进行权钱交易的双方，虽然是好朋挚友，但是并不一定处在同一个地域。在市场经济语境下，资本的跨地域、跨行业、跨国境流动十分频繁。权钱交易双方充分利用这样的机会，彼此勾结，共同犯罪。有的职务犯罪嫌疑人甚至以境外的不法商人为合作对象，在国内为对方牟取非法利益，在境外得到对方的回报。2008 年 8 月 13 日，商务部条法司巡视员（正局级）郭京毅因涉嫌经济犯罪被中央纪委"双轨"。有媒体报道称，郭京毅案是因为受贿，但并非之前传言所指的某特定外资并购项目，而是涉及有关外资并购的法律法规制定和司法解释。在此之前，曾经有学者揭露，跨国垄断集团以安排出国观光、子女境外就读、协助转移资产等条件，或以参加国际学术研讨、邀请做访问学者、授予名誉学位或职称等等为诱饵，吸引中国官员、学者为他们效力，对中国相关部门决策与立法施加影响。如果郭京毅一案情况属实，这将是中国第一起在法律制定过程中官员受贿的案件[12]。香港伟量发展有限公司总经理戴建坤是杭州市原副市长许迈永的萧山老乡和多年的"圈内铁杆朋友"。根据浙江省人民检察院的调查，2007 年 4 月，许迈永的妻子戚继秋按照许迈永和开氏集团有限公司董事长项兴良的事先约定，在香港收受项兴良送给许迈永的贿赂款 700 万港元。此后，戚继秋将其中的 600 万港元让戴建坤负责存入戴建坤妻子、儿子和戴建坤公司的账户。浙江坤和建设集团股份有限公司董事长李宝库送给许迈永的 830 万美元贿赂款，打入的也是许迈永为其指定的戴建坤的账户。许迈永以明显低于市场价格三百二十一万余元和一百四十五万余元购买的公元大厦一套商铺、西鉴枫景一套公寓，均是假借戴建坤的名义。在藏匿贿赂款的过程中，许迈永将贿款在他的几个密友之间的账户打来打去，极其随意和放心。2007 年 7 月，许迈永收到坤和房产公司李宝库送的 300 万美元，让戴建坤代为保管。同年 11 月，戴建坤把 150 万美元兑换成 1125 万元人民币，戚继秋随后指使戴建坤把其中的 900 万元存入许飞跃的账户中，用于股票交易。2009 年 1 月，戚继秋按照许迈永指使，在香港收受项兴良送给的 500 万港元，当天又转到其实际控制的他人账户里[13]。也有一些职务犯罪嫌疑人以前曾在国有控股公司任过职。在国有控股公司任职时，借剥离企业不良资产或者实施企业破产之名，以明显低于实际价值的价格，将巨额国有资产贱卖给异地的民营企业，并与民营企业老板达成期权交易协议，待其离职后被依约聘任到民营企业任职。而且这些职务犯罪嫌疑人到民营企业任职，往往都能获取非常丰厚的回报，有的还能得到车子、房子和股份等待遇，而且行政级别越高的干部，到民营企业去享受的待遇就越高。有媒体报道称，在浙江省的一些地方，民营企业聘用领导干部到本企业任职已经形成一个不成文的共识：副县（处）级以上官员，在拿了一笔可观的安家费的前提下，年薪应该是 30 万元；而副厅级以上在拿了安家费的同时，年薪至少在 50 万元[14]。

5. "期权腐败"具有很强的隐匿性

由于"期权腐败"不再是即时兑付、一步到位式的权钱交易，而是把整个交易过程分作"两步走"。在回报尚未兑付以前的相当长一个时期之内，职务犯罪嫌疑人虽然已经利用职务上的便利为请托人谋得了实际利益，但是由于此时交易双方所约定的回报期还尚未到来，其收入账户清清楚楚，里面并无任何赃款，即便这时有人怀疑，也抓不到任何把柄，而且还可以冠冕堂皇地言称自己的行为是"扶持企业、促进发展"。恰如有专家学者所指出的那样："查存款，他没有多余来源；查受贿，当时并没有钱物往来。因为'期权化'交易，只有当事人双方心知肚明，办起事来，彼此心照不宣，就是拿到桌面上，让众人'监督'，也看不出个所以然，整个过程可能都是'照章办事'，容易欺骗大家，博得好评，使人们失去了对其背后阴谋的警惕。"[15]退一万步讲，即便是查出其行为存在违规操作，但其当时一没收礼，二没受贿，很容易蒙混过关，大不了落得个工作失误，通报批评或停职反省，既不伤筋，也不动骨。一些更为"聪明"的职务犯罪嫌疑人还往往采取更加隐匿的途径、方式和手段，来收受其先前进行"期权投资"所应得的回报。譬如，浙江省台州市下属某县级市一位房改办负责人，在位时通过各种关系将市区黄金地段的大片土地出让给某房地产商，该房地产商将其开发成小商品市场后日进斗金，发了横财。那位房改办负责人退休后，被那家房地产商聘用，待遇是年薪 30 万元加高级住房一套，一辆红旗轿车，并且拥有每年几万元的请客送礼签字权[16]。"'期权腐败'最主要的特点是更加隐蔽。"一直关注"期权腐败"现象的清华大学公廉政与治理研究中心主任、北京市纪检监察学会副会长任建明教授深刻地指出。先前，任建明教授一直对"期权腐败"这个概念有一些质疑。"这种质疑并不是说从理论上、逻辑上看'期权腐败'不存在。而是因为一旦我们加大反腐败的力度，就会发现腐败越来越隐蔽，其中一个方式就是'先办事后收钱'，这种后获得好处所延后的时间可能是很长的，方式很隐蔽，经过了几次中转，看不出'收钱'与'办事'之间的因果联系，在实证上想要找到这样的案例不太容易。"对于紫金矿业事件暴露出来的"期权腐败"问题，任建明教授坦诚地告诉《法制日报》记者："这次紫金矿业事件我倒觉得属于'期权腐败'的一个'标本'，或者说是标志性的实证案例。"[17]

总之，"期权腐败"具有与传统的一般性的腐败现象迥然不同的显著特点。该类腐败现象的出现，对反腐倡廉建设提出了新挑战，使我们的反腐败斗争面临新课题。

注　释

1　最高人民检察院:《中华人民共和国最高人民检察院公报》,2000 年第 2 期。

2　所谓"意思合致",是指一方意思表示为另一方所接受,即符合要约、承诺的规则。

3　刘仁洲、王元松:《广东高院原院长麦崇楷毁于贪官"流行病"》,《新快报》,
　　2004 年 2 月 5 日。

4　刘仁洲、王元松:《原广东高院院长"麦崇楷案"内幕》,《南方》,2004 年第 2 期。

5　方益波、裘立华:《杭州原副市长许迈永贪腐路:靠房地产捞巨额利益》,
　　http://www.xinhuanet.com,2011 年 5 月 13 日。

6　陶喜年:《杭州原副市长贪污 1.6 亿案或牵出更高级官员》,《工人日报》,2011
　　年 4 月 19 日。

7　包永辉、郭奔胜:《大圈子作秀,小圈子作孽,透视官场"圈子病"》,《北京青
　　年报》,2005 年 1 月 10 日。

8　曹海丽:《江苏国信原老总王益民梦断徐国健案》,《财经》,2005 年第 5 期。

9　包永辉、郭奔胜:《大圈子作秀,小圈子作孽,透视官场"圈子病"》,《北京青
　　年报》,2005 年 1 月 10 日。

10　张剑:《"期权化"催生金融腐败》,《中国经济周刊》,2004 年第 26 期。

11　李松:《多位领导干部退休后挂职紫金矿业暗含腐败内幕》,http://www.xin-
　　huanet.com,2010 年 10 月 25 日。

12　马涛:《商务部巡视员郭京毅受贿警示"立法腐败"之害》,《第一财经日报》,
　　2008 年 9 月 5 日。

13　方益波、裘立华:《杭州原副市长许迈永涉贪 2 亿背后:用经营思路搞腐败》,
　　《瞭望新闻周刊》,2011 年 6 月 26 日。

14　马海伟、谷晓敏:《浙江寻找遏制"权力期权化"之策》,《新闻周报》,2004 年
　　11 月 23 日。

15　张剑:《"期权化"催生金融腐败》,《中国经济周刊》,2004 年第 26 期。

16　钱伟锋:《期权腐败考验政府官员,隐蔽性大无法律根据》,《青年时报》,2004
　　年 12 月 8 日。

17　杜晓、任雪、游垠《遏制"期权腐败"遭遇取证定性两难》,《法制日报》,
　　2010 年 7 月 26 日。

第 三 章

"期权腐败"的演变趋势及其危害

作为一种权钱交易腐败现象的新变种和衍生物，"期权腐败"自身也在随着腐败与反腐败博弈形势的发展变化而呈现出新的演变趋势。与传统的一般性腐败现象相比，"期权腐败"具有极强的遮蔽性和欺骗性，因而其危害性更烈，对经济健康发展、社会公平正义、党和政府形象和公信力的影响与损害亦愈大。

一、"期权腐败"的演变趋势

作为一种权钱交易腐败现象的新变种和衍生物，"期权腐败"自身也在随着腐败与反腐败博弈形势的发展变化而呈现出新的演变趋势。

首先，从贿赂的标的物来看，已经超出了传统的"财物"界限和范围，开始向财产性利益和非财产性利益领域延伸。为了使权钱交易更具隐蔽性和复杂性，交易双方往往在贿赂标的物上煞费苦心地精心谋划、反复揣摩。于是，贿赂的标的物便呈现出多样化的发展趋势。请托人给职务犯罪嫌疑人施以贿赂，提供有价证券、支付凭证、黄金、珠宝等财物者很是普通，提供免费劳务、住房装修、住房使用权、车辆使用权、出国出境旅游等财产性利益者也不鲜见，安排高消费娱乐、休闲、健身活动，提供出国留学、性服务等非财产性利益者则与日俱增，有的还将其披上更加华丽的外衣，美其名曰什么"感谢费"、"辛苦费"、"活动费"、"劳务费"、"润笔费"、"顾问费"等等。

例如，原辽宁省副省长刘克田利用职务上的便利，接受原沈阳客运集团公司总经理夏任凡的请托，为该公司在办理转贷以及涉税问题方面谋取利益。事后，为感激刘副省长的关照，夏任凡主动提出以"企业移民"的方式送刘的女儿赴澳大利亚留学。在刘同意并明示"申办企业的资金，还需要夏总支持一下"的情况下，夏用客运集团公款换得 20 万美元作为刘的女儿赴澳留学的费用[1]。

又如，2000 年，郭京毅利用担任原对外贸易经济合作部条法司投资法律处处长的职务便利，在莱佛士 2000 集团公司（以下简称莱佛士公司）上市向中国证监会申请出具无异议函，证监会就该公司经营范围中的"教育投资"内容向外经贸部条法司发函征求意见的过程中，接受请托，为该公司提供帮助。2000年 10 月至 2002 年 12 月，被告人郭京毅的亲属在莱佛士公司投资的北服－莱佛士学院学习，该公司为感谢郭京毅的帮助，为其亲属免除了学费，共计人民币 105 000 元[2]。

再如，2002 年 10 月，上海路桥发展股份有限公司向外招标，决定出让公司股权，该公司拥有沪杭高速上海段 30 年的收费经营权，资产总值 35.5 亿。有"上海公路大王"之称的民营企业家张荣坤有意投标收购，但他的福禧投资集团当时只有 5 亿资金，根本无法夺标。在招标会之前，张荣坤给时任上海市劳动和社会保障局局长的祝均一送上了一形象气质极佳的绝艳美女。经过与这美女的一夜激情，祝均一与张荣坤的关系发生了质的变化。祝均一所掌管的上海社保基金，几乎成了张荣坤的私人钱库。为了让祝均一死心塌地地为自己挪用社保基金，张荣坤和卢嘉丽变着戏法讨祝均一欢心，并与祝均一商定，将祝均一的妻子黄华安排到在上海路桥公司任职，享受年薪数十万元的待遇。此后的短短几年间，张荣坤共从祝均一掌管的上海社保基金中拆借资金达32亿之巨。借助这些金钱，张荣坤的个人财产疯狂增长。2005年，他以26亿资产名列中国富豪榜第48位。卢嘉丽也成了一名千万富姐[3]。事发后，检察机关指控祝均一受贿的金额约160万元，其中约120万是其妻黄某在上海路桥发展股份有限公司任职三年期间总计获得的薪金。祝均一还是很聪明的，知道如何规避法律的制裁：把老婆黄某安排到张荣坤的上海路桥发展股份有限公司，然后"名正言顺"地领取薪酬。3年120万，每年就是40万。事实上，祝均一的妻子黄某并非完全不工作（确曾担任公司工会主席和监事长等职，而非此前坊间传闻的"虚挂其名"），但是她所领取的薪酬明显高于正常的薪酬水平。祝均一自己后来交代说："在与张荣坤的交易开始后，我一直期待张荣坤能对自己实施一种表面上合法的回报。张荣坤将我妻子安排在其控制的上海路桥发展公司任党总支书记、工会主席。沪杭高速公司任监事长，就是我与张荣坤之间达成的在合法外衣下的一种权钱交易。平心而论，无论从哪个方面看，我妻子都无法拿到年薪几十万的报酬，如果没有我向张荣坤大量融资，张荣坤也不可能对我妻子的工作岗位与报酬作出这种安排。就我退休后的后路安排问题，张荣坤曾与我多次商量。首先他承诺，只要我妻子身体好就可以一直拿高薪。以后，作为公司的高管还可以解决一套高档别墅的福利待遇，公司还准备以特别重要的少量企业骨干的名义送予企业干股。至于我的安排，张荣坤承诺可以在退下来以后帮他一起工作，可以干我有兴趣的事情，享受丰厚的待遇报酬，老年生活根本不用去担心。这是使我死心塌地为张荣坤搞巨额融资的一个真正动因。"[4]

其次，从收受贿赂的策略手法来看，已经出现了许多不可忽视的新现象和新变化。腐败分子们开始采取战略投资、曲线牟利的策略手法：回报不直接表现为一般意义上的现金，而是转换为其他形式的各种利益。近年来，以交易形式（以明显低于市场的价格向请托人购买房屋、汽车等物品，以明显高于市场的价格向请托人出售房屋、汽车等物品）收受贿赂，收受请托人提供的干股，以开办公司等合作投资名义收受贿赂，以委托请托人投资证券、期货或者其他委托理财的名义收受贿赂，以赌博形式收受贿赂，特定关系人"挂名"领取薪酬等现象相继出现。这些新情况、新现象的出现，进一步增加了治理此类腐败的难度。

以交易形式收受贿赂。如北京市检察院第一分院在 2002 年查办的北京市某局原局长周某受贿案，就是典型的以交易形式收受贿赂的案件。2001 年，周某利用职务上的便利，通过弄虚作假为请托人的亲属减刑。事后周某将自己亲属的一辆旧捷达车以高价租给请托人，首付 8 万元后，双方又签订了一个协议，租车 5 年，费用 38 万元一次付清，而车本身只值 18 万元。后来，周某因受贿罪被判处十年有期徒刑[5]。

又如 2000 年至 2008 年，上海浦东新区外高桥功能区域管理委员会规划建设和环境管理处处长陶建国负责办理上海申港房地产有限公司和上海兴都房地产发展有限公司开发曙光苑、曙光北苑、曙光东苑、川沙镇王桥生产资料交易市场、合庆镇小商品市场等多个房地产项目的规划许可等事项。其间，两公司负责人洪某为与陶建国保持好关系，并感谢陶在相关审批手续上的关照，曾多次给予陶钱款和房产，共计现金 69 万元、价值 1379 万余元的房产 29 套。在庭审过程中，依据申港、兴都两公司在多个房产开发项目建设用地的规划许可相关审批书证，上海市第一中级人民法院认定陶建国在涉案房产项目中行使了审批职权。法院还查明，陶建国所收受房产的产权证都是根据陶事先要求办在其母亲名下的。在洪某将 29 套房产的产权证送给陶建国时，每套房产的发票、契税单据等均一起送给了陶建国，其中发票上的购房金额均属虚构[6]。

　　再如，2000 年上半年，江苏华良集团总经理张忠良欲向原江苏省委常委、组织部部长徐国健夫妇俩行贿。当时，徐国健的妻子沈秀如已经知道丈夫利用职务上的便利为张忠良销售煤炭提供帮助，但是她仍同意收受，并与张忠良商定以张的名字到证券公司开户，将钱存入股票账户送给沈秀如炒股。沈秀如与张忠良商定时，身为省委常委、组织部部长的徐国健在场并表示同意。同年 5 月 25 日，张忠良遂在华泰证券公司南京长江路证券营业部申请开立股票账户，并将资金账号、交易密码、电话委托书等股票资料交给沈秀如。2000 年 6 月至 2001 年 12 月，张忠良先后 6 次往该股票账户共存入人民币 109 万元。沈秀如将张忠良大部分注资之事告诉了徐国健。法院经审理查明，2000 年 9 月 7 日，沈秀如开始使用张某所送的资金进行炒股，买入、卖出股票 21 笔。2004 年 4 月，徐国健、沈秀如告诉张某如果有人调查此事，就说该股票账户的钱是张自己炒股使用，与沈秀如无关。同年 6 月，徐国健案发，张某害怕行贿事情败露，遂采用重置密码的方式取走该股票账户中的现金 31 万元及抛售全部股票所得

53.1899 万元共计 84.1899 万元。沈秀如炒股造成亏损人民币 24.8101 万元[7]。后来，沈秀如在法庭上供述称，当时徐国健还在位，用此方式比较安全，万一出事好开脱。而张忠良也"庆幸"这是他送钱的好方式。

特定关系人"挂名"领取薪酬。为了套牢上海市劳动和社会保障局原局长祝均一，让他死心塌地为自己挪用社保基金，福禧投资集团董事长张荣坤变着法子讨祝均一的欢心。张荣坤手上有两个"杀手锏"，一个是送美女，这第二个就是送金钱。在送上绝色美女卢嘉丽之后，他又不失时机地要送真金白银。但是，祝均一在这方面经验很老到。在张荣坤直接送上巨额现金时，他婉转地加以拒绝了，并且暗示这样做太直接了。张荣坤不愧是个精明的商人。他眼珠一转，就明白了祝均一的意思。经过一番密谋、探讨，他和祝均一商定，将祝的妻子黄华安排到自己的公司任职，享受年薪 40 万元的待遇。事发后，检察机关指控祝均一受贿 160 万元，其中约 120 万，是他的妻子黄华在上海路桥公司任职 3 年获得的薪金。

第三，从权钱交易涉足的领域来看，已经由行政、司法、吏治等领域向立法领域渗透延伸。以往的权钱交易行为多发生在吏治、行政、司法等领域，被人们称之为吏治腐败、行政腐败、司法腐败。2008 年 11 月，商务部条约法律司原巡视员（正司级）郭京毅因涉嫌受贿罪被检察机关决定逮捕，爆出新中国成立以来公开披露的第一例立法腐败大案。随后，又有国家工商总局外资局原副局长刘伟、商务部外资司原副司长邓湛、国家外汇管理局管理检查司原司长许满刚、北京思峰律师事务所原主任张玉栋等涉案人员被"双规"或被刑拘。有知情人士透露，郭京毅等人涉嫌在制定多部有关外资并购的法律法规规章制定和解释中有腐败行为。

这个案例被认为是外资领域的系列窝案，涉及的方面十分广泛，主要是一些法律精英（政府官员、参与起草法律的律师等）。他们要么是在商务部、工商总局等要害部门掌握有关法律法规拟订、修改大权的官员，要么是曾参与起草多部法律、法规、规章的律师、法律顾问，都是资深的法律精英，组成了一个封闭的小圈子，几乎"垄断"了这些年来中国大部分利用外资方面法律的立法"业务"。这些涉案人员在接受某些利益群体的贿赂之后，利用自己职务上的便利，发挥手中权力的特殊作用，在法律法规中为这些利益群体夹带"私货"，使自己制定或修改的法律法规、作出的法律或司法解释有失公允，偏颇于这些利益群体，使这些利益群体的不当得利变成合法利益。

有人这样评论此案说，此前的贪腐多是高发于有职权的群体中，更确切地说是多发于有实权的群体中，往往更常见于执法层面。立法层面在过去看似清水衙门，腐败几率甚低，经常被人忽视。但现今的立法腐败打破了人们过往的观念，使腐败以更隐蔽的方式走向立法领域。应当说，目前我国的立法腐败现象并不算严重，但郭京毅的涉案，足以给我们敲响警钟，提醒人们警惕那些试图通过行贿受贿影响立法，进而损害公众利益的腐败现象发生。

第四，从权钱交易的路径和渠道来看，正在由职务犯罪嫌疑人和请托人双方直接交易向由中介组织代为交易蔓延。中介组织是宏观调控与市场调节相结合中不可缺少的环节，公正、诚信是其立足之本。但是令人遗憾的是，在我国查处的一些大案要案，其背后往往都能看到中介组织的影子。中国社会科学院的一份研究报告表明，随着近年来中介组织的迅速发展，大量的权力寻租和商业贿赂等腐败行为，都借助于中介组织之手来实施，我国社会中介组织腐败现象正日益严重。在我国商业贿赂、政府官员的寻租腐败等日益严重的贿赂腐败链条中，中介组织的作用越来越明显，社会中介组织参与和引发寻租腐败的状况，有愈演愈烈的趋势。一些中介组织正在沦为腐败分子收受贿赂和请托人向腐败分子行贿的实际操盘手。

近年来，中介组织直接参与的腐败大案要案不胜枚举。下面就举重庆市规划局局长蒋勇这个案例。1962 年 11 月出生的蒋勇，1982 年大学毕业后到国家城乡建设环境保护部城市规划局任职。1990 年至 1992 年，于英国威尔士大学取得硕士学位，回国后担任建设部某副部长的秘书，随后历任建设部城市规划司规划处副处长、城乡规划司城市规划处处长等，2002 年晋升重庆市规划局局长。正当他在官场上春风得意的时候，他遇到了后来成为其情妇的唐薇。1969 年出生的唐薇是典型的重庆美女，漂亮能干。在认识将勇以前，唐薇做瓷砖生意，离异后带着小孩。案发后，蒋勇称，自己同情唐薇的遭遇，觉得她们母女比较可怜。2002 年，"可怜"唐薇的蒋勇将其发展成了自己的情人，并和她密谋，联手收受房地产开发商的贿赂。为了增强自己利用职权进行权钱交易的隐蔽性，蒋勇帮助情人唐薇注册了一家中介公司和一家房地产开发有限公司，并通过这两个公司进行权力寻租。经法院审理查明：被告人蒋勇伙同情人唐薇，以唐薇的名义相继成立了重庆嘉汇业顾问有限公司、重庆瑜然房地产开发有限公司，并商定利用蒋勇担任重庆市规划局局长的职务之便，由唐薇负责联系代办调整规划手续的业务或与开发商联合开发房地产项目，为房地产开发商谋取利益，以达到收取钱财的目的。2004 年 4 月至 2007 年 3 月期间，二被告人通过上述方式共同收受数家房地产开发商给予的人民币共计 1615 万余元。2009 年 2 月 27 日，重庆市规划局原局长蒋勇被重庆市第一中级人民法院判处死刑，缓期两年执行，剥夺政治权利终身，并处没收个人全部财产。其情人唐薇也因犯受贿罪，被判处有期徒刑 15 年。

根据已经揭露出来的案例，中介组织参与的腐败行为，除涉及行贿、洗钱、参与侵吞国有资产、损害股东和消费者权益之外，有些中介组织还抱着"收人钱财，给人方便"的态度，干着唯利是图的造假勾当，范围涉及重大工程投资建设、国有企业改制、土地转让评估、贷款抵押资产评估、公司上市及年度财务审计、政府采购等诸多领域。例如，在土地评估时，有些中介组织协助腐败官员和不法商人搞暗箱操作。同一块土地，评估价值翻手为云覆手为雨，背后自然是见不得人的权钱交易。有些中介组织还提供虚假材料证明，满足客户不合理或是不合法的需求。比如会计师事务所帮助企业做假账，提供虚假审计意见，甚至协助不够条件的企业包装上市，帮助上市企业和证券公司"圈钱"。在建设工程招标和政府采购中，一些供应商、承包商与采购单位、监管机构人员及招标采购代理机构恶意串通、互相勾结，通过操纵招投标搞腐败交易。在国有企业改制过程中，有些中介组织将国有资产由高评低，帮助个别党政官员、原企业负责人蚕食鲸吞国有财产。在市场经济条件下，中介组织是沟通政府和企业的桥梁。由于中介组织的介入，使得行贿受贿双方在不见面的情况下完成权钱交易，使腐败行为增加了隐蔽性。大量案件表明，如果没有这些中介参与其中，很多腐败行为根本不可能得逞。中介组织的腐败行为，不但腐蚀了大量政府官员，而且他们出具的虚假证明文件，还影响政府的决策水平和决策质量，导致国有资产流失、安全生产隐患、豆腐渣工程等问题的发生。

第五,从贿赂的实际接受人来看,已经不再仅仅局限于职务犯罪嫌疑人本人。一些职务犯罪嫌疑人,尤其是一些职务较高的职务犯罪嫌疑人利用职务上的便利为请托人谋取利益以后,往往不是其本人亲自收受请托人财物,而是授意请托人与其特定关系人以买卖房屋、汽车等物品的方式进行交易,有关财物也由其特定关系人收取。甚至于在退休以后,自己也不直接到请托人公司去任职,而是由其特定关系人代之。采用该种形式,更增加了权钱交易的隐蔽性和复杂性。大量事实表明,越是高级领导干部,其收受贿赂的方式越隐秘,他们通常自己不直接拿钱,而是通过特定关系人尤其是情妇(情夫)受贿。对此,2007年6月中共中央纪委副书记刘锡荣在重庆市作党风廉政建设形势报告时曾经透露了这样一个数字:2006年中国官员的贪污受贿等腐败案件中,70%的案件所涉及的贿赂是由官员家眷甚至情妇收受。他还指出,中纪委对落马贪官进行调查发现,受贿者80%的贿赂都是妻子、儿女、情妇等代收的,由其自己亲收的不及20%[8]。

国家食品药品监督管理局原局长郑筱萸受贿案就是典型的一例。据查,在郑筱萸高达六百四十九万余元的受贿簿上,最多的一笔来自浙江某集团公司:1997年至2006年,郑筱萸通过其妻子刘耐雪、儿子郑海榕,收受该公司负责人李某以顾问费、股份收益等名义给予的财物共计二百九十二万余元。9年间,从每月2000元的顾问费,到一笔免去近200万元住房首付款,随着郑筱萸的权力扩展,其与家人的受贿行情"水涨船高"。早在1997年6月,该集团就开始"聘请"刘耐雪为顾问,月薪2000元。期间,适逢集团的中层干部投资成立针头车间,刘耐雪只凭一张"借款5.2万元"的借条,以儿子郑海榕的名义入了股,每月分红2800元。对此,郑筱萸心知肚明,称之为"干股"[9]。

浙江省交通厅原厅长、党组书记赵詹奇的表演也相当地"精彩"。1997年，杭州市萧山国际机场包括机场高速公路开建，总预算30亿元，赵詹奇出任萧山机场工程建设指挥部副书记、副总指挥。1998年年初，萧山机场候机楼（航站楼）工程开始招标。为了能承揽到这项工程，有的建设公司开始动起歪脑筋。龙元建设集团股份有限公司项目经理徐文通打听到赵詹奇有个叫汪沛英的情妇，立即找到汪沛英，委婉地提出想通过她找赵詹奇说说，帮忙在招投标过程中予以关照，并承诺支付合同总金额1%的提成。事后不久，汪沛英把赵詹奇约出来与徐文通一起吃了饭，席间徐文通请赵詹奇在招投标中帮忙，并对赵詹奇称聘请汪沛英一起跑招投标前期业务，若中标给汪沛英提成，赵詹奇答应为其入围提供帮助。赵詹奇果然是个讲"信用"的人，他没有食言。在赵詹奇的帮助与"推荐"下，徐文通所在的龙元建设集团股份有限公司顺利入围、中标。随后，徐文通分两次先后送给汪沛英20万元和35万元。在第一次拿到20万元以后，汪沛英立即把这个消息告诉了赵詹奇，提出分给他10万元，但被赵詹奇婉言拒绝。根据检察机关的指控，赵詹奇不直接收取贿赂款，而是让情妇汪沛英拿业务提成，让儿子赵广宇以咨询费、年薪、借款的名义捞钱。用这种手法，他在任职的12年间一共捞取不义之财600多万元[10]。

广东省原政协主席陈绍基伙同其情妇李泳，全国人大常委会原副委员长成克杰伙同其情妇李平，更是把"官员利用职务之便为请托人谋取利益、情妇出面收取请托人钱财"这出活话剧演绎到了极致。李泳，吉林省吉林市人，1976年4月出生，吉林大学硕士毕业，身高1.68米，身材高挑，容貌靓丽，2010年案发时34岁，未婚。案发前，李泳是广东省电视台的美女主播，新闻中心一级播音员。日常生活中，李泳给人的财富印象明显与其正常收入不符。李泳先是开个奔驰轿车，后来又换成价值130万元的路虎越野车。陈绍基受贿一案由重庆市第一中级人民法院受理。经法庭审理查明，1992年2月至2009年4月，被告人陈绍基利用担任广东省公安厅厅长、广东省政法委书记、广东省委副书记、广东省政协主席的职务便利，为他人谋取利益，伙同其情妇李泳索取及收受他人给予的财物，共计折合人民币二千九百五十九万余元[11]。

　　李平，1954年生于湖南，早年是广西商业厅的一名普通职员。她虽然出身于寒门，但却天资聪慧，姿色过人。凭着自己的姿色和手段，李平嫁给当时主政广西的一名韦姓高官的儿子，调到隶属自治区外事办的某大酒店，从此一跃"龙门"，经常穿梭在广西达官贵人之间，成为当地有名的"交际花"。尽管自己无职无权但她手眼通天，仍有不少地方官员拜倒在李平的石榴裙下。20世纪90年代，成克杰主政广西，由于官场迎来送往应酬的关系，成克杰常到隶属区外办的该饭店，与李平一见钟情。两人勾搭成奸以后，决定双方与各自的配偶离婚后再结婚。两人商定，由李平出面联系有关请托事宜，成克杰利用当时任广西壮族自治区党委副书记和自治区人民政府主席的职务上的便利，为请托人谋取利益。二人收受钱财以后存放在境外的银行，以备婚后使用。李平的嗅觉很灵敏，很快就物色到周坤这条大鱼。56岁的周坤是银兴房屋开发公司的总经理，李平和他是老相识了。1994年年初至1995年6月，成克杰从李平处得知，帮助广西银兴房屋开发公司（后更名为银兴实业发展总公司）承接南宁市江南停车购物城工程及解决建设资金，可以得到巨额的好处费。成克杰听到这个消息后表示出浓厚的兴趣，李平马上心领神会，很快牵线搭桥介绍成克杰与周坤相识。周坤决心充分利用好这条大鱼，而成克杰就利用职权，擅自将银兴公司直接划归自治区政府办公厅管理，并要求自治区计委为银兴公司承接该工程立项；他还指示南宁市政府大幅度压低工程土地价格，要求中国建设银行广西分行为银兴公司发放工程贷款人民币7000万元。周坤没有食言，事成之后，银兴公司按照预约，支付给成克杰和李平贿赂款达人民币二千零二十一万余元。一笔生意就赚了两千多万，李平高兴得心花怒放。她把花花绿绿的票子在成克杰眼前一晃："克杰，这些钱留着咱们将来结婚用！"[12] 后来，两人单独或合伙收受贿赂款物合计人民币四千一百多万元。

第六，从贿赂标的物在请托人手中滞留的时间来看，不尽相同，有长有短。有的职务犯罪嫌疑人与请托人约定，过一段时间，待其利用职务之便为请托人谋取利益的行为的影响期过后，再兑现给予他的回报。有的职务犯罪嫌疑人则与请托人约定，待其离职（退休、辞职）后再兑现给予他的回报。

北京市交通局原副局长、首都公路发展有限责任公司（以下称首发公司）原党委书记、董事长毕玉玺，选择的即是这前一种形式。毕玉玺任职期间，在工程项目建设中大搞权钱交易。他曾收受港商苏某给予的工程"佣金"，在国内事先密谋，事后又指使该人存入毕玉玺在香港花旗银行开立的个人账户，从密谋到实施达10年之久[13]。而浙西某县级市城建局局长，则是选择了后一种形式。该局长在位时为某建筑企业在几次重大项目的公开招投标过程中，施加权力影响，并亲自出面替该企业弄到了银行贷款，使原本实力并不强的企业，一年内蹿升至当地建筑企业中的"龙头老大"。该局长退休后，企业将其派往江西负责业务，实则坐在家里收钱[14]。

除此以外，在贿赂标的物交接的约定上，职务犯罪嫌疑人与请托人还有一种选择，那就是双方约定贿赂标的物暂由请托人存放、保管，职务犯罪嫌疑人何时需要，请托人随时交付供其享用。实际上，也就是职务犯罪嫌疑人为障人耳目，逃避打击，并不把贿赂标的物一次性地全部收受过来，而是将其存放在请托人那里，当成自己随用随取的"小金库"。在前面所列典型案例中，讲到江苏省国信集团原董事长王益民酒后失言所开的那个"玩笑"，说的就是江苏省委常委、省委组织原部长徐国健，在为王益民谋到掌管一百八十多亿元国有资产的老总这个肥差后，把王益民给予的上百万元回报暂时"寄存"在了王益民那里。

第七，从贿赂标的物所有权转移的情况来看，呈现出表面上虽未转移而实质上已经转移的趋势。以往职务犯罪嫌疑人利用职务上的便利为请托人谋取利益以后，请托人将贿赂标的物连同其所有权一次性地交付给职务犯罪嫌疑人。贿赂标的物是房屋、汽车等特定的有型财物的，请托人连房产证、汽车购置发票都一并交付。近年来，这种情况有所改变。职务犯罪嫌疑人收受房屋、汽车时，并不要求到登记机关办理权属变更手续，而是以"借用"的方式实际长期占用。

1998 年 6 月，广东省高等教育厅成教处原副处长周之行到茂名广播电视大学，见该校停车场上停有一辆新的丰田吉普车（价值 36 万余元），便对在场的王某、邱某说："车很好看。"王、邱两人马上表示："你喜欢就送给你好了。"周之行居然说："送给我就不敢要，十块八块钱卖给我就敢要。"几天后，就有人通知周去茂名广播电视大学取车。2000 年年初，周之行委托其弟弟周某将这辆车出售给他人，得到售车款 33 万元[15]。在法庭上，检察机关就周之行收受该辆轿车提起公诉，而周之行竟以"自己当时只是借用下级单位的汽车，一直未办理过户手续，所以这辆车实际上并未收归自己所有"进行辩解[16]。

某经济技术合作总公司总经理王某，在明知其所属的某宾馆国有资产，其转让必须经国有资产管理局评估的情况下，没有进行评估，也没有对收购方进行认真考察，就与某物业管理有限责任公司（私营企业）签订以5300万元转让宾馆的合同。该物业公司未支付完转让费就办理房产权、土地使用权的变更手续，与另一公司签订以8500万元转让宾馆的合同。为感谢王某在转让宾馆时给予的帮助，该物业公司总经理张某为王某购买了一套价值130万元的住房和一部价值12万元的汽车，住房的产权属于物业公司，王某以借用为名长期使用，并向物业公司出具借条[17]。

更有甚者，还有干脆长期"借用"人民币的。1996年春节前夕，厦门市委原副书记刘丰收下了赖昌星的5万元的感谢费。春节一过，他就把赖昌星叫到了自己的办公室，告诉他说："赖老板，你春节来我家送的5万元钱，我作为是向你借的，我给你立个借据，钱我借来买房用。"说着，就将事先写好的两张借款凭据拿出来，让赖昌星签名。赖昌星看了看，二话没说就签上自己的名字，并将其中一份收了起来。借债还钱。刘丰这样做是不是日后想还钱呢？刘丰坦承："借条实际上只是个形式，因为我当时有一种矛盾心态，有时把赖昌星看做朋友，有时又对他存有戒心。钱既没有拒收，收下钱又怕一旦有了事情，我向组织上说不清楚。写了这个字条，万一组织上调查，自己便有了个说法。"[18]

在这方面，最为狡猾的当数北京交通局原副局长、首发公司原党委书记、董事长毕玉玺。他受贿的隐秘方式，让办案人员不得不为其狡猾的程度感到震惊。办案人员说："把受贿的钱以行贿人的名义存放，自己却掌握开户密码和身份证，什么时候想用再取，这就是毕玉玺的高明之处。"[19]其实，如此隐秘的受贿方式并不是毕玉玺的发明，而是他从一个行贿者那里接受过来的。在向毕玉玺行贿的请托人中，有个名叫兰义的。只有小学文化水平的兰义，靠着毕玉玺的"关照"，从北京通县招待所食堂的一名小厨子成了一家公司的老板，并且发了横财。兰义是个"知恩图报"的人。一天晚上，兰义把一个纸包递到毕玉玺面前说："这是20万。"毕玉玺扫了一眼："拿回去！""这……"？兰义感到不解。"从今天起，不要再送钱！""那我送什么？""什么也不要送！"思忖片刻，兰义终于弄明白：他不是不要钱，而是不让他用这种办法送钱给他。便说："这样吧，我可以拿回去，但我必须把钱存在银行，这存款仍然是您的，你用钱的时候，我随时给你取。"一席话，破译了毕玉玺的心结。毕玉玺点点头表示同意，随即起身打开柜门，又取出一个纸包："这是20万，你也拿走，一块儿存起来。"此后的若干日子里，兰义到毕玉玺家不再拿钱，而是向毕玉玺报账，告诉他：折子里已经存了110多万了。要是用钱，随时说一声，我立马去取。案发后，办案组从某银行储蓄所的"活期类明细账"里查获了这样的记载：从2002年5月10日至2004年7月10日，存款近30笔，总额130多万元，其中有一个月一连存入三次，金额50多万[20]。

第八，从受贿主体贪腐行为之间的关联程度看，腐败呈现出日益集体化的趋势。这里所说的集体腐败是与个体腐败相对应的腐败行为，也就是多名官员结成同盟、合谋违纪违法、共同实施腐败的行为。这同过去由单个人实施的个体腐败有很大区别。

"窝案"、"串案"是这种腐败行为的典型表现形式。在这类腐败案件中，犯罪嫌疑人相互串通，共同作案。他们有的结成利益共同体合谋贪污、挪用公款，长期多次作案；有的相互介绍行贿人，共同索贿受贿；有的单位领导班子集体犯罪，私分国有资产。因此，查办这类案件，往往是"拔出萝卜带出泥"，查处一人带出一串，查处一案端出一窝。2008年2月28日晚，广西壮族自治区平果县公安局刑侦大队民警来到该县马头镇巴造路韦某的住房，执行搜查任务，因为韦某的儿子涉嫌参与了一起故意伤害案。民警在韦家发现了大量的名酒、名牌衣物，两个保险柜和一个铁皮柜。韦某是水厂的一名普通工人，怎么有这么多的名酒和名牌衣物？民警觉得十分可疑，要求韦某打开保险柜检查。韦某说钥匙由妻子保管，妻子现在回老家了。可到了第二天，韦妻仍未回来。民警找来开锁师傅，打开保险柜、铁皮柜一看，里面是大量的现金、贵重首饰、手表及房产资料等。经清点，共有现金人民币547万元、美元5.7万元、港币1万元，户名为"张廷登"的美元存折一本，及首饰、名牌手表四十余件，还有3套房地产资料。看到这一切，韦某也惊得目瞪口呆，不明白柜子里怎么会有这么多钱物。面对民警的调查，韦某说："这是我老婆弟弟的，他叫张廷登，是自治区民政厅厅长。"后来经过顺藤摸瓜、深挖细查，又先后查处了自治区民政厅社会福利服务原中心主任梁某受贿案，民政厅后勤服务中心原正副主任黄某和陈某受贿案，民政厅原副厅长陆某受贿案，广西福利彩票中心原主任何某和书记杜某受贿案。在检察机关查办广西民政系统这个贪污贿赂窝案串案中，一共查办了八十多名干部，其中厅级干部2人，处级干部14人，涉案金额四千多万元。

第九，从腐败的权力结构看，权力腐败正呈现出核心层化和边层化两种发展趋势。随着党和国家反腐败力度的进一步加大，从腐败的权力结构视角看，权力腐败正日益呈现出截然不同的两种发展趋势，一是向权力结构的核心层面蔓延：一部分掌握核心权力的腐败官员利用职务上的便利为请托人谋取利益，收受请托人的贿赂。其突出表现，就是处在权力系统核心层的少数人特别是"一把手"腐败。二是向权力结构的边缘层面乃至无权层面蔓延：一些"级别不高、权力不小"的干部搞腐败。这些人职务不高，但属于能办具体事的"实权派"。他们搞起贪腐来，丝毫不亚于位高权重的腐败分子。辽宁抚顺市顺城区土地分局原局长罗亚平腐败案就是典型的一例。罗亚平，女，1960 年 12 月出生，大学文化，1980 年参加工作。2001 年 6、7 月和 2005 年 4 月，她利用担任抚顺市顺城区土地管理局副局长兼城东新区土地经营中心主任等职务，负责土地开发工作的职务便利，先后收受两家房地产公司的贿赂款共计 30 万元。2004 年 7、8 月至 2007 年 6 月期间，罗亚平利用担任抚顺市顺城区发展计划局副局长、顺城区发展改革局副局长、抚顺市国土资源局顺城分局负责人、顺城分局局长的职务便利，采取虚假补偿、截留征地款不入账等手段，单独或伙同他人（均已判刑）贪污 18 起，侵吞、骗取征地款、动迁补偿款等款物共计三千四百二十七万余元，其中罗亚平占有款物共计三千二百三十九万余元。此外，罗亚平尚有三千二百五十五万余元的财产不能说明合法来源[21]。一个科级干部，竟能利用职务上的便利疯狂敛财六千多万元，真是达到了令人吃惊的地步！

　　先期投入、后求回报的特征，再加上战略投资、曲线牟利的策略手法，以及五花八门的各种具体表现，使得"期权腐败"现象愈加复杂，也更具遮蔽性和欺骗性。所以，学界有些专家学者把这种腐败称作"遮蔽型腐败"。这种腐败方式的最大功效，就是能将通过权钱交易得到的黑钱洗白，以降低权钱交易的风险，提高职务犯罪的安全系数。因此，有些专家又称之为"洗钱式腐败"。

"期权腐败"日益增强的遮蔽性和欺骗性，无疑增大了甄别和查处此类职务犯罪行为的难度。

首先是此类职务犯罪的时间跨度相当大，职务犯罪嫌疑人有足够的时间密谋串供，毁灭证据。证据缺失，证人难找，使得侦查机关难以查证，公诉机关难以举证。江苏省建设系统的一个官员，在位期间为一家房地产公司牟取了很多利益。退休之后，该公司以各种名义给予了这名官员很多好处。事情被发现之后，一审法院判决他有罪。这名官员不服，觉得自己在位时没有获得任何好处，不属犯罪，因而提起上诉。二审法院经过审理，判决他无罪，从而逍遥法外[22]。

其次是在犯罪构成要件上难界定。上文提及的某经济技术合作总公司总经理王某收受住房和汽车的行为，当时就以"王某虽长期无偿使用住房和汽车，但只享有使用权，刑法规定的贿赂的财物为金钱和物品，如果将贿赂的范围扩大到财物的使用权无法律依据"为由，而认定其行为不构成犯罪。有的职务犯罪嫌疑人虽然有利用职务上的便利为他人谋取利益，并在离职以后收受请托人的巨额贿赂之嫌，但是就是由于其接受丰厚的回报的时候早已离职，因而很难将其在职时利用职务之便为他人谋取利益与其离职后接受丰厚回报之间联系起来，故而很难从法律上将其行为定性为职务犯罪。

第三是具体犯罪事实更难界定。譬如有的职务犯罪嫌疑人离职后，本人并不直接在受益企业任职，而是由其亲属代之任职。

再如，受益企业为职务犯罪嫌疑人提供的豪华住宅、高级轿车虽由其长期使用，但产权却并未归于其名下。上文提及的台州市某县级市的那个案例中，请托人送给职务犯罪嫌疑人的那套高级住房，产权并没有正式归入退休的房管办负责人的名下，但是他可以长期使用。有的请托人供给职务犯罪嫌疑人使用的豪华轿车，名义上也不属于其财产，但和私产已没什么两样。也正是因为如此，在领导干部辞职下海经商最为盛行的浙江省，查办涉嫌"期权腐败"职务犯罪行为的工作遇到了棘手的问题和巨大的困难。该省检察院的一名检察官坦诚地说："带有明显'期权腐败'的案子，我们还没有办理过。"[23]而就是在这个省，自从2000年以来共有522位各级党政机关官员辞职，其中包括部分提前退休官员。一方面，一些"官员"下海；而另一方面，省检察院未办理一起明显带有"期权腐败"性质的案件。这种反差，多少令当地一些法学界人士感到惊讶[24]。

浙江省政府参事室主任金士希先生指出："'期权腐败'的现象越来越多，而且在某些地方，于官于商都已深入人心：一家房产开发公司老总退休后为自己的接班人选犯了愁，按照资历能力应该由一位副总接班，但他为了能够给曾经'帮助'过自己的几位领导服务好，使自己的这张关系网继续生效扩展，最后还是让儿子接班。"他惊呼道："投桃在先，报李在后，权力期权已到了心照不宣、代代相承的地步！"[25]

二、"期权腐败"的危害性

"期权腐败"是一种边缘性腐败。所谓"边缘性腐败"，是指由于现有法律本身的缺陷而导致的无法立案的腐败行为。与传统的一般性腐败现象相比，这种腐败行为具有极强的遮蔽性和欺骗性，因而其危害性更烈，对经济健康发展、社会公平正义、党和政府形象的影响与损害亦愈大。

"期权腐败"的危害是多方面的，我们可以从经济、政治、社会和国际等诸多层面进行考察和分析。

1. 从经济层面考察和分析"期权腐败"的危害性

市场经济本质上是一种竞争型经济。竞争是市场活力的源泉。通过市场竞争，可以实现市场主体的优胜劣汰，实现资源的最佳配置。在市场经济条件下，市场主体有着充分的竞争自由，但是必须按照市场竞争的规则来进行，否则便无法维系竞争秩序，实现公平竞争。以官商勾结、权钱交易为其主要特征的腐败行为，是公平公正竞争的大敌。职务犯罪嫌疑人以手中掌握的权力干预市场，帮助请托人形成市场进入优势，排挤竞争对手；享受特殊的政策优惠等待遇，在竞争中占据有利地位，并以种种手段或方式，对请托人的不正当竞争行为提供便利与庇护。若此类腐败现象大行其道，长此以往，人们均不以行贿为耻，反以能找到关系、办成事、赚到钱为荣，任其发展下去，势必破坏市场竞争秩序，妨碍资源合理配置，损害社会分配的公平与公正，危及国民经济的平稳运行和健康发展。

由于职务犯罪嫌疑人认定"期权腐败"行为安全系数大，因而往往尽可能地把手中权力的运用空间发挥到极致，为不法商人谋取尽可能大的利益，以便使自己手中的权力资本实现尽可能大的增值，为自己争得尽可能大的"期权收益"，所以这种职务犯罪行为对市场秩序和公平竞争的破坏力也就愈强。

"期权腐败"行为，通常以国家经济权益为其主要侵害客体，并且多发生在建设工程招投标、土地使用权出让、产权交易、医药购销、政府采购、资源开发与经销等领域。这些领域都是国有资产分布的重点领域，一旦发生这种腐败现象，势必造成巨额的国有资产流失，严重损害社会公共利益。前面所列典型案例中，四川省犍为县原县委书记这样一个地方官员，为了拿到不法商人承诺给他的那 1500 万元的回报，竟公然违抗国务院的禁令、违规操作，以 4000 万元的超低价将 4.6 亿元国有资产拱手出让。而某经济技术合作总公司总经理王某，为了获得某物业公司总经理张某承诺给他的那套价值 130 万元的住房和价值 12 万元的汽车，便在既没有对宾馆进行资产评估，也没有对收购方进行认真考察的情况下，违规将下属某宾馆的国有资产以 5300 万元的低价转让给该物业公司。该物业公司在未支付完转让费就办理房产权、土地使用权的变更手续的情况下，与另一公司签订了8500 万元的宾馆转让合同，一转手大赚了 3200 万元。由于该物业公司实际仅支付了 4000 万元的转让费，尚欠 1300 万元无法付清，加上其低价收购、高价卖出宾馆的利润，王某的贪腐行为共造成 4500 万元的国有资产流失[26]。难怪有人惊呼："'权力期权'已成为当今最大且最具升值潜能的'期货'!"[27]

烟台大学教授杨欢亮博士对体制转轨国家的腐败问题颇有研究。在他看来，一般而言，腐败不仅亵渎了公众的信任，损害了社会公平，而且侵蚀了社会资本，浪费了资源，降低了效率，因而其危害是不容忽视的。就体制转轨国家而言，日益滋生蔓延的腐败对转轨进程、现代化进程及经济社会的稳定都可造成十分严重的影响。他指出："多项研究表明，在市场化进程中一个国家的腐败程度与投资和经济增长之间，有着显而易见的负相关关系，因为腐败降低了投资并进而降低了经济增长率，减少了对教育和健康领域的支出，降低了公共投资、税收收入和直接投资。

·进一步讲，腐败还会扭曲市场和政府的功能，间接地影响经济效率和经济增长。比如，腐败使政府难以有效地实施必要的管制和监察，降低了政府矫正市场失灵的能力；围绕腐败展开的竞赛扭曲了激励机制；腐败大大降低了政府在契约履行和产权保护方面的基本功能；腐败还会降低市场经济制度或民主制度的合法性；腐败也会加剧穷人的贫困。"[28]笔者赞同杨欢亮教授的这些看法。

武汉大学商学院博士生导师邹薇教授的一段细腻的描述，进一步加深了我们对腐败危害性的认识。2005年4月，她在接受人民网记者采访时对自己深入研究的腐败问题发表了看法。她说："大量事实说明，腐败会严重妨碍或误导经济发展，使之偏离社会最优方向，达不到应有的水平。这是因为：其一，腐败活动侵吞与虚耗了巨额资金，人为加剧了资金短缺状况，大量赃款外逃，阻碍和破坏了物质资本的形成和积累。其二，腐败具有很强的'传染性'，尤其是在高层腐败已为人所知却没有得到应有的惩治时，人们会形成一种玩世不恭的态度，并且自觉不自觉地把努力的方向也转向通过寻租和腐败活动而致富，这就造成了生产活动所能支配的人力资源量日益萎缩。其三，许多企业家提出的创新建议得不到支持，要么拖延时间以致企业家贻误时机，要么人为设置障碍，使创新计划得不到实现，结果创新积极性受到了挫伤。由此，腐败不仅给经济生活带来了很大的直接成本，还造成了更为庞大的间接成本。"[29]

在对中国经济发展实际情况作出深入分析以后，邹薇教授指出，腐败对于中国经济发展造成了三个方面的负面冲击：一是加剧了收入分配的不平等。统计表明，中国1.3%的家庭控制了31.5%的总资产，10%的人口控制了总资产的60%，与此鲜明对比的是，44%的处于低收入的家庭仅持有社会总财富的4%。

根据 2004 年全国 5 万户城镇住户抽样调查结果，最高 10% 收入组与最低 10% 收入组人均可支配收入之比高达 9.5：1。中国收入分配和财富分配的基尼系数分别高达 0.414 和 0.6 以上，大大超过发展中国家平均水平。腐败是加剧收入分配不平等的一个重要因素。二是加剧了地下经济活动。在中国，以投机、逃税、走私、贩毒、洗钱、生产制售假冒伪劣产品、侵权行为、高利贷、未注册登记的经营活动为代表的地下经济，已占 GDP 的 15% 以上，如果考虑到其中的权钱交易，则占 GDP 的 20%。同时由于官方控制导致了资本品、利率和汇率的计划价格与市场价格之间存在巨大差异，由此导致的"寻租性收入"估计占目前国民收入的三分之一之多。三是直接冲击了政府的宏观经济干预能力。近年来，中国政府总收入占 GDP 的比例约为 15% 左右，但是中央财政收入占 GDP 的比例仅为 5% ~6%，大大低于发展中国家 10% 的平均水平。据权威调查，仅 1999 年上半年中央政府收入中就有五分之一流失或挪作他用，其数额超过了上年度发行的基础设施特别国债的总量 1000 亿元。地方政府普遍存在通过"预算外资金"而过度筹集资金和挪用资金现象。规模巨大而又高度集中的隐蔽收入的存在，影响了公共干预的方式和能力[30]。

　　2003 年，美国兰德公司对今后十年中连续快速增长的中国经济可能会碰到的八个主要风险或八大陷阱进行了罗列和评估。这个世界顶级战略智库在题为《*Fault Lines in China's Economic Terrain*》（中国经济领域的陷阱）的评估报告中，把中国大陆某些官员的腐败现象对经济的影响放在失业、贫困和社会不安问题问题之后，列在八大陷阱的第二位。在谈到某些官员的腐败现象对于经济增长的影响时，兰德公司在报告中坦言，这很难用数字计算。"我们分析了某些官员的腐败和渎职根据实际情况使正常的经济活动受到损害的情况下，将在多大程度上影响经济增长率的问题。我们根据其他国家的实例算出经济数据，套用在中国身上，结果表明，如果中国某些官员的政治腐败今后继续下去，并在社会中蔓延，我们得出结论是，中国每年的经济增长率将下滑 0.5%。"[31]

2. 从政治层面考察和分析"期权腐败"的危害性

人们对权力的定义历来是众说纷纭的。但是应当说，作为世界公认的迄今最具权威的政治学学术工具书，由英国学者戴维·米勒、韦农·波格丹诺主编的《布莱克维尔政治学百科全书》对权力一词所作出的定义在学界颇具代表性："'权力'基本上是指一个行为者或机构影响其他行为者或机构的态度和行为的能力。"[32]在对权力制约和监督的研究视野中，我们所说的权力主要是指政治权力。而在北京大学政治发展与政府管理研究所（国家教育部人文社会科学研究重点基地）副所长王浦劬教授看来，"政治权力是一种公共权力，它是在特定的力量对比关系中，政治权力主体为了实现和维护自身的利益而拥有的对政治权力客体的制约能力。"[33]公共权力所具有的这种鲜明的利益色彩，决定了它天生就具有极强的侵略性、扩张性和对权力主体的诱惑、腐蚀性。

如前所述，"期权腐败"这类腐败行为经过了多种多样的伪装和遮蔽，因而其安全系数也相应地比较高，大大降低了东窗事发的几率，使之深受职务犯罪嫌疑人的青睐，成为他们进行权钱交易的首选方式。这就使得这种权钱交易方式对职务犯罪嫌疑人构成巨大的诱惑力和腐蚀性。"期权腐败"下权钱交易的"隐蔽"和"安全"，诱使国家公职人员中那些意志不坚定者禁不住要"试试运气、赌上一把"，更使那些贪腐者愈加贪婪和疯狂，致使腐败现象益愈蔓延，更加难以遏制和根除。

这些贪腐者，均为职务犯罪嫌疑人，并且大多是在党和国家机关中担任领导职务、掌握一定权力资源的党员领导干部。他们的贪腐行为，不仅严重侵蚀党的先进性，大大降低政府的执行力，而且还会严重地损害党和政府的形象，降低党和政府公信力，间离党同人民群众的血肉联系。长此以往，久而久之，将会使我们党的执政合法性成为问题，甚至可能酿成党执政合法性的危机。

中国共产党是一个有着六十多年执政历史的马克思主义执政党。历史经验反复证明，党的执政基础最容易因腐败而削弱，党的执政能力最容易因腐败而降低，党的执政地位最容易因腐败而动摇。在这方面，前苏联解体和东欧国家发生剧变的教训是十分深刻的。前苏联共产党曾经是一个伟大的马克思列宁主义政党，是在世界上第一个社会主义国家执政七十多年、拥有两千多万名党员的大党，但是却在 20 世纪 90 年代顷刻瓦解，致使几代共产党人辛苦创下的社会主义基业毁于一旦。那么，究竟是什么导致这样一个大党最终陷于解散、消亡的境地呢？按照中央编译局马克思主义研究部主任、《当代世界与社会主义》杂志主编、中央马克思主义理论研究和建设工程研究课题专家季正矩研究员的看法，是各种因素"合力"的结果。他指出："在这些因素中，有一个重要因素就是前苏联共产党没有跨越腐败的陷阱，自己割断了与广大人民群众血肉相连的关系，淡漠和疏远了与人民群众的鱼水之情，在人民群众的不满、失望、冷漠和抗议的逻辑链条中，最终失去了人民群众的支持和拥护。"[34]苏联剧变后的进程证明，最大的赢家不是黑市倒爷，也不是持不同政见者，而是过去党和政府的各级领导成员，他们摇身一变成了今天俄罗斯的新显贵。据俄国《消息报》报道，到 1996 年，苏联官员出身的人员在总统周围占 75%，政党领袖中占 57.1%，地方精英中占 32.3%，政府中占 74.3%，经济领域精英中占 61%。美国著名经济学家大卫·科兹等人曾经深刻地剖析了这一奇特现象。他们说："在苏联社会主义制度下，通过合法途径积累物质财富几乎是不可能的。积累了物质财富的苏联官员总是担惊受怕，唯恐有一天被人发现或被起诉。"因此"苏联体制的瓦解，源于其自身的统治精英对个人利益的追逐。"[35]美国一个专门研究俄罗斯问题小组的负责人弗兰克·奇福德也一针见血地指出：（苏联）共产党是唯一一个在自己的葬礼上致富的政党。尽管西方的"和平演变"对苏联解体起了推波助澜的作用，但并不是决定的因素，在其中起决定作用的还是苏联共产党内部腐败所必然导致的人民群众与其离心离德。正如前苏联科学院美加研究所所长格·阿·阿尔巴托夫所说的那样：特权腐败在苏联不仅造成了国家物质上的损失，"道德上的损失就更为惨重：社会分化加剧；经常遇到磨难的大多数人对那些不仅享受福利照顾而且享有种种特权、任意攫取不义之财而又逍遥法外的'上流人物'的憎恨之情与日俱增，埋下了社会冲突的地雷，党、政府、整个领导层的威信下降。"[36]美国学者大卫·科兹也感言道：无法想象，"中央情报局连在美国大门口的菲德尔·卡斯特罗都消灭不了，竟有能力策划把苏联这样的超级大国搞垮"，"外部压力始终是事态进程中的一个因素，但起主要作用的是社会主义国家的内因"，"真正原因来自苏共内部，我这里指的是大约十万人左右的占据着党政机关重要领导岗位的精英集团"，这个精英集团"绝大部分成员倾向于资本主义"[37]。堡垒最容易从内部攻破。前苏联共产党丧失执政地位并最终走向衰亡这一历史事件之所以会发生，正应了中国的一句古话："物必先自腐，而后虫生。"[38]

不仅苏联共产党丧失执政地位并走向消亡是源于腐败，而且世界上其他许多政权的倒台也都源于消极腐败。墨西哥革命制度党是墨西哥也是拉丁美洲的第一大政党，在 20 世纪 80 年代初，其党员人数就已达 1300 万。自 1929 年起，革命制度党一直在墨西哥执政长达 70 多年。然而，在 2000 年 7 月 2 日举行的大选中，革命制度党却输给了由反对党国家行动党和墨西哥绿色生态党组成的变革联盟，从而结束了革命制度党长达 71 年的一党统治。这样一个大党老党之所以会在大选中一败涂地，其中的一个重要原因就是党内出现了严重的腐败现象。近年来发生的菲律宾兵变、泰国严重骚乱、突尼斯政变以及利比亚卡扎菲政权的消亡，也无一不是"腐败政治"酿成的最终结果。

腐败是一副腐蚀性极强的腐蚀剂。它消磨党的意志，瓦解党的队伍，削弱党的战斗力，破坏党同人民群众的血肉联系。如果党内发生腐败问题而又不能有效加以防范和抑制，任凭腐败分子以权谋私、贪赃枉法，那就会失去民心，就会严重涣散党员、干部的信心和斗志，严重销蚀党组织的创造力、凝聚力、战斗力，我们就难以有效贯彻落实党的理论和路线方针政策，也就难以推进党和人民事业的发展，当然就谈不上提高党的执政能力、巩固党的执政地位了。

在庆祝中国共产党成立 90 周年大会上的重要讲话中，胡锦涛总书记着重强调指出："全党必须清醒地看到，在世情、国情、党情发生深刻变化的新形势下，提高党的领导水平和执政水平、提高拒腐防变和抵御风险能力，加强党的执政能力建设和先进性建设，面临许多前所未有的新情况新问题新挑战，执政考验、改革开放考验、市场经济考验、外部环境考验是长期的、复杂的、严峻的。精神懈怠的危险，能力不足的危险，脱离群众的危险，消极腐败的危险，更加尖锐地摆在全党面前，落实党要管党、从严治党的任务比以往任何时候都更为繁重、更为紧迫。"[39]以笔者自己的理解和认识，本人认为，从一定意义上讲，在胡锦涛总书记所指出的这"四种危险"中，消极腐败的危险是最根本、最关键、最要害、最致命的危险，它关系到党的群众基础，关系到党的执政地位和生死存亡。毛泽东同志曾经告诫全党：腐败现象是社会主义社会的一个基本乱源，轻则引起群众的反对和不满，重则会引起"第二次革命"，造成党和国家改变颜色的局面[40]。邓小平同志也不无忧虑地告诫说："不惩治腐败，特别是党内的高层的腐败现象，确实有失败的危险。"[41]在党的十七届四中全会上的讲话中，胡锦涛总书记强调说："任凭腐败现象蔓延，最终将导致经济衰退、政治动荡、文化颓废、社会混乱等状况，导致党严重脱离人民群众、失去人民群众的支持，到那时党心民心就无法凝聚，全面建设小康社会的奋斗目标就无法实现，中国特色社会主义也就无从发展。"[42]"和平建设时期，如果说有什么东西能够对党造成致命伤害的话，腐败就是很突出的一个。"[43]这些警告提醒我们：执政地位绝非一劳永逸，防止和惩治腐败方能长治久安。

能不能有效地惩治和预防权力腐败，真正做到"党要管党、从严治党"，是对市场经济条件下执政党的一个最为严峻的考验。过去对腐败问题经常用"生死存亡"来表述，体现了我们党对这一问题的认识是清醒的。权力腐败，党性不容、国法不容、人民不容。党的执政和政府的公信力不仅与执政能力有关，更与廉洁公正有关。贪赃枉法、偏私不公的执政、执法、司法，绝不会赢得广大人民群众的真心拥护和信任。

现在，一些党员领导干部变着法儿地大肆受贿，拼命捞钱，给人以"贪腐者"的形象。这种形象虽然藏在豪华漂亮的月饼盒里，藏在公务用车的后备箱里，藏在情妇温馨的鸭绒被里，飘洒在高档娱乐场内……但是历史的逻辑毕竟是：要为人不知，除非己莫为。尽管这些官员们自以为事情做得很隐秘，神不知、鬼不觉，但终究逃不过人民群众雪亮的眼睛。党员领导干部与党和政府的形象及公信力息息相关、紧密相连。历史经验一再表明，人民群众往往是通过一个个党员干部的形象来认识我们党和政府的，从而以此为依据来决定对我们党和政府的态度。党员领导干部的每一次贪腐行为，都是在给我们的党和政府脸上抹黑，在销蚀我们党和政府的公信力，在吞噬我们党执政合法性的基础。

"期权腐败"现象的存在、滋生和蔓延，进一步增大了我国业已存在的腐败黑数，从而进一步强化了危及我们党执政安全的"潜流"。按照中国科学院、清华大学国情研究中心主任胡鞍钢等人给出的定义，所谓"腐败黑数"，是指"确已发生但由于各种原因未被发现，或虽经调查但未惩处，因而没有计算到腐败案件统计中的腐败公务员数量占所有腐败公务员总数的比例。"[44] 作为一种边缘性腐败，从事"期权腐败"活动的职务犯罪嫌疑人绞尽脑汁地探寻更加隐秘、能够有效规避风险的腐败方式，煞费苦心地进行"腐败行为设计"，故意在法律和秩序的"模糊地段"滥用公共权力，给他们的权钱交易行为蒙上一层层遮蔽其本来面目的种种面纱和隐形外衣，从而在有效规避腐败风险、逃避打击的前提下牟得巨大的利益。应当说，相对于"现权"与"现利"交易的腐败行为而言，"期权腐败"更为可怕。它犹如一股看不见的暗流，神不知、鬼不觉地侵蚀着我们党的执政基础，威胁着我们党的执政安全。

3. 从社会层面考察和分析"期权腐败"的危害性

"期权腐败"导致生产和生活用品价格虚高，加重人民群众的负担，为假冒伪劣商品洞开方便之门，直接损害广大消费者的利益，甚至危害人民群众的生命安全，引发突发公共事件和其他社会问题，激化社会矛盾，毒化社会风气。

这些年来，各大城市房价节节攀升，住房价格问题逐渐成为政府很操心的一大问题。近年来，政府一直试图通过什么三部委、七部委、九部委文件来遏制住房价格上涨，结果收效甚微，成为老百姓茶余饭后的笑料。住房价格虚高，目前已经成为人民群众反映最集中、最强烈的社会问题之一。建房成本一直是公众关注的话题，2007 年 4 月中央电视台"新闻调查"播出的节目显示：上海陆家嘴中央公寓项目，每平方米土地成本不足 1000 元、建筑成本不超过 4000 元，但开发商公布的成本居然是 1.2 万元，每平方米凭空就能虚出数千元"成本"，这样一来，住房价格想不成天价都难。[45]房价虚高，究竟"虚"在何处？2007 年 4 月 25 日，最高人民检察院常务副检察长、治理商业贿赂领导小组组长张耕在全国检察机关开展查办城镇建设领域商业贿赂犯罪案件电视电话会议上的讲话中指出，住房价格虚高等问题的背后，"往往可能隐藏着严重的商业贿赂犯罪"。这位常务副检察长说："在城镇建设特别是开发区建设和房地产项目开发过程中，一些国家工作人员包括少数党政领导干部与企业经营者相互勾结、权钱交易，索取、收受商业贿赂，大量低价出让土地，违规审批房地产项目，擅自减免土地出让金和有关税收，放弃市场监管职责，导致一些地方开发区建设和房地产市场秩序混乱，甚至引发了群体性事件，影响社会和谐稳定。"[46]

2006 年 10 月 31 日，全国人大常委会发布公告："江苏省人大常委会原副主任王武龙的全国人大代表资格被依法终止。"[47]该公告称：王武龙因严重违纪，收受贿赂，并干扰纪检部门办案，已涉嫌犯罪。江苏省人大常委会罢免了王武龙的第十届全国人民代表大会代表职务。依照代表法的有关规定，王武龙的代表资格终止。王武龙涉嫌犯罪与房地产业有关。据报道，王武龙的弟弟王文龙担任南京某房地产开发有限公司的董事长兼总经理。有当市委书记的哥哥做靠山，王文龙得以够顺利拿到南京市的一些竞争激烈的"黄金宝地"。

从近年来全国各地揭露出来的一些腐败案件看，许多都与房地产开发有关。从江苏省原省委常委、南京市原市委书记王武龙，山东省原省委副书记、青岛市原市委书记杜世成，到天津市检察院原检察长李金宝、安徽省原副省长何闽旭等贪官，都是栽倒在"地"上和"房"上的。涉案房地产的贪官数量激增，官场中的百万富翁乃至千万富翁数量激增，这在一定程度上印证着房价中不同寻常的"腐败含量"。一位经济观察家十分尖锐地指出：腐败是导致房价虚高的"隐性力量"[48]。假设没有腐败行为，与房地产有关的一系列经济活动，比如土地的出让等等，都是市场化的，也是公开和透明的。政府采用公开招投标、拍卖、挂牌出让的方式，开发商们就能通过公平竞争获得土地。该位观察家坦言，官员与开发商的权钱交易，最终必然增大房地产开发的成本。

这位观察家列举了一些具体案例来印证自己的这一说法。2006年10月31日，全国人大常委会发布公告，江苏省人大常委会原副主任王武龙的全国人大代表资格被依法终止。据公告称，王武龙因严重违纪，收受贿赂，涉嫌犯罪，江苏省人大常委会罢免了王武龙的第十届全国人民代表大会代表职务。依照代表法的有关规定，王武龙的代表资格终止。

王武龙，男，1942年2月出生，原系江苏省人大常委会副主任。曾任江苏省南京市人民政府市长、中共南京市委书记、中共江苏省委常委、南京市人大常委会主任。2006年12月5日，因涉嫌受贿犯罪被刑事拘留，2006年12月19日被逮捕。他之所以被罢免一切职务并被批捕，原因就在于他涉嫌犯罪与房地产业有关。据报道，王武龙的弟弟王文龙担任南京某房地产开发有限公司的董事长兼总经理。经查，1995年年初至2006年6月期间，被告人王武龙利用担任江苏省南京市人民政府市长、中共南京市委书记、中共江苏省委常委、南京市人大常委会主任、江苏省人大常委会副主任等职务上的便利，为江苏金大地房地产开发有限责任公司、力联集团有限公司等谋取利益，先后9次收受金大地公司负责人朱克平人民币200万元、美元2万元、港币20万元；8次索取或收受力联集团负责人翟韶均人民币445.7611万元[49]。

有报道称，王武龙利用职务上的便利为房地产商谋取利益，其中就包括为在某房地产公司担任董事长兼总经理的弟弟王文龙谋取利益。上述那位经济观察家就此发表评论说："有当市委书记的哥哥做靠山，王文龙得以够顺利拿到南京市的一些竞争激烈的'黄金宝地'。"[50]这位观察家由此说开去：纵观近来揪出的一些腐败案件，大都与房地产密切相关。仅2006年6月，就有天津市人民检察院原检察长李宝金、安徽省原副省长何闽旭、福州市国土资源局原局长王炳毅、福州市仓山区土地局原局长李仲、仓山区原区委书记张森兴等一批官员，因涉嫌与房地产有关的经济问题而被"双规"。在江西省，还出现了3名在职的国土资源厅副厅长先后身陷与房地产密切相关的贪腐案。2010年6月，江西省国土资源厅原副厅长陈爱民被景德镇市中级人民法院以受贿罪判处有期徒刑 15 年。而在此之前的 2009 年的 1 月和 4 月，江西省国土资源厅另外两名原副厅长许建斌、李江华同样因收受巨额贿赂分别被法院判处有期徒刑 15 年和无期徒刑。以 3 名副厅长同时出事的 3 月为"拐点"，江西省国土系统掀起了大规模反腐风暴，15 名国土系统处级以上干部纷纷落马。经江西省高级人民法院审理查明，这 3 名土地高官的贪腐案件之间互无关联，并非窝案。《时代周报》记者就此发表评论说："国土部门是当下腐败高发区域，但在短时间一下子有这么多的官员出事，还是相当不同寻常。"[51] 从这些案例中，可以清楚地看到部分官员与地产界的勾结之深。官员与开发商的勾结，主要是利益上的联系，即官员利用权力为开发商"行方便"，而开发商则投桃报李，给其经济上的回报。

　　上述那位观察家接着揭露说，当权力与开发商勾结以后，就凭空多出了三部分成本：一是开发商与权力交换的成本。房地产行业与医疗药品行业、零售业并称为商业贿赂的三大高发领域。商业贿赂贯穿房地产开发的各个环节。据悉，开发商的"公关"成本占到楼盘总成本的 3% 到 5% 甚至更高，这对房价的虚高起到了推波助澜的作用。二是腐败竞争成本。开发商们为了更有把握拿到心仪的地块，可能争相拿出更多的资金来贿赂官员，加剧腐败的蔓延和升级。查办江西省南昌市国土资源局原局长周宏伟一案的抚州市人民检察院透露的情况在一定程度上印证了这位观察家的说法。他就此案介绍说："周宏伟收受他人贿赂大多发生在节假日前后，一些地产商老板打着春节拜年的名义，排着队向周宏伟送礼，办案人员搜查其办公室发现，房间内堆放的名贵礼品琳琅满目，仅用于装钱的信封就有四十多个，共计三百多万元。其中，在现场搜查出的几个大信封中，每个都装着几万元。"周宏伟在接受审讯时交代说："送礼的人太多，有的放下就走了，连人都不认识，根本记不清哪笔钱是谁送的。"作为"回报"，在累计收受他人贿赂财物五百七十九万余元之后，周宏伟在土地过户、土地证办理、增加容积率等方面，为开发商们提供了种种"便利"[52]。三是效率成本。当正常的市场交易行为和正常的权力行为，与腐败紧密联系在一起的时候，必然制约效率的发挥，这同样会大大增加房地产开发的成本。事实上，一些地方政府和开发商之所以反对公布房价成本，很大程度上就是由于担心房价中的隐性成本暴露出来。

这位观察家还尖锐地揭露道："开发商有权力做靠山，资本更加'霸道'。一旦与权力勾结在一起，开发商们就无惧相关政策的压力，他们会变本加厉、有恃无恐地制造信息不对称，营造供不应求的假象，诱导消费者购房，推动房价上涨。而这些成本，无疑都将悉数或加倍转嫁到消费者身上。"[53]

2006 年 12 月，经中共中央批准，中共中央纪委对中共中央候补委员、山东省委原副书记、青岛市委原书记杜世成严重违纪问题进行立案检查。"经查，杜世成在担任山东省委副书记、青岛市委书记和市长期间，利用职务之便为他人谋取利益，本人或伙同情妇收受他人财物达数百万元；生活腐化。"[54]中央纪委在宣布对杜世成进行立案检查时讲的这句话，意味十分深长。

杭州市副市长许迈永是一个有名的巨贪。经法院审理查明：1995 年 5 月至 2009 年 4 月期间，他利用担任萧山市（即现在杭州萧山区）副市长，杭州市西湖区代区长、区长、区委书记，杭州市副市长等职务上的便利，为有关单位和个人在取得土地使用权、享受税收优惠政策、受让项目股权、承建工程、结算工程款、解决亲属就业等事项上谋取利益，先后收受、索取他人财物共计折合人民币多达1.45亿余元。这个巨贪不仅伙同自己的妻子戚继秋收受、索取他人贿赂数额特别巨大，而且还拥有多达25处房产。更富有讽刺意味的是，他不仅有一个力助自己贪腐的"贤妻"，而且还同时拥有许多情妇。因此，许迈永被人们戏称为"许三多"。在被"双规"以后，这位"许三多"首先交代的即是其生活作风问题。他供认与其有过特殊关系的女干部、女公务员以及女明星共有两位数，其中大部分来自西湖区政府。许迈永落马后，不少女干部被纪委找去谈话，以致一段时期内，西湖区凡是有些姿色的女干部都人人自危。一位与许迈永共事过的官员曾向记者表示："许迈永可谓害了一大批女干部，害了一大批家庭。"这位官员介绍，许迈永是个工作狂，跟这些女下属发生关系时还经常晚上加班。通常情况下，许迈永会让办公室的灯亮着，自己悄悄打车到某个酒店，再回到办公室继续加班。许的一位下属至今对此吃惊不已："工作这么忙的领导，竟然有时间跟这么多女同志发生关系，我们实在无法想象。"[55]

从近年来披露的与房地产商相关的受贿案里频繁出现的"情妇"等字眼中，人们嗅到了虚高房价里有股浓烈的女色味道。自己勒紧裤腰带当"房奴"，却是在为贪官的床笫之欢付钱，这怎能不令普通市民感到窝囊、寒心和愤怒！

据2005年10月1日《人民日报》报道，中央纪委副书记、监察部部长李至伦就贯彻落实《国务院关于预防煤矿生产安全事故的特别规定》的有关问题接受记者专访时说：煤矿重特大事故之所以频频发生，除了现行煤矿安全监管体制不顺、安全投入不足、企业安全生产意识淡漠等因素外，一个重要原因还在于，负有监管职责的职能部门和分管安全生产的领导工作不到位，特别是相当数量的煤矿安全责任事故背后存在着官商勾结、权钱交易等腐败问题。他指出："官商勾结、权钱交易等腐败问题也使安全生产的各项法律法规在贯彻落实中大打折扣。从我们掌握的情况看，相当数量的煤矿安全责任事故背后存在着腐败问题。这些腐败问题隐藏于煤矿审批、颁证到生产、销售各个环节，表现形式多样，如：公职人员暗中自办煤矿或在煤矿入股，谋取非法利益；收受矿主贿赂，滥用审批权，违法违规作出行政许可；为煤矿违法生产充当'保护伞'，在事故调查处理过程中包庇、袒护、瞒报等。"[56]有人在一则评论中颇为愤怒地指出："腐败是矿难频发的罪魁祸首。近年来发生的一些矿难，其背后也往往有官商勾结、权钱交易的魔影。腐败不除，矿难难止！"[57]

2010年8月1日，新加坡《联合早报》刊发了中共中央党校《学习时报》资深记者、副编审邓聿文撰写的一篇题为《从紫金矿业重大环境事故看中国的政企结盟》的文章。文章说："中国上市公司紫金矿业污水池渗漏致福建汀江污染事故日前被环保部、证监会和福建省三方组成的联合调查组认定为一起人为的重大突发环境事件。事故的发生及其后企业和政府的表现，让人们再次见证了中国特有的政企利益一体化的复杂生态环境。"[58]在紫金矿业的这起水污染事故中，最让外界疑惑的是，企业为什么在事发9天以后，才向社会公告。企业的说法是"维稳的需要"。但实际上，事故发生2天以后，企业就报告给了上杭县政府。可惜的是，上杭县政府没有选择立即向社会通告实情，而是极力封锁消息，直到无法封锁，最后才不得已向社会披露。

《联合早报》的这篇文章指出，紫金矿业是中国500强企业中的上市公司，无论是按照证监会还是环保部的相关规定，对于这种会影响公司股价及投资者利益的重大事项，必须即刻予以信息披露。然而，紫金矿业却选择了向政府请示，而后者做出的决策是隐瞒。一家国有的矿业巨头，连污染事故的公告自己都做不了主，而要地方政府决定，可见地方政府在其利益之深。公开的资料显示，上杭县国资委是紫金矿业的控股股东，占股权比例为28.96%，该县近70%的税收均来自于紫金矿业。但实际上，紫金矿业与当地政府的关系远不止此。

文章说，据透露，紫金矿业近几年逐渐成为当地政府官员的掘金之地和退休之后的养老院。当地有多位政府官员在企业挂职或任职，还有官员通过各种渠道拥有了企业的股份。所以，尽管紫金矿业是上市公司，但里面众多机构的设置如同缩微版的县政府，大到战略决策，小至人事任免，多数要由当地政府来拍板，而企业高管只负责具体经营业务。在这样一个政企结构下，无论为"公"为私，政府和企业选择瞒报就再正常不过了。

文章指出："紫金矿业与地方政府的这种利益互送，在中国一些地方政府和垄断企业特别是国有资源垄断企业之间，是一种常见的现象。它本质上不过是权力和资本结盟的一种反映。"该文进而强调说："近年来，中国发生多起企业重大环境事故，给人民的生命财产，投资者的利益，以及政府的声誉，都造成很大损失。紫金矿业的污染事故不过是最新的一起，相信也不会是最后一起。如果不下决心动手改革政治体制，改变目前这种不正常的政企生态环境，今后的事故瞒报怕只会越来越多。"[59]

发生在这些领域的腐败行为，直接侵害人民群众的切身利益，甚至危及人民群众的生命健康安全，容易引发突发公共事件和其他社会问题，使业已存在的社会矛盾更加尖锐化、复杂化，最终酿成严重的社会后果。

发生在云南省普洱市孟连傣族拉祜族佤族自治县的"7·19"

暴力冲突事件就给人以惊醒。

2008年7月19日，孟连县发生一起警民暴力冲突事件，执行任务的公安民警被数百名群众围攻、殴打；冲突过程中，民警被迫使用防暴枪自卫，两人被击中致死。引发这起暴力冲突事件的直接原因，是胶农与橡胶企业因利益纠纷发生的冲突。7月15日，孟连县派出工作组对公信乡、勐马镇部分胶农因利益纠纷与当地橡胶企业发生冲突事件开展处理工作，并贴出限令自首通告。7月19日上午，公安机关依法对勐马镇勐啊村芒朗组分别涉嫌聚众扰乱社会秩序罪、故意伤害罪的5名嫌疑人采取强制传唤措施，在按计划向村民开展法制宣传教育时，500多名不明真相的人员在极少数别有用心人的煽动下，情绪激动，多次冲越警戒线，手持长刀、钢管、铁棍、木棒向民警进行攻击性劈砍、殴打，致使多名民警受伤，民警在生命受到严重威胁、经多次喊话劝阻、退让、鸣枪警告无效的情况下，被迫使用防暴枪自卫，由于距离较近，致使两人死亡。事件还造成41名公安民警和19名群众受伤，9辆执行任务车辆不同程度损毁[60]。

由新华社主办的《半月谈》记者就这次警民暴力冲突事件发表评论说："'7·19'事件表面看似乎是个偶发事件，但在其背后却隐藏着'必然'——这就是当地少数领导干部的腐败。从这个意义上讲，'7·19'事件是'群体性事件背后往往藏匿着腐败'的一个典型。[61]""7·19"事件发生以后，云南省纪律检查委员会成立了专案组深入展开调查，挖出了一系列串案、窝案，共有33人涉案，其中厅级干部3人，处级干部11人，科级以下19人，涉及违纪违法资金近1亿元。

无独有偶。发生在贵州省瓮安县的"6·28"严重打、砸、抢、烧突发性事件，其深层原因同样是权力腐败。

　　2008 年 6 月 22 日凌晨，瓮安县第三中学初二（六）班女学生李树芬溺水死亡。6 月 28 日下午，因对李树芬死因鉴定结果不满，死者家属聚集到瓮安县政府和县公安局上访。在有关负责人接待过程中，一些人煽动不明真相的群众冲击县公安局、县政府和县委大楼，最终酿成严重打、砸、抢、烧突发性事件。据有关部门统计，瓮安事件中，直接参与打砸烧的人员超过 300 人，现场围观群众在两万人以上，事件持续时间 7 个小时以上。这一事件中，瓮安县委、县政府、县公安局、县民政局、县财政局等被烧毁办公室一百六十多间，被烧毁警车等交通工具 42 辆，不同程度受伤一百五十余人，造成直接经济损失一千六百多万元。受访的有关专家认为，无论从事件参与人数、持续时间、冲突剧烈程度、在国内国际上造成的影响上看，瓮安事件在近年来中国发生的群体性事件中，都堪称"标本性事件"[62]。

　　一起普通的民事案件，缘何会演变成如此令人触目惊心的大规模群体性事件？事后调查证实，瓮安"6·28"事件是一起被少数别有用心的人煽动利用，黑恶势力直接参与的群体性突发事件。但是，群众情绪为什么那样容易的被不法分子所煽动和利用？从深层原因上说，这起群体性事件是当地社会矛盾长期积聚酿成的严重后果。长期以来，瓮安县一些部门在矿产资源开发、移民安置、建筑拆迁等工作中，侵犯群众利益的事情屡有发生，部分群众意见很大，积怨很深，导致党群、干群关系紧张。在这种党群、干群关系紧张的背后，是形形色色的公共权力腐败在作祟。作为共青团中央机关报的《中国青年报》在分析瓮安"6·28"事件的深层原因时，就指出了这里存在着的"官权与黑恶势力合流"的情况。这家官方背景深厚的媒体报道说："据当地百姓介绍，黑恶势力与官权勾结入侵当地矿权，亦是普遍现象。"并且强调指出：是"官权与黑恶势力的合流，堵塞了民众主张权利的最后一个出口。"[63]

　　云南孟连"7·19"事件和贵州瓮安"6·28"事件警示我们，包括"期权腐败"在内的各种腐败现象的滋生和蔓延，容易让人们以为腐败已经成为我们社会无法医治的痼疾，使人们对中国共产党反对和遏止腐败的努力丧失信心，乃至对主流社会倡导的理想信念甚或整个社会主义核心价值体系发生动摇，引发严重的价值危机、信仰危机、信任危机、信心危机。

4. 从国际层面考察和分析"期权腐败"的危害性

　　当今世界，经济全球化趋势深入发展，国际竞争日益激烈。随着时代发展和社会进步，人们越来越认识到，提高竞争力是一个综合性的系统工程。其中，信用建设是一个不可或缺的重要组成部分。信用问题事关经济社会发展大局，事关国家和民族形象，是一种重要的竞争力。一个国家若有良好的信用体系，与它交易的一方就会基于对其信用信息的了解和信任而敢于做生意，使交易成本下降，交易频率上升，从而提升其国际竞争力；反之，便会使交易成本增加，交易频率下降，削弱其国际竞争力。

　　腐败是一个国家信用建设和国际竞争力的大敌。腐败的滋生蔓延，严重地影响我国政府和企业的信誉，降低国际社会对我国投资环境和商业活动的评价，损坏我国的国际形象，使我们不能有效地应对和参与日益激烈的国际竞争。

　　近年来，我国药品、食品安全事故和重大医疗事件频频发生。广州亨氏苏丹红调料案件、河北红心鸭蛋事件、安徽阜阳劣质奶粉事件、齐二制售假药事件、华源问题药品事件，特别是韩国驻中国大使馆政务公使黄正一在京就医猝死事件的发生，引起了国际社会的广泛关注和一些国家媒体沸沸扬扬的报道与炒作。

2005年2月，英国食品标准局在官方网站上公布通告：亨氏、联合利华等30家企业的产品中可能含有具有致癌的工业染色剂苏丹红一号[64]。2006年11月11日，欧洲联盟海关宣布，欧盟市场上的假药60%来自中国[65]。欧盟委员会宣布，他们正在对假药问题展开调查。美国媒体更是借题发挥，别有用心地进行大肆炒作。他们声言：不安全、不健康的中国食品正源源不断地运往美国。"中国是美国食品安全与健康标准的头号破坏者"。并煞有介事地惊呼道："中国食品入口者戒！"[66]《华盛顿新闻报》更是耸人听闻地写道："中国制造什么——死亡？"[67]与此同时，欧盟、日本、美国等负责产品质量和食品安全的官员以及世界卫生组织的专家走马灯式地相继访问中国，讨论协助中国改善处理食品安全问题。一时间，给我国造成了很大的压力，以致我国有关部门负责人声称："中国正处于食品安全风险高发期和矛盾凸显期。"[68]

这些食品和医疗安全事件发生的背后，都有着深层的社会原因。除了政策、管理、法治、道德等方面的因素以外，有不少都是导致法治和道德失灵的公权腐败作的祟、惹的祸。譬如，"齐二药"假药、"欣弗"劣药、"三聚氰胺"奶粉等事件的发生，就同医药食品监管部门的一些官员涉嫌腐败不无关系。原国家食品药品监督管理局局长郑筱萸、医疗器械司司长郝和平、药品注册司司长曹文庄等人因涉嫌受贿而相继落马，就充分暴露了医药监管部门存在问题的严重性。2007年1月24日，温家宝总理主持召开国务院常务会议，听取监察部关于国家食品药品监督管理局原局长郑筱萸严重违纪违法案件调查情况汇报，对进一步查处案件提出了明确要求，对加强食品药品监管和政府廉政建设作出了部署。会议认为："郑筱萸等人的案件是一起严重失职渎职、以权谋私的违纪违法典型案件。郑筱萸在药品监管工作中，严重失职渎职，利用审批权收受他人贿赂，袒护、纵容亲属及身边工作人员违规违法，性质十分恶劣。案件造成的危害极大，威胁人民群众身体健康，严重败坏了党和政府的形象。"[69]会议要求对郑筱萸的违纪违法问题，要彻底查清，依法严肃处理。

食品药品安全事关人民群众的身体健康和生命安全，我国政府历来高度重视食品药品安全工作，一直把食品药品安全摆在一个十分重要的位置。经过各级政府和食品药品安全监管相关部门的共同努力，我国的食品药品安全监管工作在不断加强，食品药品安全情况总体是稳定的。但是我们也要看到中国作为一个发展中国家，我们的食品药品安全监管工作起步较晚，基础工作还是相当薄弱。所以，现在我们面临的食品药品安全形势还是不容乐观的，由此所引发的事件已经引起了广大人民群众的强烈不满和全社会的严重不安。

"吃动物怕激素，吃植物怕毒素，喝饮料怕色素，能吃什么心中没数……"这是2007年"两会"期间江苏代表团一位代表现场引用的"顺口溜"，意在讽喻食品安全问题[70]。而民间流传的一段"顺口溜"则讥讽得更为尖刻："早上喝一杯三聚氰胺毒牛奶，吃两个硫磺熏毒馒头，夹根瘦肉精猪肉火腿，切个苏丹红咸鸭蛋，来两口膨化粉做的面包，中午买条避孕药鱼，尿素豆芽，膨大西红柿……"这段流传民间的顺口溜，从一个侧面反映出普通老百姓对食品安全的忧虑。

针对食品安全问题，全国人大代表、青岛啤酒公司董事长金志国在接受媒体采访时坦诚地说："像鸡蛋里查出了苏丹红，多宝鱼里有抗癌物质，蔬菜有过多的农药残留物，这一切现象都引发了人们对消费的迷茫，在选购上的迷茫和消费恐慌，形成了一种危机。这个危机也成为我们国家头等大事，也是头痛大事，大到什么程度？这种情况多了，也会影响国家的形象，也会影响中国产品的国际化，大家不信任，甚至采取很多技术，法律手段来限制中国产品在海外市场销售，包括我们具有诚信和高质量的产品同样也受影响。青岛啤酒在海外的销售也受到这方面的影响，大家因为对中国货的恐慌而受到影响。这应该说会影响我们国家的品牌。"[71]

　　应当说，金志国先生的分析是很深刻的。近年来，在爆发了多起有关中国受污染食品和药品的事件以后，以往在世界上享有盛誉的"中国制造"在全球市场遭受了严重的信任危机——过去为全球市场欢迎的价廉物美的中国商品，现在则被国际舆论投以异样的目光——它们不仅廉价，而且还有可能带来生命危险。一部分发达国家的政府、议员和媒体舆论齐声指责，大有把中国商品塑造成"危险的中国制造"的势头[72]。特别是美国，借题发挥质量，以此为借口对"中国制造"进口实施限制。在美国贸易保护主义抬头、中美贸易摩擦加剧的大背景下，个别中国商品的质量问题也自然迅速上升为政治问题，一些人更趁机发难，乘机将"中国制造"妖魔化。这其中也有某些商业机构，比如将中策公司告上法庭的美国公司，也比如前面提到的贴"无中国产"标签的食品公司。

　　围绕着中国产品的质量问题，一直主张制裁中国的美国保守派议员似乎找到了新的平台，他们纷纷发表谈话，要求对中国产品实施管制。2007 年 6 月 26 日，来自密歇根州的卡尔·莱文、宾夕法尼亚州的罗伯特·凯西等对华强硬派参议员致信美国总统乔治·沃克·布什，称一些中国公司漠视美国安全法律，要求联邦政府迅速采取管制行动。多次提出人民币法案的美国民主党参议员查尔斯·舒默也对新闻界称，这一系列有关中国产品质量问题的报道，证实美国确实应该对进口采取更严格的管理。另一名民主党参议员理查德·德宾则夸张地说："现在已经达到了这种程度，即'中国制造'标签在美国成了'危险'的同义词。"[73]

由此可见，由公共权力腐败引发的食品药品安全问题，无疑给近年来国际上愈演愈烈的"中国产品危险论"提供了口实，使"中国制造"陷入了空前的国际信任危机，极大地削弱了我国产品的国际竞争力。2007年7月11日，美国《世界日报》刊载了一篇题为《一亿中国游客能使"中国威胁论"降温吗?》的文章。该文深刻地指出："最近，除了军事，中国制造的产品连续出事，形成另外一波'中国威胁论'，本来，北京可以指责西方国家为了应付同中国的贸易逆差挑战，故意'鸡蛋里挑骨头'，找中国产品的'刺'，以行打压中国出口之实，但是，如今这波'有毒中国产品'的风波蔓延到东南亚、南美洲，乃至非洲，而且证据确凿。"[74]此话当不无道理。而"期权腐败"的滋生和蔓延，则更容易给国际社会以我国腐败问题更趋严重、危害和影响进一步加深的印象，使国际社会对我国投资环境和商业活动的评价难以提升，使一些国家的消费者逐渐失去对"中国制造"的兴趣和信心。

改革开放三十多年来，我们党在惩治和预防腐败方面进行了多方面的努力，取得了显著成效。但是，腐败现象在一些部门和领域易发多发的状况仍未改变，反腐倡廉面临不少新情况新问题，反腐败斗争形势仍然严峻、任务仍然艰巨。"期权腐败"现象滋生蔓延，从反面为这一总体性判断提供了现实的依据和支撑。大量情况表明，一个长期执政的政党要始终保持清正廉洁、经受住各种消极腐败现象的考验是很不容易的，需要付出巨大而艰苦的努力。在和平建设时期，如果说有什么东西能够对我们这个党造成致命伤害的话，那么腐败就是很突出的一个。如果我们不采取断然措施坚决预防和惩治腐败，任凭腐败现象滋生蔓延，势必会导致经济衰退、政治动荡、文化颓废、社会混乱的状况，彻底损毁党同人民群众的血肉联系，重蹈前苏联亡党亡国的覆辙。

注　释

1　王大东：《为爱女落马的副省长》，《民主与法制》，2004 年第 10 期。

2　北京市第二中级人民法院：《郭京毅腐败窝案 8 名涉案人员一审判决书》。

3　越洋鸟：《"职业高官情人"撂倒上海高官一片》，《信息时报》，2007 年 8 月 21 日。

4　连勇：《上海市劳动和社会保障局原局长祝均一忏悔录》，http：// www. bjx-ch. gov. cn/xch_ jjjc，2008 年 12 月 11 日。

5　王治国、吕卫红：《中央纪委纪检专员、首都检察官谈惩治新型贿赂犯罪》，《检察日报》，2007 年 7 月 17 日。

6　顾文剑、敖颖婕：《上海炒房处长陶建国获无期徒刑》，《东方早报》，2009 年 10 月 24 日。

7　郑金雄、周赞马：《利用丈夫权力受贿 109 万——江苏省委原组织部部长徐国健妻子被判八年》，《人民法院报》，2006 年 4 月 26 日。

8　涂源：《中纪委副书记：官员受贿 7 成由家属情妇经手》，《重庆晨报》，2007 年 6 月 24 日。

9　田雨、李薇薇：《国家食品药品监督管理局原局长郑筱萸受贿渎职案剖析》，《检察日报》，2007 年 7 月 11 日。

10　方正：《惩治新型腐败于法有据 情妇收钱照样算官员受贿》，《检察日报》，2007 年 7 月 17 日。

11　杨维汉、崔清新：《广东省政协原主席陈绍基一审判死缓》，http：//www. xin-huanet. com，2010 年 7 月 23 日。

12　孙晶岩：《贪官迷情：成克杰与李平之间的恩爱是非》，2008 年 4 月 7 日。

13 郑欣、高洪山、汪锦：《"贪官大鳄"毕玉玺》，http：//www. qinfeng. gov. cn，2005 年 8 月 30 日。

14 朱忠保：《扼杀"权力期权化"当在萌芽状态》，http：//www. gmw. cn，2006 年 6 月 6 日。

15 孙国英、许金丹等：《校园腐败连连曝光"净土"缘何不净》，《南方日报》，2002 年 1 月 6 日。

16 吴秀云：《省高教厅一"处座"当庭翻供》，《信息时报》，2001 年 8 月 2 日。

17 卢金增、孙洪涛等：《受贿财物应否包括财物使用权》，http：//www. jcrb. com，2003 年 9 月 18 日。

18 张贤华、庄东贤等：《风暴——查处厦门特大走私案纪实》，《深圳特区报》，2001 年 11 月 25 日。

19 刘煜晨、詹丽青：《毕玉玺蜕变之路：绝对权力导致绝对的腐败》，央视《经济半小时》，2005 年 3 月 27 日。

20 海剑：《行贿"高人"兰义》，《检察风云》，2006 年第 17 期。

21 李婧：《辽宁抚顺女贪官罗亚平今日被执行死刑》，http：//www. people. com. cn，2011 年 11 月 9 日。

22 钱伟锋：《"期权腐败"考验政府官员 隐蔽性大无法律根据》，《青年时报》，2004 年 12 月 8 日。

23 陶建群：《公权交换私权权 力期权化已成贪官腐败新动向》，《人民论坛》，2006 第 10 期。

24 边晓丹：《浙江反腐新规定：官员下海 3 年内须回原单位述职》，《东方早报》，2005 年 7 月 15 日。

25 杨健：《浙江探索遏制官员"权力期权"打击变相腐败》，《解放日报》，2004 年 11 月 17 日。

26 卢金增、孙洪涛等： 《受贿财物应否包括财物使用权》，http：//www. Chinadxs. com，2005 年 12 月 23 日。

27 高福生：《用制度阻击"期权腐败"》，《法制日报》，2005 年 12 月 1 日。

28 杨欢亮：《体制转轨国家腐败与反腐败的经济学分析》，《烟台大学学报》（哲学社会科学版），2002 年第 4 期。

29 邹薇： 《以经济学视角看腐败》，http：//www. people. com. cn，2005 年 4 月

11 日。

30 邹薇:《以经济学视角看腐败》,http://www.people.com.cn,2005 年 4 月 11 日。

31 [美] 查尔斯·沃尔夫:《中国经济领域的陷阱》,《参考消息》,2004 年 7 月 13 日。

32 [英] 戴维·米勒、韦农·波格丹诺主编,邓正来译:《布莱克维尔政治学百科全书》,中国政法大学出版社,1992 年版,第 595 页。

33 王浦劬主编:《政治学基础》,北京大学出版社,1995 年版,第 76 页。

34 季正矩:《腐败与苏联共产党的垮台》,《当代世界与社会主义》,2000 年第 4 期。

35 [美] 大卫·科兹、弗雷德·威尔:《来自上层的革命》,中国人民大学出版社,2002 年版,第 148—149 页。

36 [俄] 格·阿·阿尔巴托夫:《苏联政治内幕:知情者的见证》,新华出版社,1998 年版,第 178 页。

37 [美] 大卫·科兹:《苏联解体的原因》,《当代思潮》,2000 年第 5 期。

38 [宋] 苏轼:《范增论》。

39 胡锦涛:《在庆祝中国共产党成立 90 周年大会上的讲话》,《人民日报》,2011 年 7 月 2 日。

40 毛泽东:转引自邵景均研究员的文章《居安思危重在反腐败》,见《求是》,2010 年第 4 期。

41 邓小平:《第三代领导集体的当务之急》,《邓小平文选》第 3 卷,人民出版社,1993 年版,第 313 页。

42 胡锦涛:转引自李源潮的文章《共产党的干部必须清正廉洁》,见《学习时报》,2009 年 10 月 22 日。

43 胡锦涛:转引自贺新元的文章《90 年来党保持与加强同人民群众血肉联系的根本经验》,http://www.cass.net.cn,2011 年 9 月 2 日。

44 胡鞍钢、过勇:《公务员腐败成本—收益的经济学分析》,《北京观察》,2002 年第 9 期。

45 张培元:《揪出房价虚高背后的罪来》,《燕赵都市报》,2007 年 4 月 27 日。

46 张耕:《在全国检察机关开展查办城镇建设领域商业贿赂犯罪案件电视电话会议上的讲话》,http://www.people.com.cn,2007 年 4 月 25 日。

47 全国人大常委会：《江苏省人大常委会原副主任王武龙因严重违纪被终止全国人大代表资格》，《人民日报》，2006 年 11 月 1 日。

48 姜素芬：《经济观察：腐败是导致房价虚高的"隐性力量"》，《上海证券报》，2006 年 11 月 7 日。

49 最高人民检察院：《王武龙受贿案》，《中华人民共和国最高人民检察院公报》，2009 年第 1 期。

50 姜素芬：《腐败是导致房价虚高的"隐性力量"》，《上海证券报》，2006 年 11 月 7 日。

51 龙婧：《江西国土厅正厅长被窃听 三副厅长齐落马》，《时代周报》，2010 年 6 月 17 日。

52 胡锦武、周立权：《国土官员手握大权频发腐败案 开发商排队送礼》，《经济参考报》，2011 年 9 月 16 日。

53 姜素芬：《经济观察：腐败是导致房价虚高的"隐性力量"》，《上海证券报》，2006 年 11 月 7 日。

54 李亚杰：《山东省委原副书记杜世成因违纪被开除党籍公职》，http：//www. xin-huanet. com，2007 年 4 月 26 日。

55 孙毅蕾：《杭州原副市长许迈永贪腐 1.98 亿被判死刑》，《广州日报》，2011 年 5 月 13 日。

56 李至伦：《切实做好煤矿生产安全事故预防工作》，《人民日报》，2005 年 10 月 1 日。

57 岳建国：《矿难频发的罪魁祸首就是腐败》，http：//www. chinacourt. org，2005 年 6 月 17 日。

58 邓聿文：《从紫金矿业重大环境事故看中国的政企结盟》，http：//www. zaobao. com，2010 年 7 月 31 日。

59 邓聿文：《从紫金矿业重大环境事故看中国的政企结盟》，http：//www. zaobao. com，2010 年 7 月 31 日。

60 张庆龙：《云南普洱警民冲突事件源于胶农与企业长期纠纷》，《云南信息报》，2008 年 7 月 24 日。

61 李自良、王研、杨跃萍：《孟连事件纵深：群体性事件背后往往藏匿着腐败》，http：//www. xinhuanet. com，2010 年 3 月 3 日。

62　《瞭望新闻周刊》记者：《贵州瓮安事件是近年来我国群体性标本事件》，《瞭望新闻周刊》，2008 年 9 月 8 日。

63　胡印斌：《瓮安事件可否成为疏导民怨的范本》，《中国青年报》，2008 年 10 月 1 日。

64　吴俊、陈冀：《"苏丹红"涉案人已被刑拘》，http：//www. ccn. com. cn，2005 年 4 月 12 日。

65　陈晓玲：《欧盟市场 60% 的假药来自中国》，http：//www. baojian. gov. cn，2007 年 5 月 30 日。

66　捷夫：《美刊惊呼：中国食品入口者戒》，http：//bbs. cqzg. cn，2007 年 5 月 22 日。

67　周林：《食品安全是全球性问题 中国食品到底威胁了谁》，《瞭望新闻周刊》，2007 年 08 月 12 日。

68　吕诺：《中国正处于食品安全风险高发期和矛盾凸显期》，http：//www. xinhua-net. com，2007 年 7 月 7 日。

69　新华社记者：《温家宝主持召开国务院常务会议研究郑筱萸案查处工作》，《人民日报》，2007 年 1 月 25 日。

70　高初建：《下决心解决食品药品安全问题》，《中华工商时报》，2007 年 7 月 13 日。

71　金志国：《公民与两会系列访谈之七：美食面前还敢张嘴吗?》，http：//www. jcrb. com，2011 年 3 月 7 日。

72　贺军：《"中国威胁论"在贸易层面的新变体》，《中国企业家》，2007 年第 16 期。

73　刘洪：《美国缘何不择手段妖魔化"中国制造"》，http：//www. xinhuanet. com，2007 年 7 月 12 日。

74　转引自《中国自身不要制造"威胁论"》，http：//www. chinareviewnews. com，2007 年 7 月 12 日。

第 四 章

"期权腐败"现象滋生
蔓延的直接原因和深层次原因

如前所述,作为公共权力腐败的一个新变种,"期权腐败"的社会危害和影响是多层面的,而且是相当剧烈和严重的。那么,这种腐败现象为什么会在近些年来瘟疫般地迅速滋生、蔓延起来呢?这是一个很值得我们深入研究和悉心探讨的重要问题。欲手到病除,须知病根所在;要亡羊补牢,须察漏洞何在。研究和探讨"期权腐败"滋生、蔓延的根源,是预防和遏制这种腐败现象的重要前提。

一、"期权腐败"现象滋生蔓延的直接原因

在近年来我国反腐败力度不断加大、权钱交易空间日趋狭小的新的历史条件下,腐败分子为规避风险而被迫进行腐败形式"创新",这是"期权腐败"现象得以滋生蔓延的最直接原因。

党的十六大以来,以胡锦涛同志为总书记的党中央从巩固党的执政地位、提高党的执政能力、保持和发展党的先进性、完成党执政兴国使命的战略高度,把反腐倡廉建设放在更加突出的位置,在深刻总结历史经验的基础上,进一步理清反腐倡廉建设思

路，坚持标本兼治、综合治理、惩防并举、注重预防的方针，着
力建立健全惩治和预防腐败体系，强调要在坚决惩治腐败的同
时，更加注重治本，更加注重预防，更加注重制度建设，拓展从
源头上防治腐败工作领域，最大限度地减少腐败问题的发生。在
党中央坚强有力的领导下，经过全党全社会的共同努力，党风廉
政建设和反腐败工作在继承中发展，在改革中创新，取得新的明
显成效。特别是在查办大案要案、深挖腐败分子、加强制度建
设、强化对领导干部的监督、治理商业贿赂、纠正损害群众利益
的不正之风等方面取得重要进展。

　　这些年来，从中央到地方，各级纪律检查机关始终保持惩治
腐败的高压态势，进一步加大工作力度，严肃查处违反党纪的案
件，重点查办领导干部滥用职权、贪污贿赂、腐化堕落、失职渎
职的案件，查办利用人事权、司法权、审批权谋取私利的案件，
坚决惩处腐败分子，涉嫌犯罪的及时移送司法机关。2002 年 12
月至 2007 年 6 月，全国纪律检查机关共立案 677924 件，结案
679846 件（包括十六大前未办结案件），给予党纪处分 518484
人[1]。近年来，惩治腐败的这种高压态势丝毫没有衰减。有资料
显示，2008 年，全国纪检监察机关共立案 128516 件，结案
127949 件，给予党纪政纪处分 133951 人，其中涉嫌犯罪被移送
司法机关处理 4518 人[2]；2009 年，全国纪检监察机关共立案
134504 件，结案 132808 件，给予党纪政纪处分 138708 人，涉嫌
犯罪被移送司法机关处理 5366 人[3]；2010 年全国纪检监察机关共
立案 139621 件，结案 139482 件，给予党纪政纪处分 146517 人，
涉嫌犯罪被移送司法机关处理 5373 人[4]。

　　另据来自最高人民检察院的数据显示，2003 年 1 月至 2006
年 8 月，全国检察机关共查处贪污贿赂犯罪 67505 人，平均每月

有近 1600 名官员因腐败而被送进监狱，其中"一把手"的腐败占较大比重[5]。特别是这些年来，我们先后依法严肃查处了刘方仁、王昭耀、高严、田凤山、荆福生、庞家钰、韩桂芝、杜世成、邱晓华、徐国健、李宝金、王有杰、朱志刚、张国光、宋平顺、陈同海、孙善武、郑少东、孙瑜、陈少勇、王益、米凤君、陈绍基、皮黔生、许宗衡、宋勇、李堂堂、黄瑶、潘广田、王钟麓、丁鑫发、张凯、吴振汉、张春江、康日新等一批腐败高官，依法判处王怀忠、郑筱萸、李嘉廷、丛福奎、王华元、王武龙、刘志华、何闽旭、王守业、刘金宝、黄松有、张宗海、刘长贵、阿曼哈吉、许迈永、姜人杰、段义和、曾锦春、李培英、李友灿、张德元、李真、文强等腐败高官死刑，其中王怀忠、郑筱萸、吴振汉、曾锦春、李培英、李友灿、张德元、李真、段义和、文强等腐败高官被执行死刑。2006 年 9 月中共中央决定对原中共中央政治局委员、上海市委书记陈良宇严重违纪问题进行立案检查，进一步表明了我们党在反对和治理腐败问题上"刮骨疗毒"、铁腕治吏的坚定决心和鲜明态度，对腐败分子形成了巨大和强烈的震慑，使他们心惊肉跳、魂飞胆寒，切身感受到了权力寻租中前所未有的压力和风险。一些有贪腐之心者行为有所收敛，不敢再轻举妄动。与此同时，也有一些利欲熏心的腐败分子既不甘心放弃权力寻租，又担心在权力寻租中东窗事发，于是便绞尽脑汁地不断研究和"创新"以权谋私、权钱交易的策略与手法，力图探寻更加隐秘和狡诈、能够有效规避风险的腐败方式。于是，"期权腐败"这种新的腐败形式便应运而生了。

二、"期权腐败"现象滋生蔓延的深层次原因

在新的历史条件下，"期权腐败"之所以能得以滋生、蔓延，不仅有其直接原因，同时还有着更深层次的原因。

1. 资源配置的行政垄断

改革开放以前，我国长期实行的是计划经济，而计划经济是政府主导一切的经济[6]。应当肯定地说，经过三十多年的改革开放，目前我国的市场化改革已经取得了重大进展，社会主义市场经济体制的基本框架已经基本形成，市场机制在资源配置中的基础性作用得到越来越大的发挥。但是同时还要看到，我国的市场化改革在许多深层次领域还远没有到位，比如：要素市场化改革、产权制度改革、金融体制改革、垄断行业改革等[7]。我们的要素市场发育很不充分，不论是金融市场，还是土地、劳动力市场，基本上仍然处于政府的严格控制和国有部门的垄断之下。正如我国著名经济学家、国务院发展研究中心研究员吴敬琏先生所指出的："中国在 20 世纪 90 年代初步建立起来的市场经济体制还是很不完善的。这种不完善性，主要表现为国有部门仍然在资源配置中起着主导的作用。"[8]为了论证自己的这个观点，吴敬琏先生列举了以下三点作为论据："其一，虽然国有经济在国民生产总值中并不占优势，但仍控制着国民经济命脉，国有企业在石油、电信、铁道、金融等重要行业中仍处于垄断地位"；"其二，各级政府握有支配土地、资金等重要经济资源流向的巨大权力"；"其三，现代市场经济不可或缺的法治基础尚未建立，各级政府官员享有很大的自由裁量权，通过直接审批投资项目、设置市场准入的行政许可、管制价格等手段，直接对企业频繁

干预。"[9]

笔者赞同吴敬琏先生的意见和看法。也正是从这个意义上来说，我们还没有完全走出计划经济，其特征仍然是一个政府主导型经济。

政府主导，意味着资源配置上的行政垄断。行政垄断是一种制度性的缺乏竞争的体制。在这种体制下，政府运用控制国企、批租土地、项目审批、价格管制等方式和手段掌控重要资源特别是稀缺资源的配置权，并直接介入和干预微观经济领域。可以说，这种行政垄断是计划经济旧体制留给我们的尚待进一步消除的遗产。

2005年9月，由全国政协在北京主办的"21世纪论坛"会上，吴敬琏、厉以宁、林毅夫、陈清泰等经济学家纷纷发言，不约而同地把矛头指向了政府主导型的市场经济体制。他们列举了政府主导型权力经济存在的种种弊病，集中体现在以下三个方面：首先，因为缺乏决策民主，所以极易酿成决策失误。政府主导型投资表面上看也要经过内部讨论，有的甚至还要邀请专家论证，但政府按职务高低排序的层级型结构特点，决定了最终拍板权牢牢掌控在地方最高级别领导手中，因而民主很难真正发挥作用。尤其是个别领导干部大权独揽、作风霸道，听不进不同意见，因而不断制造"拍脑袋工程"，造成巨大资金与资源浪费。不少项目建成之日即停产之时，不但没能产生相应效益，且耗费大量建材、造成土地的闲置与荒毁。其次，政府既主导投资又自我监督的格局，导致投资绩效无从保证。从工程立项到具体建设到建成使用，整个过程都是决策者自己监督自己。这样无论是建设过程中的监管，还是工程投入使用后的绩优考核，都难免流于形式。尤其是如果主要责任在于主要领导，原本必要的整改与惩处根本就无法施行，而没有实质性监管与问责的投资，要能在社会生活中发挥有益作用，真正做到物有所值，根本就没有可能。现在各地政府主导建设了这么多项目，但没有多少进行了绩优考核，更未对负责人实施问责，这说到底是因为许多项目的决策者本就是当地的主要领导。再次，政府主导型经济也极易成为腐败的温床。尽管许多项目表面上都进行了招投标，但政府的层级型运行特点，决定了上级领导的"招呼"具有突破规则、畅通无阻的能量。领导的一个"招呼"就能将项目"搞定"，开发商们自然就要用糖衣炮弹"猛攻"。我们可以看到这样的现象，即一个项目建起来，就会有一个或一批干部倒下来。这无一不与政府主导投资，而在政府主导过程中主要领导又拥有说一不二的权力有关[10]。

大量事实表明，政府主导型的市场经济，亦即资源配置上的行政垄断，极易导致种种权力寻租的腐败行为。现代研究发现，政府的政策干预和行政管制，如进口配额、生产许可证发放、价格管制，乃至特定行业的特殊管制包括对从业人员数量的限制等等，都可以造成人为的稀缺，从而也会形成超额收入。公共权力通过对经济活动干预或管制所形成的这种超额收益，就是其所得到的租金。既然政府政策干预和行政管制能够创造租金，自然就会有人要进行寻求这种干预和管制从而获取租金的活动[11]。这就是人们通常所说的"权力寻租"。

权力寻租是指握有公权者以权力为筹码谋求获取自身经济利益的一种非生产性活动。它以权力为资本，去参与商品交换和市场竞争，谋取金钱和物质利益。于是在这里，权力亦如物质形态的土地、产业、资本那样被物化和市场化了。也就是说，公共权力被转化为商品，并进而再转化为资本。这样，公共权力就具有了市场价值，就可以与金钱进行交换。权钱交易的行为和现象也就应运而生了。

按照马克思的观点，一种产品在没有通过交换以前还不是商品，它只有通过交换才能成为商品。基于这一观点，进入市场的权力只有找到与之交换的对象并完成交换，实现其市场价值，它才最终具有了商品的属性，进而借以获取丰厚的租金。这就要求权钱交易的双方都有进行这种交易的意愿。如果单有权力寻租一方的热情，而无愿意与之交换一方的存在，权钱交易的行为就不可能达成。现实生活中，政府掌控的资源总是要配置于人的。这就涉及用何种方式将资源分配给谁的问题。资本追逐利润的本性是共同的，但是能够供给它们用以资源却是有限的。显而易见，政府把资源配置给谁，谁就能够谋得巨大的超额收益。可供资源的稀缺性和有限性，以及资本追逐利润的贪婪性，决定了资本对于与权力寻租一方进行权钱交易的迫切性。

权力与资本双方在权钱交易上的意愿的高度一致性，为权力寻租提供了深厚的土壤和广阔的空间，成为包括"期权腐败"在内的各种腐败滋生蔓延的动力。这种情况，在房地产市场得到了最为明显的验证。2011 年 9 月 29 日，最高人民检察院党组副书记、常务副检察长胡泽君在全国惩治和预防腐败体系建设工作会议上的发言中透露了一组数据：2009 年 9 月以来，全国检察机关查办工程建设领域职务犯罪案件 16204 件 19743 人，其中大案 11612 件，要案 1720 人，涉案总金额 40 亿元。2010 年 9 月至 2011 年 9 月，立案查处了 961 件，涉案金额达到 3.2 亿元[12]。当今中国的房地产领域，官商勾结、权钱交易问题相当严重，已经成为腐败现象易发多发的重点领域和重灾区，引起整个社会的高度关注。

苏州市原副市长姜人杰受贿的 1 亿多元，主要就来自于房地产商。生于 1948 年的姜人杰是地道的苏州人，2001 年开始担任苏州市副市长，分管城建、交通、房产开发等 13 个领域，同时兼任苏州城市建设投资发展有限公司董事长和苏州市高速公路建设指挥部总指挥。经南京市中级人民法院审理查明，2001 年至 2004 年期间，姜人杰利用职务便利，先后收受四家房产公司和一家科技公司贿赂款，共计人民币 1.0867 亿元、港币 5 万元、美元 4000 元。其中，因帮助开发商在违规用地上获益，姜多次收受苏州市华业百福房地产公司总经理陈某所送的人民币 2000余万元。而另一笔高达 8250 万元人民币受贿金额，也是在土地置换和转让的过程中获取的。仅此两笔的受贿总金额即高达 1.045 亿元人民币。而且，单笔受贿金额 8250 万元让这位副厅级地方官员一下子成了全国第一贪[13]。

2008 年 10 月 19 日，北京市原副市长刘志华之所以被审判机关以受贿罪判处死刑，缓期两年执行，就是因为他利用职务上的便利，为他人牟取资产置换、土地开发等方面的利益，单独或者伙同其情妇共同受贿近 700 万元。刘志华，男，1949 年 4 月 6日出生，历任北京市劳动局副局长、劳动部计划与工资司司长、西城区委书记、北京市人民政府秘书长、北京市副市长兼任中关村科技园区管委会主任。2006 年 12 月 6 日，刘志华被北京市检察机关立案侦查，2007 年 6 月 29 日被移送审查起诉。起诉书指控刘志华的罪名只有受贿罪，称其在 1999 至 2006 年期间，利用担任北京市副市长、中关村科技园管委会主任等职务上的便利，为他人谋取资产置换、土地开发、职务晋升、银行借贷等方面的利益，单独或者伙同其情妇王建瑞，索取或者非法收受 10个单位和个人的钱物合计折合人民币 696.59 万元[14]。

2002年以来，伴随着重庆市的扩张，重庆各级政府审批、出让了大量的国有土地，而各级行政官员们的手中掌控着土地市场的垄断销售权。由于土地资源行政性市场垄断的客观存在，亦即土地资源的配置由行政权力支配，再加上行政权力又缺失有效的制约和监督，从而使许多官员因经不起诱惑而在土地审批出让及城市规划中权力寻租而纷纷落马。仅2007年年底至2008年9月的半年多时间里，重庆市就先后有8名厅级干部因此而接连被纪检监察机关"双规"。这8人大多是"60后"、高学历、专家型的中青年领导干部。他们年富力强，正值干事业的黄金时期，却倒在了开发商的"组合拳"下，着实令人扼腕痛惜。他们在土地出让、调整规划、减免费用等房地产开发相关领域肆意出卖手中的权力，为开发商谋取了巨额利益。

这8名干部要么是主政重庆城区的党政要员，要么是国土、规划、房管等实权部门领导。为了摆平这些手握实权的官员，房地产开发商无所不用其极，往往采取"金钱＋美色＋爱好"的方式向官员展开攻势，甚至不惜乘飞机"追"着官员送钱。2006年春节，王斌携家人前往深圳游玩，重庆某地产商得知后，专门从上海亲自飞往深圳送上5000美元。2006年下半年，同样是这位开发商，在得知王斌在上海参加一个会议后，立即前往其下榻的酒店奉上10万元人民币[15]。

有报道称，重庆近年的高官落马数量十分惊人。重庆市一位不愿透露姓名的纪委干部告诉记者，仅在2007年该市就查处了124名厅处级干部。但是，在房地产领域巨大的利益诱惑下，这个市还是有不少官员铤而走险[16]。这些官员既是被房地产开发商"糖衣炮弹"击中的意志薄弱者，同时也是政府垄断资源配置这一体制的牺牲品。如果没有这样一种具有严重缺陷的体制，他们也许不会在房地产领域毁掉自己。

　　东北大学文法学院的朱婧鑫、周实两位学者在他们合作发表的一篇论文中分析说："我国现行的有偿出让国有土地使用权制度的确立,主要是政府推动、操作、行使所有权和管理权的结果。在出让制度中,一方面政府作为土地的唯一所有者向社会出让国有土地使用权,另一方面政府也作为制定、设立国有土地使用权规则和使用权的基本规范、维护地产市场秩序、监督和惩治违规行为,土地权利总是处于各种各样的行政权力限制之下。由于行政权力在土地被'因公共利益征用'开始,直至受让人与土地行政主管部门进行交易的整个过程中起主导作用,即出让的每幅地块、用途、年限和其他条件,都需要由政府土地管理部门会同城市规划、建设、房产管理部门共同拟订方案,按照国务院规定,报经有批准权的人民政府批准后,土地才能出让。因此,在土地出让过程中,国家行政机关便具有了十分特殊的地位。在市场经济条件下,权力就是一种垄断性的利益资源,一旦官员利用这种资源进行权钱交易、暗箱操作,就会出现行政性市场垄断,导致市场失效和不公平竞争,资源无法实现优化配置,进而使得土地腐败滋生并蔓延开来。市场经济并不是滋生腐败的基础,土地腐败大量滋生的原因在于转型时期行政权力在没有约束的情况下大量干预土地一、二级交易市场,对其的制衡机制没有及时建立起来。"[17]

　　2010 年 9 月,国家反贪总局有关负责人在接受记者采访时透露,2009 年以来,全国检察机关立案查办国土资源领域职务犯罪案件 1978 件,其中贪污贿赂犯罪 1715 件,渎职犯罪 263 件。这些案件中,大要案 1371 件,涉及县处级以上干部要案 186 人。该负责人分析指出:"国土资源是重要的生产要素,又是不可再生的稀缺资源，随着我国经济社会的快速发展，国土资源的供需矛盾日益突出。在巨额利益驱动和诱惑下，近年来国土资源领域腐败问题比较严重。"[18]

2. 一些权力行为主体在市场经济条件下价值观发生了扭曲和蜕变

20 世纪 80 年代末以来，随着经济体制改革的不断深入，我国经历了由计划经济体制向社会主义市场经济体制的转变，从而引发了社会生活领域的巨大变革，进入了社会转型时期。社会转型是由传统型社会向现代型社会转变的一个过程，是一个包括经济、政治、文化、社会等方面在内的整体性结构变迁。发轫于经济体制改革的社会变革是一场深刻的社会革命，必然会对社会的意识形态、思想观点、道德准则以及价值体系产生极大的影响。在这个时期，原有的社会结构和价值观念体系发生了一系列的深刻变化，维系原有社会稳定的社会结构和价值观念逐渐被打破，而新的社会结构和价值观念体系还没有形成或被社会成员所普遍认同与接受。这样一个转型期，极易使人们在价值、道德等方面的判断与选择出现困惑和茫然，由此导致价值取向的迷失、道德观念的错位和道德行为的失序。北京青年政治学院讲师祁志钢对此分析指出，这一历史时期，"物质利益热受追捧，相关规则尤其是对规则的信仰明显缺失，原有社会规范相对失效，在新规范形成之前，各个主体的行为很容易出现无序与失范。"[19]甘肃省张掖市退休老干部赵家瑞在剖析社会转型期社会心理问题时指出，在转型期思想观念"多元化"的影响下，"一些人不明是非、不知荣辱、不辨善恶、不分美丑；把腐朽当神奇，把庸俗当高尚，把谬误当真理；不以为耻、反以为荣；这种现象毒化了人们的心灵，败坏了社会风气，使得为官者重谋权、为商者重谋财，为医者重谋利，为师者重谋名，为学者重谋巧。"[20]

　　计划经济时期，人们只能在历史给定的价值体系中做出自己行为目标和方式的选择，而且每个人都必须依靠单位和集体才能生存，因而人们对集体主义价值观的理解和持守往往具有很高的一致性。而在社会转型时期文化多样化的背景下，一些固有的价值目标被多元文化冲突和社会改革所瓦解，代之而生的是形形色色的价值目标和行为方式。这虽然为人们提供了更多选择适合个性发展的价值观的机会，但是由于人们因种种缘故缺乏对各种价值观的甄别力，同时又失却了确定而科学的价值评判标准，当纷繁复杂的社会思潮向他们涌来时，他们一方面表现出无所抉择的困惑与迷茫，另一方面又表现出道德评价和道德选择上的迟疑和紊乱，一些人开始对传统集体主义进行批判和解构，留下的价值观的真空被伪装成先进文化的个人本位主义、极端个人主义等思潮所代替，从而对人们的价值选择产生重大的影响作用。正如美国著名未来学家阿尔温·托夫勒所言："有时选择不但不能让人摆脱束缚，反而使人感到事情更棘手、更昂贵，以至于走向反面，成为无选择的选择。一句话，有朝一日，选择将是超选择的选择，自由将成为太自由的不自由。"[21]

　　社会转型期道德行为的这种失序反映到政治生活领域，就可能会导致公共权力的腐败，以权谋私、权钱交易现象的滋生和蔓延。深究腐败现象产生的原因固然很多，但价值取向迷失和道德观念错位等文化因素的作用不容小视。理想信念和道德理想等文化认知状况，决定着人们对自己行为模式的选择。理想的滑坡是最致命的滑坡，信念的动摇是最危险的动摇。理想信念和道德理想等文化认知的改变，很容易使一些权力行为主体的道德内约出现松弛。

　　道德内约是通过将权力运行的价值取向和道德准则内化为权

力行为主体的行为准则，使其从内在心理上遵从于价值取向和道德准则的约束，并以此来抑制其对滥用权力的欲望和冲动，从而达成对权力的规范与制约的一种内在的精神控制机制。它是权力行为主体正确行使权力、防止权力失范的重要保障。道德内约一旦出现松弛，滥用权力的欲望就会恶性膨胀，各种以权谋私、权钱交易的腐败行为就将不可避免。所有腐败分子之所以最终走上职务犯罪道路，都是从理想信念迷失、权力道德沦丧、道德内约崩溃开始的。

四川省乐山市委原副书记袁俊维，曾在其《悔过书》中具体地描述了自己从一个刻苦学习、努力工作、奋发有为的青年到堕落为一个腐败分子的心路历程。他这样写道："自己之所以走上违法犯罪的道路，主要是放松了政治学习和思想改造，特别是担任领导干部后，很少参加党支部的学习活动，连每月的党费都是叫办公室代交。"这些年由于工作关系，应酬较多，经常出入高级宾馆。"目睹社会上的变化，自己的人生观、价值观严重扭曲，认为共产主义只是遥远的理想，而人生短暂，现实生存才应该是追求目标，人应该实际些。在这样扭曲的价值观和人生观的支配下，我在违法违纪的道路上越走越远，最终滑入了犯罪的泥潭而不能自拔。"[22]

安徽省委原副书记王昭耀在庭审时所作的陈述中，对自己这样一种心路历程也做了一番描述。他说："回忆这些年来，面对灯红酒绿的花花世界，觉得自己风里来、雨里去，一天忙到晚，也够辛苦的，看到老板们一个个大把大把地捞钱，潇潇洒洒生活，想来想去，觉得自己吃亏了，产生了'有权不用、过期作废'的念头。"从接受一瓶高级酒、一条高档香烟、一件名牌衣服，到一次接受1万元现金，"一开始还是在推来推去中不自然地收下。觉得拒绝了人家，面子上过意不去，但似乎又觉得利用职权收受金钱不应该，思想上的斗争非常激烈，可是在下不为例的借口中产生了侥幸心理。思想上的防线一旦决口，就会一泻千里，防不胜防。从起初的收受几千元到后来几十万元，我都来者不拒，且收得心安理得，逐渐变得麻木不仁，结果在违法犯罪的道路上越走越远，不能自拔。"[23]

陕西省神木县委常委、副县长高小明，参军入伍期间曾经参加对越自卫反击战，因为出色地完成了参战任务，他先后两次被参战的集团军党委和所在师党委评为"老山前线战区模范共产党员"，两次荣立三等功。从部队转业后，高小明被分配到子洲县双湖峪镇工作。突出的工作成绩使他逐步开始担任镇长、镇党委书记。2001年，高小明被组织上提名为子洲县副县长人选并被选派到西藏，成为全国第三批援藏干部，担任了阿里地区普兰县县委副书记。用高小明自己的话说，这期间，他能尊重民族宗教习惯，能与藏族同胞同甘苦，做到了民族不同根连根，语言不同心连心，体现了血浓于水的感情，战胜了高寒缺氧对身体带来的不适和损害，发扬了特别能吃苦、特别能团结、特别能奉献的精神，出色地完成了组织交付的各项任务，得到了广大藏汉干部和群众的一致好评，被评为优秀援藏干部，他的先进事迹还曾经被西藏自治区党委和援助地区党委所大力宣传。这样一位曾经的人民功臣和优秀援藏干部，后来竟然演变成为一个收受241万元贿赂的腐败分子！他在《悔过书》中这样写道："总结教训，就是自己长期放松了学习和主观世界的改造，不能正确对待人生观、价值观，淡化了全心全意为人民服务的宗旨意识，以工作太忙没有时间为借口，不能科学合理地安排时间学习党章和有关知识、法律法规，不能正确对待手中的权力，没能真正做到权为民所用，利为民所谋，在利益面前成为一个拜金主义者，将权力这把双刃剑刺向了自己。看到煤矿老板们收入数千万元，自己的宗旨意识失衡，廉政防线崩溃，私欲膨胀。最终，失去了理智，忘记了自己是一名入党多年的老共产党员，让腐朽思想逐步占领到自己的灵魂深处，并生根发芽。为人民服务的思想和行为渐渐消逝，萌生了享乐主义、拜金主义思想，为犯罪埋下思想隐患。"[24]

　　北京市交通局原副局长、首都公路发展有限公司原党委书记、董事长毕玉玺在其《悔过书》直白地写道："我是多年受党教育培养的领导干部，又是普通农民的孩子，也是党培养教育长大成人的。本应为党为人民更好地工作、服务。但由于自己长期不认真学习，不认真改造世界观，淡忘了党组织，淡忘了人民，也忘记了自己是个党员领导干部。因此自己思想上逐渐发生了变化。从工作上的懒惰、生活上贪图享受到极端自私的个人主义。随着地位的提高、权力的增大，忘记了各方面的监督，目无党纪国法。从开始自己占便宜，逐渐演变收受巨额贿赂和非法所得，到了不可收拾的地步。自己心理发生严重扭曲，给党和人民造成极坏的、不可挽回的恶劣影响，从而走上了严重的犯罪道路。"[25]

　　浙江巨贪、杭州市原副市长许迈永在2009年10月接受纪委调查时写下的思想检查悔恨地写道："在组织的不断培养下，我的工作岗位越来越重要，级别越来越高，权力越来越大，但自己的世界观、人生观、价值观却偏离了正确的轨道。记得1989年，我在萧山市委担任办公室主任兼政策研究室主任时，第一次去深圳、珠海，是随几个搞经济工作的领导一起去的。我们当时住的是四星级以上的宾馆，吃的都是饭店里最好的，一顿饭就要四五千元。看到他们潇洒自如，我感到做党务工作与搞经济工作大不一样，我一年的工资还抵不上一顿饭钱，感觉搞经济工作真好。思想观念的变化，逐步反映在行动上。我逐步认同了'人不为己，天诛地灭'、'人为财死，鸟为食亡'的观点，把私利和金钱看重了。与此同时，我看到与我打交道的老板，一个个都很富有，他们每年的利润有几千万元、上亿元，甚至更多。看着他们的财富迅速增长，我也存在着心态不平衡和红眼病，认为他们的能力也不比我强多少，凭什么有那么多财富？看看他们赚钱也很容易，而自己工作那么辛苦，不仅要起早摸黑，还承担很大的责任风险，得到的工资又是那么少。我对经济上总不满足于现状，心态不平衡，时常有一种攀比思想，与老板比，与高收入阶层比，越比差距越大，越比心态越不平衡。金钱第一的思想在我的头脑里越来越深。"[26]

大量事实表明，在社会转型时期，特别是在发展社会主义市场经济的历史条件下，一个领导干部如果放松主观世界的改造，放弃严守清贫、不徇私情的革命意志，放弃富贵不能淫、贫贱不能移、威武不能屈的高尚品德，思想就会发生扭曲，就会在权欲、物欲、色欲的冲击下发生畸变，从而上演一幕幕"却是平流无石处，时时闻说有沉沦"[27]那样的悲剧。

3. 权力结构与权力配置机制存在弊端

腐败现象的滋生和蔓延，是权力失控、失范和滥用的集中表现。公共权力之所以会失控、失范和被滥用，以权谋私现象、权钱交易行为之所以得以发生，其中的一个重要原因，就是权力结构不合理，权力配置不科学，权力运行不规范，权力内部缺乏有效的制约和监督。这里既有权力过分集中的问题，也有权力制约和监督缺失、虚化的问题。但是从根本上说，是由不合理的权力配置机制造成的。不合理的权力结构与权力配置机制，是滋生腐败的重要土壤。

"权力结构是指权力的组织体系、权力的配置与各种不同权力之间的相互关系。"[28]权力结构主要有制约结构和集权结构两种基本形态。前者是指权力与权力之间相互制约，是不同权力主体之间通过彼此钳制的关系形成权力之间的相互约束，因此分权是制约的前提，只有在科学分解权力以后，才可能形成不同权力之间的钳制。而后者则恰恰与前者相反，权力在横向层级上向某个个人集中，在纵向关系上由下级向上级集中，并且对集中的权力缺乏有效的制约。

长期以来，我国的权力结构是一种典型意义上的集权结构。应当说，这种集权式的权力结构在我国是有着深刻的历史根源的。自秦始皇统一中国以后，中国就建立了中央集权的君主专制制度，形成了大一统的中央集权的权力结构模式。这种权力结构模式在中国延续了两千多年，具有很大的历史惯性。在这种权力结构模式下，"在国家与社会关系上强调国家的绝对权威，在国家内部层级之间强调上级对下级的绝对权威。"[29]历史证明，这种大一统的集权结构不仅在中国特有的具体国情下有其存在的历史合理性的，同时对于各种国家政体形式而言都是有普遍意义的。也正是从这个意义上，恩格斯指出："集权是国家的本质、国家的生命基础，而集权之不无道理正在于此。每个国家必然要力求实现集权，每个国家，从专制君主政体起到共和政体止，都是集权的。美国是这样，俄国也是这样。没有一个国家可以不要集权，联邦制国家需要集权，丝毫也不亚于已经发达的集权国家。只要存在着国家，每个国家就会有自己的中央，每个公民只是因为有集权才履行自己的公民职责。"[30]

必须指出的是，马克思主义经典作家并不是一味地、不加任何分析地主张中央集权制。从马克思主义经典作家的有关论述来看，他们所主张的中央集权制，是民主共和基础上的中央集权制，而不是君主专制体制下的个人专断式的中央集权制。恩格斯非常鲜明地强调指出："国家集权的实质并不意味着某个孤家寡人就是国家的中心，就象在专制君主政体下那样，而只意味着有一个人位于中心，就象共和国中的总统那样。就是说，别忘记这里主要的不是身居中央的个人，而是中央本身。"[31]

按照马克思主义的观点，集权与分权二者是对立的统一体。从微观的权力结构上说，集权和分权是指权力分配和运行的两种方式。集权意味着职权集中到较高的管理层次，分权则表示职权分散到整个组织中。在这里，集权与分权都是相对概念，并非是绝对的。任何政治体制都同时存在集权和分权两种权力机制。集权和分权各有其优点和陷缺，在合理的限度内都有其正当性，两者相互渗透、相互依存。在马克思主义经典作家看来，中央集权制存在的合理性，需要有与其对立统一的分权制即民主制作为条件和支撑。离开这一条件和支撑，中央集权制就会成为一种"极端形式的集权"。"这种极端形式的集权，乃是国家超越了自己的范围，超越了自己的本质。"它势必会使包括在国家的范围个人和历史"双方都遭受到损害。"[32]这样一来，其存在的合理性也就将随之而丧失。

从新中国成立到改革开放前的30年间，对中国社会经济的发展产生持久、广泛而深刻影响的，始终是以权力为轴心的集权结构模式。政治权力高度集权的结构特征，在中国共产党执政以后的一个相当长的历史时期内不仅没有被弱化，反而得到日益强化。这种高度集权的权力结构模式，有其存在的价值合理性、历史合理性。王沪宁先生还在复旦大学任教期间就曾经指出："在革命后社会的初期，受历史——社会——文化条件的制约，高度集权的政治领导方式是必然的，也是必需的。不仅社会主义革命后如此，一般社会革命后亦均会出现高度集权的政治活动模式。"[33]事实也正如王沪宁先生所言。此间，"在中国共产党的社会动员中，列宁主义意识形态和列宁式党领导的政治体制事实上被置于中国现代化的语境中，被用来作为重建社会政治秩序，为中国现代化提供了坚实权威基础的手段。"[34]就其实质而言，推行这种高度集权的政治活动模式，就是通过建立起一元化的领导方式来实现党对国家政权机关和社会组织的直接领导和控制。

这种高度集权的权力结构模式，在本质上是同传统的计划经济体制相适应的。改革开放以来，随着市场经济的发展和社会转型的加快，以权力为轴心的集权结构模式的弊端便日益凸显起来，其存在的合理性也在逐渐丧失。从市场经济的发展历史来看，市场经济与集权结构是不相容的。随着市场经济的发展，中国社会对民主和法治的需求与呼声日渐高涨，高度集权的权力结构从改革开放初期经济快速发展的助推因素，逐渐演变为阻碍经济社会现代转型的消极因素，权力过分集中的传统体制正影响着市场秩序的健康发展。

高度集权的权力结构模式的最大弊端，就是权力过分集中，它把各种组织构筑成一种宝塔形的垂直状态，每个包含在其中或者隶属其内的组织和个人只需要听从上级的指示，对上级负责，这就极易使权力变成绝对权力。这样一种权力结构属于层次性弱化的权力结构。在这种权力结构下，组织系统的各种权力高度集中于高层领导特别是"一把手"手中，上级可以越过中间层次直接指挥下级行使权力的权力配置机制。"一把手"同其下属每一层级的关系，都是命令与执行的关系，组织系统内的一切事务都被其掌控，所有中下层领导均无或者很少有决断的自主权，他们唯一所能够做到的，就是严格按照"一把手"的决策、命令或者意图行事。这种层次弱化的权力结构，实际上意味着领导人可以随时随意破坏组织机构及其程序和规则，以自己的意志代替下属的意志，以自己的职能代行下属的权力。它不仅会助长一把手的腐败心理，而且破坏了中间层次和下层的权力运行控制体系，助长了中间层和下层掌权者滥用权力，扩大了腐败的土壤[35]。

早在改革开放之初的 1980 年，邓小平同志就曾经十分深刻和尖锐地指出了这种集权权力结构模式存在的严重弊端。他指出："权力过分集中的现象，就是在加强党的一元化领导的口号下，不适当地、不加分析地把一切权力集中于党委，党委的权力又往往集中于几个书记，特别是集中于第一书记，什么事都要第一书记挂帅、拍板。党的一元化领导，往往因此而变成了个人领导。全国各级都不同程度地存在这个问题。"[36]

随着经济体制改革的日益深化和政府职能的逐步转变，这种权力结构的集权特性尽管有所减弱，但是权力过分集中的问题，尤其是党政部门"一把手"集权的问题，并没有得到根本性的解决，在某些地方、某些领域甚至较之以往更为严重。具体表现为：一言堂、个人决定重大问题、个人凌驾于组织之上一类家长制现象不断滋长；公共权力领导干部个人垄断化、私有化的趋势令人担忧；干部队伍中的人身依附现象相当严重。2007 年 3 月 16 日，温家宝总理在第十届全国人民代表大会第五次会议记者招待会上回答记者时尖锐地指出："造成腐败的原因是多方面的，其中最为重要的一点，就是权力过于集中，而又得不到有效的制约和监督。"[37]

当前，权力过于集中，突出地表现为"一把手"现象。该现象具有下述三个特征：一是财务一支笔，二是用人一言堂，三是大权一手揽。"一把手"大权独揽，其他人只能唯其马首是瞻，为其意志或旨意所支配。"一群副职抵不上一个正职"，就是这种现象的真实写照。

2005年，有记者在邯郸市街头采访某企业职工时问道：邯郸市长王三堂的权力有多大？该职工不假思索地回答："全邯郸所有的事都归他管。"但是王市长具体有哪些权力，其实他并不清楚。其实，一位企业职工对市长权力缺乏了解并不奇怪。但令人吃惊的是，我们的一些市长们竟也不清楚自己的权力到底有多大。一个具有典型性的例子，就是某家电视台曾作过现场直播，请中国某城市的市长与美国某城市的市长通过电视对话。中国的这位市长为表现自己的开放态度，十分热情地邀请美国的那位市长在年内访问本市。美国的市长回答说，他由于没有经费而不能在那一年访问中国，因为当年的出访经费是年初由市议会规定的，其中并没有包含访问中国的费用。而中国的这位市长豪爽地回答说："我可以为你支付访问经费，你来吧！"我们这位市长的话，充分表明他可以任意花国家的钱而不受任何人约束，表明他的权力是多么大。同时这件事更说明，自己手中到底有多大的权力，我们的市长自己也不清楚[38]。

权力过于集中在"一把手"手上，使之成为各种资源配置的唯一决策者或有效干预者，从而很容易使其成为社会逐利群体进攻的主要目标，成为金钱、美色围剿的核心对象，由此也就很容易导致"一把手腐败"。

青岛市崂山区原区委书记王雁因涉嫌收受490多万元贿赂而

身陷囹圄后，在狱中有一段现身说法式的自白："掌握土地批租权的地方官员首先是开发商'攻关'的对象"。"表面上看，土地开发程序极为复杂，但实际上是各个环节的一把手说了算。我是全区的一把手，自然说一不二。"[39]这段"精彩"的自白，是重权在握的"一把手"们缘何走向腐败的又一个最好注脚。

更有甚者，有的腐败分子竟把民主集中制当成了其从事权力寻租的遮羞布。1996年5月，贵阳市城市合作银行的办公大楼开始选址。闻听此事，贵阳市快达房地产开发公司董事长陈林就用一个蓝色旅行包装了整整一袋子人民币，径直来到了时任贵阳市市长、兼任贵阳市城市合作银行筹备领导小组组长的刘长贵的家，希望选址时能考虑自己位于中华北路的那块"01—19"地皮。刘长贵收下这个旅行包，打开一看里面装了整整20万元人民币。经过一番深思熟虑，刘长贵先是给城市合作银行行长打电话，发表一下个人意见："快达房地产公司有块地位置不错，可以充分考虑。"一个"充分考虑"可谓意味深长。接下来，他又给几个筹备组的副组长打电话："快达公司有块地看是否合适，合适的话，你们可以考虑考虑。"只是几个电话，下面就出现了戏剧性的场面。筹备组在办公大楼的选址报告上拟了三个方案，但无一例外地都签字同意把快达公司的地作为首选。在小组办公会上，刘长贵根据"民主集中制"的原则，尊重下属意见，同意陈林的那块宝地，在审批报告上大笔一挥，签上自己的大名。于是，陈林狠狠地要了一回价，大家心照不宣，陈林说多少，也都只有依了他。事后核实，陈林送给刘长贵20万元，却赚回了几十倍[40]。

为什么刘长贵在权钱交易中如此游刃有余？为什么银行筹备领导小组成员在他的一个电话之后就全部同意而且做得如此天衣

无缝？因为在这之前，刘长贵已经分别给几个管事的人打了电话，把自己的意思讲得很明白了，余下来的事情是几个参与决策的人如何贯彻执行了。刘长贵不仅仅是这个筹备领导小组的组长，更主要的他还是当时炙手可热的贵阳市的市长。筹备领导小组的成员屈从的不是别的，恰恰就是刘长贵手中所掌握市长的权力。刘长贵手中握有的高度集中的权力，足以让包括民主集中制在内的所有制度走行变样，甚至能使这些制度成为其不法行为的遮羞布。

4. 权力制约监督的缺失和失语

权力结构的集权性与权力制约和监督的缺失和虚化互为条件、相互依存。权力结构的集权性，必然导致权力制约和监督的缺失与虚化。权力的过分集中，使得对权力的制约和监督变得十分困难，甚至几无可能。即便是有制约和监督的存在，也极有可能是徒有形式和完全被虚化了的。这样的制约和监督只能用来装潢门面，而对防止权力越界、失控和被滥用则丝毫没有用处。权力制约和监督的缺失和虚化，又使权力结构的集权性得到进一步的增强，使其更加趋于绝对化，而绝对的权力绝对导致腐败。

在我国现存政治体制下，权力结构的集权性较强仍是一个不争的事实。这种较强的集权性，集中地表现在一个部门集决策权、执行权、监督权于一身，而这个部门的所有重大事项往往又由"一把手"说了算。决策权、执行权、监督权三权浑为一体，势必造成"左手"难以制约监督"右手"的被动局面。这三权统由"一把手"独揽，又很容易使"一把手"变成"一霸手"，从而导致权力滥用、"暗箱操作"、权钱交易等腐败现象的发生。

从权力分工与制约关系来看，我国的权力配置不尽合理，权力分工不明确，相互之间缺乏必要的制衡和监督，尤其是监督客体与监督主体不对等，常常使一些党政领导特别是党政"一把手"游离于制约和监督以外，从而为他们大肆进行权钱交易、权色交易等腐败活动开了绿灯。目前在不少地方，决策权和执行权都在同一个部门，彼此之间根本无法形成制约关系，而作为权力监督者的纪检监察机关又是在同级党委领导下开展工作的，很难对掌管其生杀大权被监督者实施具有实质性和切实有效的监督。

现实生活中，我们并不否认纪检监察机关中确有像王瑛、杨正超、陈丽华、许年喜、张松年、杨龙全、郭光庆、保正志、曹广生等等这样一批刚正不阿、不徇私情、铁面无私、一身正气、敢于直面权威的优秀纪检监察干部，但是单有这样一批好的纪检监察干部而缺失一套科学的制约和监督机制，要卓有成效地预防和惩治腐败是十分困难和难以为继的，而且往往会使忠实地履行自己职责的纪检监察干部付出沉重甚至是血的代价的。由于受到管理权限和同级党委的领导，纪检监察机关查办案件时必然仰仗于同级党委的支持，必然随时向同级党委主要负责人汇报案件的进展和查处情况；如果缺少了同级党委"一把手"的理解和支持，就会遇到巨大的阻力。这样的制约和监督是很难做到位的，所能够发挥的作用也是十分有限的。更有甚者，在一些特殊情况下，对权力的制约和监督可能会出于某种无奈而屈从于权力。于是，监督失语的现象也就不可避免地一再发生了。有人形容这样的监督是"左手监督右手"式的监督。这个比喻，十分形象地揭示了问题的症结所在：这种监督实质就是对权力没有进行科学合理的配置，使得权力过分集中。这正是目前监督机制缺失、监督形同虚设的要害所在。"上海社保基金案"之所以会发生，一个相当重要的原因就是权力集中在个别人手中，监督制约机制严重缺失。名义上也有监督，包括监督机构、监督制度，但形同虚设。

与此同时，一些领导班子内部权力制约和监督乏力，这样的制约和监督也往往流于形式。领导班子成员之间的制约和监督，尤其是领导班子成员对一把手的制约和监督，是强化权力制约和监督的一个重要方面和路径。领导班子成员都是权力运作的实际参与者，从理论上说，他们既可以对"一把手"行使权力施以制约，也应该能够对"一把手"行使权力的过程施以有效的监督。但是，由于组织上对"一把手"赋权过重，领导班子成员甚至一些副职的升降去留在一定程度上取决于"一把手"的意愿，加之相当一部分领导班子尚未形成保障包括党委委员在内的领导班子成员民主权利的有效机制，因此领导班子成员对"一把手"的问题往往讳莫如深、噤若寒蝉。一些领导班子的民主决策程序尚不够规范，对民主决策程序规定得还比较笼统，缺少细化的标准化的内容，容易被变通和简化。实际操作中，表面上看好像每一个重大事项决策都能按照党委常委会议事规则和政府工作规则规定的程序进行，但实际上只是在做表面文章。

现在某些地方的权力配置结构和决策体制，在某种情况下很容易使集体决策变成"少数人说了算"。决策权、执行权和监督权本来应该是既适度分离、相互制约又相互协调，以避免权力高度集中于少数人之手，形成科学合理的权力结构和运行机制，但是，现实中在一些地方存在着党政不分、以党代政的现象，作为权力机关的人民代表大会作用发挥得不够，人民政协参政议政作用也有待于进一步加强，有的地方党政机关特别是主要领导权力过大，在用人、用钱、重大事项和重大工程投资等方面可谓"一言九鼎"。在这种情况下，民主科学决策的程序和要求很难落实。与此同时，一些地方党政领导干部的制约和监督的制度与机制又不够完善，在一定程度上存在着"上级监督下级太远、同级监督同级太软、下级监督上级太难、组织监督时间太短，纪委监督为时太晚"[41]的现象，而且现在主要强调的是纪检监察、审计等方面的内部监督，而对于新闻舆论和群众参与的社会监督重视得不够，从而造成某些地方领导干部因权力过大而轻易地陷入腐败的泥潭。

　　现实生活中，还有相当一部分地方的"一把手"根本就拒绝接受监督。譬如山东省泰安市原市委书记胡建学就曾经口吐狂言："官做到我这一级，就没有什么监督的了。"[42]而广西壮族自治区玉林市原市委书记李乘龙说得也很"客观"："我的权力太大，稍不注意权力就转化为金钱。但是我任玉林市委书记五年，没有一个人找我谈过话，而且玉林市公、检、法的领导都是我任命的，他们用的钱是市里给的，对市委、市政府主要领导不敢监督。监督机构对于我形同虚设。"[43]这个自治区的原政府主席成克杰更是一个飞扬跋扈、说一不二的主儿。南宁市区内有块85亩大小的土地，本来已经批给自治区民委，准备作建广西民族宫之用。成克杰却硬要批给与其情妇有利益关系的一家公司。有人对其做法提出异议。成便恼羞成怒地训斥道："少啰嗦，我说批给谁就批给谁。"[44]

　　中国纪检监察学院副院长、制度反腐专家李永忠曾经针对此类现象发表评论说，胡建学"说得如此大胆，在一定程度上，也反映了一些地方和部门的实际情况。江西省原副省长胡长清，更是将组织对他的管理和监督，形象地比喻为'牛栏关猫，进出自由'。非常形象啊！关牛的地方，栏杆空隙那么大，一只猫在里面，怎么能不'进出自由'？胡长清肆无忌惮地受贿索贿，养情妇、嫖娼妓，胡长清要当一只'灵巧的猫'。我们从这些腐败分子的坦言中应该看到，我们对权力的监督还比较乏力，我们的制度反腐还相当'粗放'。而腐败分子就钻了体制不严密和监督不到位的空子。比如，沈阳的马向东，前后17次出境去澳门豪赌，无人问、无人管、无人反映、无人监督。"[45]

集权性较强的权力结构，同时又是层次性弱化的权力结构。在这样一种权力结构下，上级领导可以越过中间层次直接指挥下级行使权力。譬如，地方党委"一把手"，既可以对当地大政方针和重大事项作出决策，也能够对具体的建设项目、行政事务、司法判决等进行"拍板"。表面上看，这是权力运行机制问题，其实不然。一个领导人之所以能够直接行使下属各个层次和环节的权力，从宏观控制到微观执行，无所不能，无所不至，是因为这个领导人集决策、执行、监督等权力于一身，集权力授予和权力监督于一身，下属没有任何抵抗的能力和机会。这种权力结构，实际上就意味着领导人可以随意破坏组织机构及其程序和规则，以自己的意志代替下属的意志，以自己的职能代行下属的权力。它不仅会助长"一把手"的腐败心理，而且破坏了中下层的权力运行控制体系，助长了中下层掌权者滥用权力，进一步培植了腐败的土壤。"从上世纪90年代始，一些地区的'家长制'又开始重新复活，一些基层权力机构的权力绝对化程度也达到了历史之最，整个社会为此付出了沉重的代价：腐败迅速走上了发展期、高峰期。"[46]

毕玉玺的专横跋扈、独断专行，在北京市首都公路发展有限责任公司是出了名的。国家关于工程建设行业的各项法律法规、党的民主集中制、"三重一大"制度以及这个公司内部的各项管理制度可谓不少，但是在时任该公司董事长兼党委书记的毕玉玺看来这些都是针对别人的。在北京市首都公路发展有限责任公司，毕玉玺由"一把手"成了"一手遮天"。高速路建设工程项目，理应严格按照《招投标法》及有关规定公开招投标，但在毕玉玺眼里只是走走形式而已。他一个电话、一个招呼、一个纸条，可以使没有参加投标的单位高价中标；没有任何资质的个体户可以承揽到首发公司的土方工程；可以使情妇的亲友轻而易举地拿到工程承包权，并且还能随意进行转包。在财务管理上不按有关规定办事，他认为自己在首都公路发展有限责任公司是"一把手"，财务制度是给别人定的，自己一句话、使个眼色，别人就得无条件执行。他擅自决定动用"小金库"几千万资金为少数人购买商业保险；一句话就可以为某单位多拨 1000 万工程费。在失去制约和监督的情况下，毕玉玺必然堕入腐败的深渊[47]。

国家食品药品监督管理局原局长郑筱萸、浙江省食品药品监督管理局原局长郑尚金、辽宁省食品药品监督管理局原局长张树森、广州市食品药品监督管理局原局长杨卫东、荆州食品药品监督管理局原局长赵长玉等等，这些年来食品药品监督管理系统的高官们前"腐"后继，充分暴露出在重大民生领域官员权力独大所造成的危害。正是因为有了这种"绝对的权力"，在全国范围统一换发药品生产文号这样的专项工作，在缺少必要的请示报告和民主决策程序下，居然就可以草率启动；正是因为有了"绝对的权力"，郑筱萸及其妻子、儿子才能"几乎没有任何障碍性因素"地让 6 种假药获得正规的药品生产文号，郑筱萸在工作上的草率、玩忽职守才能得到"制度性"的服从，从而出现以下怪现象："药品降价死、随意升'国标'、研制造假……"[48] 这些匪夷所思的事件之所以能够发生，"与郑筱萸担任正职的权力位置具有很大关系，缺乏有效的监督机制约束其权力越位，也缺乏有效的预防机制监督其意图明显的权力寻租行为。"[49]

这些年来，县委书记这一群体频频爆出腐败问题，已经成为人们关注的焦点，被人视为腐败的高危人群。如山西翼城县原县委书记武保安，辽宁省丹东市宽甸满族自治县原县委书记商殿举，黑龙江省绥棱县原县委书记李刚、福建省连江县原县委书记黄金高、浙江省仙居县原县委书记陈根福、山西省长治县原县委书记王虎林、广东省翁源县原县委书记黄福印、安徽省蒙城县原县委书记孙孔文、安徽省利辛县原县委书记王德贵、安徽省阜南县原县委书记殷光立、安徽省濉溪县原县委书记唐怀民、海南省临高县原县委书记吴光华等等，他们都有一个共同的身份——县委书记，都因同一个罪名而深陷囹圄——受贿罪。

2011年8月，有媒体曾经报道过安徽省腐败县委书记"扎堆"的情况：18个县（区）委书记因为贪污被撤职查处，占到全省县委书记总数的六分之一[50]。这种腐败县委书记"扎堆"的现象，不只出现安徽省，在河南省也颇为引人注目，也曾引起人们的热议。从2006年至2010年10月，河南省先后有22名担任过县委书记的领导干部被查处。在这被查处的22名县委书记案件中，9名是在县委书记任上被查处的，13名是从县委书记岗位上提拔或调整到其他工作岗位不到一年被查处的[51]。腐败县委书记不仅"扎堆"，在有的地方还出现了县委书记"前腐后继"的现象。2010年8月26日，广西武宣县原县委书记彭进瑜，因收受他人钱财人民币165.3万元、美金1万元、港币20万元及价格不菲的摄像机、电视机、照相机等物，被南宁铁路运输中级法院判处有期徒刑10年，并处没收财产人民币20万元。在此前的8月19日，他的前任书记、后任来宾市副市长的李启亮，也因

受贿罪被判处有期徒刑 11 年。另外，李启亮的前任县委书记覃
纪康（落马时任来宾市审计局局长）也因犯受贿罪和行贿罪，
于 2004 年 4 月被判有期徒刑合计 3 年 6 个月，执行 3 年，缓期 4
年[52]。这样，武宣近 10 年来三任县委书记接连被依法查处，成
为县委书记腐化堕落的反面典型。

　　那么，县委书记岗位为什么会成为腐败的高危人群？原因就
在于县委书记的权力过于集中，又往往缺失有效的制约和监督。
县委书记掌管着一个县域的财权、事权、人权，在自己那"一
亩二分地"里，他能够做到决策一言堂、用人一句话、权力一
手抓，位置很是特殊，权力大得很，可以说是无所不管、无所不
能。尤其是在"山高皇帝远"的偏远地区，处于权力监管的边
缘地带，少数县委书记大权独揽，成了名副其实的"土皇帝"。
因为手中掌握了过分集中的权力，有的县委书记狂妄至极，什么
话都敢说，什么事都敢做。譬如河南省卢氏县原县委前书记杜保
乾，就是这样的一个狂妄之人。他在一次全县干部大会上曾经说
过这样一句名言："你们要跟县委保持一致！县委是什么？县委
就是县委书记。"[53]为了能够尽快升迁，他在三门峡市人代会召开
期间曾经策划了一台节目到三门峡演出。在这台节目中，有一个
"三句半"："县委书记杜保乾，政绩突出要升迁，省委书记也能
干，国务院！"[54]就是这样一个手握重权的"牛人"，在 1997 年至
2001 年期间，利用职务上的便利疯狂买官敛财，最终被人民法
院依法判处有期徒刑 14 年。有人在剖析"杜保乾现象"时十分
深刻而精当地概括说："都是权大惹的祸！"[55]

　　一方面权力大得几乎没有边际和界限，另一方面又是权力制
约监督的真空和盲点，这无疑为经不起执政考验和权色诱惑的县
委书记们搞权钱交易提供了土壤和空间，成为他们滋生腐败的温

床。据媒体对一些地方的调查,不少干部群众都认为,按照现行党政管理体制,县(区)委书记的"集权程度"相当高,不仅干部的提拔任用,就连重大工程的决策,都是县委书记"一锤定音"。由于书记"一言九鼎",干部提拔中的组织考察、常委会、书记碰头会等程序看似"关卡重重",其实最终体现的多是书记的"个人意志"。

前面曾经提到的那个犍为县原县委书记田玉飞,他为什么能够在国务院下发文件叫停电力国有资产转让的情况下,将拥有4.6亿元总资产、1.9亿元净资产的犍为电力以4000万元的低价出让,从而演绎了一出获取1200万元私利的"期权腐败"活话剧?说到底,就是在于他坐在了一个无所不管、无所不能,天大的事情都能"一锤定音"的宝座上,成了没人能制约、没人敢监督的"土皇帝"。

任何公共权力都必须受到制约和监督。缺失制约和监督的公共权力,势必会成为绝对的权力,而绝对的权力必然导致绝对的腐败。在巨大的利益诱惑面前,任何道德良心都代替不了制约和监督。一个权力制约和监督机制不健全的单位或地方,必然是"蠹虫"肆虐的天堂。

5. 规范权力运行的制度缺席和失灵

推进党风廉政建设和反腐败斗争,制度建设是根本保证。预防和惩治腐败,制度问题更带有根本性、全局性、稳定性和长期性。反腐倡廉制度,既是惩治和预防腐败体系的重要载体,也是惩治和预防腐败体系的核心内容。无论是拒腐防变教育的长效机制,还是权力运行的监控机制,归根到底都要通过一定和具体的制度来固定、保障、促进。离开反腐倡廉制度这个前提和基础,就不可能建立起完善的惩治和预防腐败体系。没有反腐倡廉制度的规范和约束，也不可能真正发挥惩治和预防腐败体系的作用。

党的十六大以来，以胡锦涛同志为总书记的党中央坚持标本兼治、综合治理、惩防并举、注重预防的方针，着力建立健全惩治和预防腐败体系，在严厉惩治腐败的同时，更加注重治本，更加注重预防，更加注重制度建设，将反腐倡廉制度建设摆在了更加突出的位置。在党中央、国务院的正确领导下，反腐倡廉法规制度建设在继承中创新，在创新中发展。各级党政领导齐抓共管的工作格局已经形成，法制化建设的进程进一步加快，法规制度建设工作取得了新的明显成效。

但是，反腐败斗争是一个长期的历史过程，其中的一些规律性尚在探索之中，因而反腐倡廉制度建设也不可能一蹴而就。尤其是在经济社会转型时期，制度的不健全和不完善，乃至制度上的缺失，都将是难以避免的。正如胡锦涛总书记所多次强调指出的："教育不扎实、制度不完善、监督不得力，是腐败现象得以滋生蔓延的重要原因。"[56]

在这个问题上，国家食品药品监督管理局原局长郑筱萸严重违法违纪的案件教训就极为深刻。身为国家药品监管部门的主要负责人，郑筱萸本应该认真行使国家和人民赋予的权力，廉洁从政，但是他却置国家和人民的重要利益于不顾，为有关企业在获得相关许可证、药品进口、注册、审批等方面谋取利益，直接或者通过其妻子、儿子多次收受他人贿赂，严重侵害了国家工作人员的职务廉洁性，严重破坏了国家药品监管的正常工作秩序，危害人民群众的生命、健康安全，造成了极其恶劣的社会影响。痛定思痛。郑筱萸严重违法违纪一案暴露出许多的问题。在郑筱萸被以受贿罪判处极刑后，有人在网络上追问："杀一个郑筱萸，又能怎么样？"这个追问尽管不免有些偏执，但是在其背后却隐藏着一个深刻的问题：法律可以惩处一个为恶者，却难以涤荡其赖以生存的黑色温床。2007 年 2 月 8 日，国务院原副总理吴仪在全国加强食品药品整治和监管工作会议上深刻地总结了该案的沉痛教训。她指出：这起案件"暴露出监管法规制度存在问题。一方面是相关药品监管法规制度不健全、不完善、有漏洞。一些规章规定的程序不严密，解释权和自由裁量权过大。有些规章的立法程序不严格，甚至有的规章可以被个别人从自己的利益出发擅自修改。另一方面是对公共权力监管的法规制度不健全、不完善，特别是缺少对审批等重要行政权力的监督制约办法。"[57]很显然，导致中国医药市场混乱的罪魁祸首，绝对不是只有一个郑筱萸，在一个郑筱萸被判处死刑以后，医药领域的腐败不会从此销声匿迹；相反，只会以更加隐蔽的形式和状态继续蔓延。

反腐倡廉制度缺失主要表现在以下几个方面：

一是对权力运行的制约和监督制度不健全、不完善。集中地表现在对"一把手"行使权力缺乏有效的制约和监督上。贵州省原省委书记、贵州省人大常委会原主任刘方仁和河北省原省委书记、河北省人大常委会原主任程维高，是 2003 年同年被查处的两个省级腐败高官。作为两个曾经不可一世的省里一把手，刘方仁、程维高都可以称得上是党的重要领导干部，他们都是经过长期的奋斗才被选拔到省委书记这个重要岗位上的。问题是，这两个人在如此重要的领导岗位上任职，为什么在其任职期间制约和监督机制似乎对他们不起作用？这究竟是我们的制度存在重大缺陷，还是这两个人有特殊的本事可以成功地逃避制约和监督？答案是很清楚的，这就是我们的制约和监督体系或制约和监督制度存在一定的缺陷。

应当说，我们对公职人员及其行使的公共权力的制约和监督不能说不重视，更不能说我们没有这方面的制约和监督机制。在我们现有的制约和监督机制中，既有党内的监督、权力机关的监督和立法机关的监督，又有社会监督、舆论监督和人民群众的监督等。但是仔细分析这些名目众多的监督体系，对于省委书记这样位高权重的"一把手"来说，却几乎是很难发挥应有的作用。先看党内监督。省一级的纪律检查委员会是归省委领导的，或者说省纪委书记是在省委书记领导下开展工作的。试想，如果纪委书记执意要监督省委书记，他的职位还能保得住吗？再看权力监督。权力监督主要是通过省一级人民代表大会及其常委会来进行的。但是，目前我们的体制中，省人大常委会主任大多是由省委书记兼任的，他自己领导的人大常委会能有效地监督他自己在省委的权力吗？再看司法监督。司法监督是一个重要的监督手段。但是，省一级的司法工作总体上是由党的政法委员会协调指导的，如果省一级的司法系统要监督省委书记的话，首先就要取得省委政法委员会的支持才有可能，而在省委书记领导下的政法委书记有胆量、有手段直接监督他吗？再看舆论监督。在现行体制下，一个媒体要披露诸如省委书记这样高官的腐败问题，是要经过层层审批的，这个过程中的难度是可想而知的。至于老百姓的上访、控告等，真正能够发挥作用的到底有多少？我们一时还难以测算。但是，就河北省委书记程维高的所作所为以及石家庄市建委原工程处处长郭光允的遭遇，已经使人感受到打击报复、利用公共权力置人于死地是多么的令人心惊胆战。由此说来，理论上十分完备健全的监督制约体系，至少在对诸如省委书记、省人大常委会主任这样的位高权重官员是不灵验的。这是不是制度中的缺陷，很值得我们深思。

二是查处惩治腐败犯罪案件制度的缺失。长期以来，我国惩治腐败犯罪立法工作严重滞后，很难适应惩治腐败犯罪工作的需要。迄今为止，我国尚无一部惩治腐败犯罪的专门法律。有关预防与惩治腐败的制度规范，多见于党内的一些文件规定之中，停留在纪律和党内法规层面，仅适用于党内，不具有普遍约束力，且缺乏国家法律的权威性和强制力。涉及"期权腐败"这一新类型受贿犯罪的法律规定，更是严重缺失。截至目前，涉及"期权腐败"犯罪的法律规定仅有全国人大常委会颁布的《中华人民共和国公务员法》（以下简称《公务员法》）和最高人民法院、最高人民检察院联合发布的《关于办理受贿刑事案件适用法律若干问题的意见》（以下简称《意见》）。《公务员法》仅仅对公务员辞去公职或者退休后从业作出了限制，规定原系领导成员的公务员在离职三年内，其他公务员在离职两年内，不得到与原工作业务直接相关的企业或者其他营利性组织任职，不得从事与原工作业务直接相关的营利性活动，但是并没有就公务员辞去公职或者退休后从业的行为是否构成"期权腐败"犯罪，以及如何认定等作出规定，并且惩处的措施相当地"温柔"：由其原所在机关的同级公务员主管部门责令限期改正；逾期不改正的，由县级以上工商行政管理部门没收该人员从业期间的违法所得，责令接收单位将该人员予以清退，并根据情节轻重，对接收单位处以被处罚人员违法所得一倍以上五倍以下的罚款。《意见》虽然第一次明确："国家工作人员利用职务上的便利为请托人谋取利益之前或者之后，约定在其离职后收受请托人财物，并在离职后收受的，以受贿论处"，但是对这种新类型受贿犯罪的性质、种类、构成要件等的界定尚不够完善，并且缺乏与之相配套、与刑法相衔接的制度规定，惩戒起来尚存在一定的难度。

由于我国惩治职务犯罪的立法工作严重滞后，使得在查处腐败案件时往往遇到法律依据方面的问题。在一些情况下，明明知道职务犯罪嫌疑人有收受贿赂的行为且显然已经构成了职务犯罪，但是却因为无法可依而致使案件难以办理，使职务犯罪嫌疑人得不到法律的追究而逍遥法外。前面已经提到的江苏省建设系统那个搞"期权腐败"的官员，大家都很清楚他通过新类型受贿方式收受了贿赂，但是法院在审理该案时苦于缺乏认定其构成犯罪的法律依据，只得判决他无罪。

目前，我们规范权力运行的制度不只是严重缺失，而且还存在着已有的制度严重失灵的情况。

上海"社保违规资金案"的发生令世人震惊。中共中央原政治局委员、上海市委原书记陈良宇通过手中的"一把手"权力，违规使用社保资金，为一些不法企业主谋取利益，并且袒护有严重违纪违法问题的身边工作人员，利用职务上的便利为亲属谋取不正当利益，导致上海巨额社保基金被非法拆借。自2002年第四季度起，上海社保资金在两年多时间内先后7次被挪用，总量达34.5亿元。这些挪用都没有经过任何法定程序，都在个别人的操纵下以委托资金运作的方式，交给张荣坤的沸点投资有限公司，沸点投资有限公司以此再投资给同为张荣坤所有的福禧投资控股有限公司，这样34.5亿元社保基金就变成了福禧集团的自有资本金，张荣坤再以此到银行圈贷款。这起牵涉许多高官大员的腐败大案，给我们的教训亦相当深刻。在案发以前的上海，尽管在社保资金管理系统内部也制定有看似完备的制约和监督制度，但是由于社保资金的决策、执行同在一个部门，因此其制约和监督制度只能是"挂在墙上的一张废纸"，丝毫不能发挥任何作用。有人形象地把这种制约和监督比喻为"左手监督右手"。所谓"左手监督右手"，实际上也就是没有对权力进行合理配置，使得权力过分集中。上海"社保违规资金案"之所以会发生，一个相当重要的原因就是权力集中在个别人手中，没有其他环节的制约和监督。名义上也有监督，包括监督机构、监督制度，可是实际上，犹如既是运动员，又是裁判员，还是裁判长，同体运作、同体监督，恰似"左手"和"右手"的关系，它们之间根本无法产生相互监督的效应。这正是目前监督机制缺失、监督形同虚设的要害所在。"左手"根本无法监管"右手"，这就为某些人以权谋私提供了通道。

近些年来，随着党风廉政建设和反腐败斗争的日益深入，我们先后出台了制约和规范权力运行的一些重要制度。譬如，2010年7月11日，中共中央办公厅、国务院办公厅印发了《关于领导干部报告个人有关事项的规定》，要求县处级副职以上领导干部，每年1月31日前集中报告家庭财产、本人婚姻变化和配偶子女移居国外等事项，并明确规定瞒报、谎报将受纪律处分。根据规定，领导干部有隐瞒不报房产等事项的可被免职。对于预防和治理腐败来说，这是带有关键性的一项制度。说其关键，在于一年一度的干部收入申报制度，就像是抑制权力离轨的"紧箍咒"，使得任何借助权力而获得的不当收益，在审查中因与正常收益相去甚远而暴露无遗。可以说，这应该是很能发现问题的一项重要制度。

世界各国反腐经验表明，领导干部财产若不向公众公开，廉政监督将很有可能成为一种类似农民在田间设置的用来吓唬前来啄食谷类的鸟儿的"稻草人"。如果财产申报制度比较完善，将官员申报的财产对外公开，可以设想，一旦有领导干部出现正当收入与消费水平严重不符的情况，相关部门就可以立即要求申报人作出解释，这样或许可以使不少腐败官员悬崖勒马。

　　干部收入申报制度的出台，是国家用以监督、规范公务人员的行为、保障公务人员正确行使权力、预防和制止以权谋私、贪污受贿等腐败行为的一种重要措施，意味着申报内容将成为办案过程中的重要证据，说明了在我国反腐体系中领导干部申报环节正在得到前所未有的强化，表明了党中央、国务院惩治腐败的力度和决心，对腐败官员有很强的震慑作用。有媒体评论说，推出这样的举措，"对于防范官员隐瞒实情、欺骗公众等损害民众利益的行为应该说具有一定的积极意义，至少是对'官员无隐私'认识深化的表现，但由于不对公众公布，显然不能满足公众的知情权，这在一定程度上，还不能发挥出官员隐私具有公共意义的作用。官员的财产状况、婚姻状况、家庭成员从业状况没有依照一定的方式向社会公开，从而使得权力寻租的灰色空间并没有减少。近年来一些腐败大案中突然出现越来越多的巨额不明来源财产就是有力的证明。"[58]

　　现实很能说明这个问题。这些年来的实践表明，干部收入申报制度的执行效果很不理想。可以说，几乎没有一起重大的腐败犯罪案件是通过这项制度发现的。胡长清、成克杰、陈良宇、刘志华、郑筱萸等贪官，动辄百万、千万元乃至数以亿计的贪腐数字，都不是通过收入申报制度发现的。贵州省原省委书记刘方仁受贿677万元，河南省水利厅原厅长张海钦受贿700万元，黑龙江省原政协主席韩桂芝受贿702万元，北京市海淀区原区长周良洛受贿一千六百多万元，河南省交通厅原厅长石发亮受贿1900万元，北京市交通局原副局长毕玉玺受贿1004万元，重庆市巫山县交通局原局长晏大彬受贿2226万元，广西壮族自治区南宁市政管理局原局长受贿二千六百余万元，广东省韶关市公安局原局长叶树养受贿3400万元，山西省临汾副市长苗元礼据传受贿

7000 万，江苏省苏州市原副市长姜人杰受贿人民币 10857 万元，浙江省杭州市原副市长许迈永受贿 1.45 亿元，辽宁省抚顺市国土资源局顺城分局原局长罗亚平贪污、受贿 1.45 亿元……这些在法庭上被确认的受贿钱财，没有一项是通过收入申报制度发现的。这是为什么？

从逻辑上讲，发现不了问题的制度本身一定存在着严重的缺陷。制约制度发挥不了应有的作用，其自身一定存在着某种抑制作用发挥的机制或障碍。收入申报制度之所以不能发挥应有的作用，根本在于这项制度规定本身就存在着严重的弊端和缺陷。

我们制定领导干部收入申报制度的初衷，应当是通过公开领导干部收入情况，使其不敢贪腐并因此而自觉规范用权行为。所以当时就有媒体称，这个规定的发布预示着"阳光开始照进不透明的窗户"。其实，这部不足 600 字的制度规定制定得过于"温柔"：一是申报的收入范围很有限。二是申报材料报送相应的上级组织人事部门备案，知晓者的范围极有限。三是不申报或申报不实，后果只是接受批评教育或者党纪政纪处分。

按照这个过于"温柔"的制度规定，县处级副职以上领导干部申报收入只是向所在组织申报，并不是向社会公众公开。深圳大学一名学者本来打算向一些省市了解领导干部收入申报制度的执行情况，但是均遭到这些地方纪检监察机关的婉言谢绝。2006 年某省会城市的市民表示"非常想知道市长的年收入"时，该市法制局长竟振振有词地声言："市长的年收入属于个人隐私，无须向社会公众公开"[59]。

从这些情况我们可以清晰地看出，领导干部们申报收入仅仅只是向组织报告，不让社会公众了解，而且即便是在内部，也只有极少数人知道，并且严格保密，而不是让社会公众知晓的真正意义上的公开。存在着如此弊端和缺陷的制度规定，注定不可能发挥其制约和规范权力运行的应有作用。

2005 年 4 月十届全国人大常委会第十五次会议通过的《公务员法》，未能就官员财产公布作出明确规定；2007 年 1 月国务院常务会议通过的《政府信息公开条例》，也没有将官员的财产等个人情况列为政府必须主动公开的信息。这就意味着，政府对官员的财产等情况严格保密，从而令公众对官员的财产无从知晓与监督，因为从法律的角度而言，官员不公开个人财产收入，至少并未直接违法。

在一些地方，最终被发现是出了严重问题的贪官们，收入申报年年顺利通过，在"出事"之时桂冠满顶、荣誉盈身，使整个案情的披露充满着讽刺的意味。干部收入申报制度不仅发现不了他们的问题，而且还在事实上为他们提供着"廉洁"、"合格"的证明。毋庸讳言，这是我们的一些现行制度规定的悲剧所在。

实践证明，制度上的缺陷或漏洞往往造成权力制约监督的缺失和失语。权力制约监督的缺失和失语，根本在于规范权力运行制度的缺席和失灵。正如温家宝总理于 2008 年 3 月 25 日在国务院第一次廉政工作会议上的讲话中所深刻指出的："腐败现象在一些领域易发多发，重要原因在于制度不完善、体制机制有漏洞。"[60]

注　释

1　中共中央纪律检查委员会：《中共中央纪律检查委员会委员向党的第十七次全国代表大会的工作报告》，《中国共产党第十七次全国代表大会文件汇编》，人民出版社，2007 年版，第 114 页。

2　贺国强：《在中国共产党第十七届中央纪律检查委员会第三次全体会议上的工作

报告》,《人民日报》,2009 年 2 月 23 日。

3 贺国强:《在中国共产党第十七届中央纪律检查委员会第五次全体会议上的工作报告》,http://www. xinhuanet. com,2010 年 2 月 9 日。

4 中共中央纪律检查委员会:《2010 年全国 146517 人受党纪政纪处分》,http://www. chinanews. com,2011 年 6 月 22 日。

5 吴晶、张景勇:《十七大特稿:中共反腐体系不断完善》,http://www. xinhuanet. com,2007 年 10 月 17 日。

6 张曙光:转引自邓聿文的《制度变迁·国家能力·财富分配》,《大地》,1998 年第 3 期。

7 迟福林:《以政府转型为基本目标——论"十一五"时期的政府行政管理体制改革》,http://www. china. com. cn,2006 年 10 月 18 日。

8 吴敬琏:《防止政府主导型经济蜕变为权贵资本主义》,《比较》,2011 年 8 月号。

9 吴敬琏:《防止政府主导型经济蜕变为权贵资本主义》,《比较》,2011 年 8 月号。

10 魏文彪:《"政府主导型经济"隐患难除》,http://www. china. com. cn,2005 年 9 月 16 日。

11 任建明:《什么是"权力寻租"》,《党政干部文摘》,2007 年第 6 期。

12 徐盈雁:《最高检:3 年来 9335 名县处级以上官员因贪腐"落马"》,《检察日报》,2011 年 9 月 30 日。

13 王维博:《中国第一贪姜人杰通过土地置换受贿过亿》,http://www. yangtse. com,2008 年 11 月 13 日。

14 陈俊杰:《"两高"新法成北京原副市长刘志华案判决依据》,《新京报》,2008 年 10 月 29 日。

15 黄豁:《房地产行业性腐败击倒重庆 8 名厅级干部》,http://www. xinhuanet. com,2008 年 10 月 17 日。

16 李星辰:《重庆官场地震添三高官,民间反腐热情空前高涨》,《华夏时报》,2008 年 4 月 19 日。

17 朱婧鑫、周实:《预防土地腐败的法律机制——从比较行政法的视角入手》,《法制与社会》,2009 年第 9 期(下)。

18 郭洪平:《反贪总局:国土资源领域腐败较重 186 县处以上干部落马》,《检察日报》,2010 年 9 月 24 日。

19　祁志钢:《社会转型与传统行政文化——继承与创新中的制度发展》,《人民论坛》,2011 年总第 318 期。

20　赵家瑞:《转型期社会心理问题的认识与调适》,http://www.zhangye.gov.cn,2007 年 8 月 27 日。

21　[美]阿尔温·托夫勒:《未来的震荡》,四川人民出版社,1985 年版,第 313 页。

22 ·周永国、刘德华:《贪官悔过书自析犯罪心路:受贿的钱不敢存银行》,http://www.xinhuanet.com,2007 年 9 月 18 日。

23　黄河:《王昭耀:我的教训验证了"人为财死,鸟为食亡"》,http://www.people.com.cn,2007 年 3 月 1 日。

24　王雄、吕贵民、乔小兵:《解密陕西神木县副县长万言悔过书:从县官到囚徒》,《陕西日报》,2010 年 6 月 1 日。

25　王阳:《毕玉玺一审被判死缓》,《京华时报》,2005 年 3 月 17 日。

26　许永迈:《对一次一次举报,我都存在严重的侥幸心理》,《检察日报》,2011 年 9 月 6 日。

27　(唐)杜荀鹤:《泾溪》,《全唐诗》第 10 函第 8 册第 693 卷,上海古籍出版社,1986 年 10 月影印本,第 1750 页。

28　周永坤:《权力结构模式与宪政》,《中国法学》,2005 年第 6 期。

29　陈国权、黄振威:《论权力结构从集权到制约的转型》,《经济社会体制比较》,2011 年第 3 期。

30　恩格斯:《集权与自由》,《马克思恩格斯全集》第 41 卷,人民出版社,1982 年版,第 396 页。

31　恩格斯:《集权与自由》,《马克思恩格斯全集》第 41 卷,人民出版社,1982 年版,第 397 页。

32　恩格斯:《集权与自由》,《马克思恩格斯全集》第 41 卷,人民出版社,1982 年版,第 393 页。

33　王沪宁:《革命后社会政治发展的比较分析》,《复旦学报》(社会科学版),1987 年第 4 期。

34　陈明明:《现代化进程中政党的集权结构和领导体制的变迁》,《战略与管理》,2000 年第 6 期。

35 谢鹏程:《滋生腐败的土壤究竟是什么》,《学习时报》,2007 年 4 月 2 日。

36 邓小平:《党和国家领导体制的改革》,《邓小平文选》第 2 卷,人民出版社,1994 年版,第 328—329 页。

37 温家宝:《腐败分子不管职务多高都要依法严惩》,http://www.china.com.cn,2007 年 3 月 16 日。

38 马国川:《市长的权力有多大》,《江苏法制报》,2005 年 8 月 11 日。

39 宋振远、张晓晶:《区委书记狱中自白:我被开发商"腐败攻关"击倒》,http://www.xinhuanet.com,2006 年 12 月 14 日。

40 王文昌:《民主集中制下的尴尬》,http://www.dffy.com,2004 年 12 月 21 日。

41 刘锡荣:转引自朱卫华的文章《对贪官必须用重典!——刘锡荣传递反腐新信号》,http:// www.people.com.cn,2007 年 6 月 26 日。

42 胡建学:转引自朱达志的文章《分权与制衡是党内监督的科学机制》,《南方都市报》,2003 年 9 月 12 日。

43 朱铁志:《官位何以成为私货》,http://www.chinanews.com,2005 年 1 月 20 日。

44 邵道生:《从另一视角看〈党内监督条例〉》,http://www.people.com.cn,2004 年 4 月 14 日。

45 李永忠:见陆幸生采写的文章《与腐败"一把手"的较量——访制度反腐学者李永忠》,《新民周刊》,2003 年 9 月 9 日

46 邵道生:见康培采写的《反腐专家:县委书记成腐败重灾区有三大原因——访反腐专家邵道生》,《人民论坛》,2006 年第 20 期。

47 梁延:《毕玉玺案件警示录》,《北京支部生活》,2005 年第 6 期。

48 富子梅:《药品改头换面规避价格监管 审批权滥用推动造假》,《人民日报》,2007 年 5 月 8 日。

49 任孟山:《郑筱萸被判死刑根在权力失控》,http://www.zjol.com.cn,2007 年 5 月 30 日。

50 张成利:《县委书记"前腐后继"到何时》,《企业党建参考报》,2011 年 8 月 8 日。

51 李丽静: 《河南 4 年查处 22 名县委书记 权力集中滋生腐败》,http:// www.cnradio.com,2010 年 10 月 27 日。

52 汪华、李珊:《三任县委书记的"前腐后继"——〈县委书记,风光还是风险?〉

专题报道之二》,《民主与法制》旬刊,2011 年 7 月 22 日。

53　石飞:《"土皇帝"的谬论:县委就是县委书记》,《中国青年报》,2001 年 9 月
　　26 日。

54　李秀平:《河南卢氏县前县委书记杜保乾受贿卖官查处实录》,《法律与生活》半
　　月刊,2003 年 4 月(上)。

55　石破:《河南落马县委书记众生相》,《南风窗》,2011 年第 2 期。

56　胡锦涛:转引自任铁缨、贺春兰的文章《十六大以来党反腐倡廉的基本思路》,
　　《学习时报》,2007 年 07 月 24 日。

57　吴仪:《在全国加强食品药品整治和监管工作电视电话会议上的讲话》,http://
　　www.gov.cn,2007 年 2 月 8 日。

58　王春:《从报告组织到报告公众 中国加快财产申报制度建设》,《廉政瞭望》,
　　2007 年第 10 期。

59　张贵峰:《某些官员"个人隐私"应在公开之列》,《广州日报》,2007 年 4 月 25
　　日。

60　温家宝:《认真贯彻党的十七大精神,大力推进廉政建设和反腐败工作》,《求
　　是》,2008 年第 9 期。

第　五　章

加强反腐倡廉宣传教育，夯实预防和治理"期权腐败"的思想道德基础

　　反腐倡廉建设是一项系统工程，需要教育、制度、监督多管齐下方能奏效。教育、制度、监督是一个相互联系的有机整体，但是又各有其不同的功能和作用。其中，反腐倡廉教育宣传在整个惩治和预防腐败体系中发挥着基础性的作用。深刻认识反腐倡廉宣传教育在反腐倡廉建设中的基础地位，充分发挥反腐倡廉宣传教育的作用，关系到整个惩治和预防腐败体系的总体成效，对于提高党的领导水平和执政水平、提高拒腐防变和抵御风险的能力有着重大意义。要充分认识反腐倡廉宣传教育在预防和治理包括"期权腐败"在内的各种腐败中的重要作用，切实把反腐倡廉宣传教育工作摆在更加突出的位置，进一步增强做好反腐倡廉宣传教育工作的责任感和紧迫感，准确把握新形势新任务的要求，着力健全拒腐防变教育长效机制，不断开创反腐倡廉宣传教育工作的新局面。

一、充分认识新形势下加强反腐
倡廉宣传教育的重大意义

反腐倡廉宣传教育是党的宣传教育的重要组成部分，是反腐倡廉建设的基础性工作，是建立健全与社会主义市场经济体制相适应的教育、制度、监督并重的惩治和预防腐败体系的重要内容和重要方面，是从源头上预防和治理腐败的客观要求和思想保证。

腐败说到底是权力的失控和失范，是权力的被滥用。预防和治理腐败，必须着力加强对权力运行的制约或控制。在现代宪政与法治语境下，权力运作控制有多种路径选择，其中一个重要的路径选择就是道德控制。道德控制是借助于社会舆论、内心信念、传统习惯所产生的力量，通过内化的道德理想、价值取向或意识形态，来引导和约束权力行为主体的思想和行为。在权力控制系统的各种调控方式中，道德控制对权力运作具有特殊的调控作用。在道德控制层面上，强化对权力行为主体的道德教化非常重要。这是提升权力行为主体道德素质、增强其抵御私欲膨胀能力的重要途径。而要强化对权力行为主体的道德教化，就必须加强反腐倡廉宣传教育。

在改革开放和发展社会主义市场经济的条件下，复杂的国内外环境使得腐朽思想对于党员干部的影响和侵蚀长期存在。一些党员领导干部包括高级干部犯错误，往往是从放松要求、思想蜕变、作风不正开始的。这就决定了加强反腐倡廉建设既要从严治标，又要着力治本、着眼防范、防微杜渐，决定了加强反腐倡廉建设必须始终立足于宣传教育，坚持以宣传教育为本、以宣传教育为先。只有这样，才能够使广大党员干部特别是领导干部牢固树立马克思主义的世界观、人生观、价值观，牢固树立正确的权力观、地位观、政绩观和利益观，不断提高思想政治素质和精神境界，增强拒腐防变的免疫力，筑牢拒腐防变的思想道德防线。实践表明，注重发挥宣传教育在反腐倡廉中的特殊功能，把宣传教育与制度、监督有机地结合起来，建立健全教育、制度、监督并重的惩治和预防腐败体系，才能更加有效地防止和治理腐败。

　　党的十六大以来，以胡锦涛同志为总书记的党中央高度重视并突出强调宣传教育在反腐倡廉建设中的基础性作用，要求全党同志要充分发挥党的政治优势，切实加强反腐倡廉宣传教育，着力构建反腐倡廉宣传教育长效机制。

　　2004 年 1 月 12 日，胡锦涛同志在中央纪委第三次全体会议上指出：“要采取综合措施，努力形成反腐倡廉教育的强大合力，推动反腐倡廉教育工作的深入开展。”他着重强调指出：“思想道德教育是一项社会系统工程，需要各方面大力协调配合。纪检监察、组织人事和宣传思想等部门要做好经常性的反腐倡廉教育工作，广播、电视、报刊和互联网等大众媒体要努力营造反腐倡廉的舆论氛围，理论政策研究部门要加强反腐倡廉理论的研究和宣传，党校、行政学院的教学培训要充实反腐倡廉教育的内容。”[1]2007 年 1 月 9 日，胡锦涛同志在中央纪委第七次全体会议上进一步提出要求：“要从思想道德教育这个基础抓起，不断夯实廉洁从政的思想道德基础、筑牢拒腐防变的思想道德防线。”[2]2010 年 1 月 12 日，胡锦涛同志在十七届中央纪委第五次全体会议上论述当前要重点抓好的几个方面的工作时指出：“加强对领导干部的教育监督，以党性党风党纪教育为重点，加强对党员干部特别是领导干部的理想信念教育和廉洁从政教育，大力弘扬党的优良作风，继续引导领导干部讲党性、重品行、作表率。"[3]胡锦涛总书记的这些重要论述，为我们在新的形势下深入开展反腐倡廉宣传教育工作、夯实预防和治理腐败的思想道德基础指明了方向，具有重要的指导意义。

在深入贯彻落实科学发展观、全面推进中国特色社会主义伟大事业新的历史时期，各级党委领导班子和领导干部要从政治和全局的高度充分认识反腐倡廉宣传教育工作的重要性，切实增强做好反腐倡廉宣传教育工作的责任感和紧迫感。要认真学习和切实贯彻党的十七大和十七届中央纪委历次全会精神，坚持高举旗帜，主动服务大局，注重改革创新，扎实推进工作，不断开创反腐倡廉宣传教育工作新局面，为深入推进反腐倡廉建设提供有力的思想保证。

二、重点加强对各级领导干部的反腐倡廉宣传教育

反腐倡廉教育的对象是全体党员，重点是党员领导干部。党员领导干部是党和国家事业的中坚，是我们党治国理政的骨干力量，其拒腐防变能力的强弱，抵御腐朽思想侵蚀能力的大小，影响甚至决定着党和国家事业的兴衰成败。各级党员领导干部能否廉洁自律、以身作则，在全党和全社会具有很强的示范和导向作用。同时还必须看到，领导干部是权力的执掌者和行使者，是各类请托人竞相拉拢、腐蚀的重点对象。从现实情况看，搞权力腐败其中包括搞"期权腐败"的，都是掌握着大大小小权力的各级领导干部。一个领导干部要经得起改革开放、发展社会主义市场经济和长期执政的考验，必须不断增强抵御腐朽思想侵蚀的能力，筑牢拒腐防变的思想道德防线。这就决定了加强反腐倡廉宣

传教育，从源头和基础上预防和治理"期权腐败"，领导干部是
重点。

近年来，党中央反复强调：要切实加强以领导干部为重点的
反腐倡廉宣传教育。2004 年 1 月在中央纪委第三次全体会议上
发表重要讲话时，胡锦涛同志首次明确提出："反腐倡廉教育，
要以各级领导干部为重点"[4]。2007 年 1 月 9 日在中央纪委第七
次全体会议上，胡锦涛同志在谈到反腐倡廉建设的重点时，指出
了当前要下大气力抓好的四个方面的工作，其中的一个重要方
面，就是要进一步抓好领导干部教育、监督和廉洁自律。2005
年 1 月 3 日印发的《建立健全教育、制度、监督并重的惩治和预
防腐败体系实施纲要》和 2008 年 6 月 22 日印发的《建立健全惩
治和预防腐败体系 2008—2012 年工作规划》中，中共中央再次
重申和强调了加强以领导干部为重点的反腐倡廉宣传教育的极端
重要性。加强反腐倡廉宣传教育，从源头和基础上有效预防"期
权腐败"，就必须按照胡锦涛同志的要求和党中央的部署，始终
坚持以各级领导干部为重点。

一是要深入开展理想信念教育。理想信念是一个人世界观、
人生观、价值观的根本反映，是政治方向的集中体现，是思想政
治素质和综合素质的核心内容。只有具备坚定的理想信念、坚强
的党性修养和良好的道德品质，才能正确对待和行使权力。坚定
的马克思主义理想信念是拒腐防变的牢固思想道德防线，是搞好
党风廉政建设和反腐败斗争的重要保证。从以往发生的一些典型
案件看，领导干部蜕化变质为腐败分子，大都是由于理想信念动
摇、精神支柱倒塌而走上了违法乱纪、腐化堕落的道路。2000
年 3 月 8 日，在江西省南昌郊外，十恶不赦的腐败分子、江西省
原副省长胡长清伏法毙命。这是我党自新中国成立以来因经济犯

罪问题被处以极刑的职务最高的领导干部。愤恨与畅快之余，人们也在沉重地思索：一个有着 30 年党龄的高级干部，何以堕落为一个政治上与党离心离德、经济上贪得无厌、生活上腐化堕落的腐败分子？！胡长清自己在《我的悔过书》中写道："回忆反省自己入党 30 年，用共产主义的理想去战胜非无产阶级思想的侵蚀太差，……正确的东西没有去占领，错误消极的东西就乘虚而入，产生了思想的大崩溃，犹如脱缰的野马，一放不可收拾，最终动摇理想，丧失信念。"胡长清的忏悔，却也道出了导致自身毁灭的真谛。胡长清案留给人们的惨痛教训固然是多方面的，但是其中最核心的一条，是他背弃了共产主义的理想信念，政治上蜕化变质导致经济和生活上腐败堕落。胡长清案从反面警示人们，理想信念是共产党员尤其是领导干部的精神支柱，也同样是他们拒腐防变，永葆先锋队性质和人民公仆本色的根本。近些年来，我国逃往北美和欧洲等地的腐败官员比较多，携带出逃款项也很惊人。这些腐败官员出逃的具体原因可能是多样的，但有一个共同的原因，就是理想信念方面出了问题，对中国特色社会主义缺乏信心，对共产党的执政地位也缺乏信心，提前为自己留后路，找退路。针对这种现象，我们一方面要加强制度建设，注意对"裸官"的管理，做到防范在先。另一方面就是要加强理想信念教育，从源头上抓起。这是治本之策。大量事实告诉我们，理想的滑坡是最致命的滑坡，信念的动摇是最危险的动摇。因此，大力开展反腐倡廉教育，必须突出理想信念教育，通过坚持不懈的宣传教育加以倡导，积极引导广大党员干部坚定马克思主义理想信念，确立社会主义核心价值体系的主导地位，筑牢拒腐防变的思想道德防线。越是改革开放，越是发展社会主义市场经济，越要加强对领导干部的理想信念教育。党的十七届四中全会通过的《关于加强和改进新形势下党的建设若干重大问题的决定》指出："把理想信念教育作为全党学习践行社会主义核心价值体系的重中之重"⁵。把理想信念教育作为重中之重这一要求，有着十分强烈的现实针对性。目前党内还存在不少不适应新形势新任务要求、不符合党的性质和宗旨的问题，其中最主要、危害最大的是理想信念方面的问题：一些党员、干部理想信念动摇，对马克思主义信仰不坚定，对中国特色社会主义缺乏信心，对西方资本主义意识形态和思想观念缺乏识别能力，有的甚至还随声附和。因此，必须坚决贯彻党的十七届四中全会决定精神，切实把理想信念教育作为全党学习践行社会主义核心价值体系的重中之重，大力推进中国特色社会主义理论体系的学习贯彻，教育和引导各级领导干部深刻领会科学发展观的科学内涵、精神实质和根本要求，坚定共产主义远大理想和中国特色社会主义共同理想。要教育和引导领导干部增强宗旨观念，切实做到立党为公、执政为民；坚持以人民利益为重，自觉地把实现个人追求与实现党的奋斗目标、人民利益紧密联系起来，不为私心所扰，不为名利所累，不为物欲所惑，努力实践共产党人高尚的人生价值。同时还要引导广大党员干部增强政治敏锐性和政治鉴别力，筑牢思想防线，做到"四个划清"，即自觉划清马克思主义同反马克思主义的界限，社会主义公有制为主体、多种所有制经济共同发展的基本经济制度同私有化和单一公有制的界限，中国特色社会主义民主同西方资本主义民主的界限，社会主义思想文化同封建主义、资本主义腐朽思想文化的界限。这"四个划清"分别关系到党的指导思想、中国特色社会主义的经济建设、政治建设和文化建设，是管方向、打基础的重大理论问题，不能含糊。

　　二是要加强廉洁从政的思想道德教育。秉公用权、廉洁从政，是党的光荣传统和优良作风，也是对党的各级领导干部的基本要求。只有大力弘扬秉公用权、廉洁从政的良好工作作风，才能真正地代表人民掌好权、用好权。廉洁从政就是要求从事政务工作的人员不损公肥私、不贪污腐化。党员领导干部廉洁从政是坚持以邓小平理论和"三个代表"重要思想为指导，深入贯彻落实科学发展观，全面贯彻党的路线方针政策的重要保障；是新时期从严治党，不断加强党的执政能力建设和先进性建设的重要内容；是推进改革开放和社会主义现代化建设的基本要求；是正确行使权力、履行职责的重要基础。为进一步促进党员领导干部廉洁从政，根据《中国共产党章程》，中共中央结合党员领导干部廉洁自律工作实际，制定了《中国共产党党员领导干部廉洁从政若干准则》（以下简称《准则》）。该《准则》主要从六个方面规范党员领导干部廉洁从政行为，即禁止利用职权和职务上的影响谋取不正当利益；禁止私人从事营利活动；禁止假公济私、化公为私；禁止借选拔任用干部之机谋取私利；禁止利用职权和职务上的影响为亲友及身边工作人员谋取利益；禁止讲排场、比阔气、挥霍公款、铺张浪费。这"六个禁止"，明确划出了领导干部从政的禁区。要不断增强党员领导干部廉政意识，促使他们严格执行廉洁从政的各项规定，切实做到廉洁从政，拒腐蚀、永不沾，永葆清廉本色，就应当从思想道德教育这个基础抓起，筑牢拒腐防变的思想道德防线。党的十七届四中全会通过的《中共中央关于加强和改进新形势下党的建设若干重大问题的决定》提出，要加强廉洁从政教育，改进教育方式，提高教育实效。要注重研究新形势下廉洁从政教育的特点和规律，深刻认识和准确把握加强廉政教育的精神实质、工作重点和目标要求，以改革创新精神积极开拓新思路、破解新课题，推动廉政从政教育工作深入开展。应扎实推进思想道德教育，把加强党性修养和从政道德修养，培养良好的从政道德品质，打牢廉洁从政的思想政治基础作为重点，教育引导领导干部常修为政之德、常思贪欲之害、常怀律己之心，正确对待手中的权力，自觉遵守廉洁从政各项规定，反对以权谋私、徇私枉法和权钱交易行为。坚持搞好示范教育，注意培养、树立和宣传时代典型，以坚定理想信念、加强党性修养方面的先进典型作示范，引导党员干部树立正确的世界观、人生观、价值观和正确的事业观、工作观、政绩观；以弘扬党的优良传统、勤恳工作、无私奉献的先进典型作示范，使党员干部模范学习践行社会主义核心价值观。要突出抓好警示教育，以案施教，以案明纪，通过"用身边的事，教育身边的人"，警示党员干部认识到教训就在身边、诱惑就在眼前、失足就在脚下，进一步提高廉洁自律、防微杜渐的自觉性。要切实强化岗位教育，引导党员干部明确岗位职责，认清权力风险，强化廉政意识，提高抵御风险能力。要把重点领域、关键环节和重要岗位作为重中之重，根据不同岗位的职责和可能发生的腐败风险，小处入手，因岗施教，探索建立岗位廉政风险防范机制。要着力搞好跟踪教育，坚持以人为本理念，在严肃惩治腐败的同时，更加关注犯错误的干部查处后的教育管理问题。要从实际出发，针对违纪人员的思想和心理，把握教育转化的内在规律，教育和引导违纪人员明法纪、辨是非，正视错误，调整心态，放下包袱，振作精神，化消极因素为积极因素。因此，要把加强党性修养和从政道德修养，培养良好的从政道德品质，打牢廉洁从政、拒绝腐败的思想政治基础作为重点，教育引导领导干部常修为政之德、常思贪欲之害、常怀律己之心，正确对待手中的权力，自觉遵守廉洁从政各项规定，反对以权谋私、徇私枉法和权钱交易行为。

三是要加强以党章为核心的党内法规和国家法律法规教育。党章是规范和制约全党行为的总章程，是我们立党、治党、管党的总章程，在党内具有最高的权威性和最大的约束力，是最根本的党规党法。其他党内法规，都是以党章为依据和基础制定出来的，是党章有关规定的具体化。加强以党章为核心的党内法规教育，是加强党风廉政建设，严明党内纪律，完善党内制度、强化对权力运行的制约监督，从源头上防止腐败的必然要求。2006年1月7日，胡锦涛总书记在中央纪委第六次全会上强调指出："总结我们党自身建设包括党风廉政建设和反腐败工作的实践经验，可以得出一个重要结论，就是要始终把学习党章、遵守党章、贯彻党章、维护党章作为全党的一项重大任务抓紧抓好。"[6] 要从源头上预防和遏制包括"期权腐败"在内的各种腐败现象的滋生、蔓延，就应当把学习贯彻、自觉遵守、切实维护以党章为核心的党内法规作为反腐倡廉教育的重要内容，切实增强各级领导干部严守党的纪律、不断强化自我约束、确保权力正确行使的自觉性。要重点加强党的法规制度思想理念教育，彻底肃清一些党员干部头脑中存在的封建主义思想残余的影响，在增强党内民主意识的同时，不断强化党员干部的法规制度意识，树立党的法规制度观念，使全党上下真正认识"为什么"要依靠制度治党这一重大问题。同时还应加强党的法规制度实体内容教育，重点加强具有党内"宪法"功能的《中国共产党章程》、具有党内"刑法"功能的《中国共产党党内监督条例（试行）》和《中国共产党纪律处分条例》，以及具有党内"民法"功能的《中国共产党党员权利保障条例》等重要党内法规制度的教育，使全党上下科学把握党内法规制度所规范的主要内容"是什么"这一核心问题。《中国共产党章程》明确规定："党必须在宪法和法律的范围内活动"，"共产党员必须模范遵守国家的法律法规"。要把学习党内法规与学习国家法律法规结合起来，按照依法治国、依法执政、依法行政的要求，切实加强国家法律法规教育。要充分认识组织领导干部学习法律知识、提高法律素质的重要性和紧迫性，把加强领导干部学法用法工作摆到重要议事日程，推动领导干部认真学习宪法和法律、行政法规等，自觉规范从政行为，不断提高依法办事的能力。

四是要加强党的作风教育。领导干部作风是干部世界观、人生观、价值观的外在反映，是干部党性修养、政治品质、道德境界的具体表现。良好的作风是抵御消极腐败现象和保持清正廉洁的重要保障，不好的作风往往是走向消极腐败的助推因素。从近年来查处的领导干部腐败案件看，不少人违纪违法都是从作风上出问题开始的。这就说明，领导干部一旦在作风上放松要求，就会降低甚至丧失拒腐防变的能力，就会解除反腐倡廉的思想武装，最终滑入腐败堕落的深渊。加强对领导干部的党风教育，坚持防微杜渐、警钟长鸣，是反腐倡廉的重要基础性工作。只有不断教育和引导各级领导干部自觉抵御各种腐朽落后思想观念的侵蚀，及早发现和解决作风方面存在的苗头性问题，才能有效防止和减少腐败现象的发生，切实把反腐倡廉工作引向深入。党的作风教育是党风廉政教育的一项重要内容。只有坚持不懈地抓好党的作风教育，不断教育和引导各级领导干部按照科学发展观的要求切实转变作风，真正做到为民、务实、清廉，自觉发扬党的光荣传统和优良作风，才能自觉抵御各种腐朽落后思想观念的侵蚀，永葆先进性。领导干部作风问题，说到底是党性问题。抓住了党性修养问题，就抓住了领导干部作风建设的根本和关键。党性纯洁则作风端正，党性不纯则作风不正。各级党委要把加强领导干部党性修养、树立和弘扬优良作风作为重大政治任务抓紧抓好，把加强领导干部党性修养作为重要内容纳入深入学习实践科学发展观活动。各级党组织要把加强领导干部党性修养和作风养成落实到党要管党、从严治党的工作和措施上。要深入开展党风党纪专题教育，引导各级领导干部严守党的纪律，自觉讲党性、重品行、作表率，着力解决领导干部作风方面存在的突出问题。要通过宣传和教育，努力使各级领导干部成为政治坚定、作风优良、纪律严明、勤政为民、恪尽职守、清正廉洁的领导干部。要在各级领导干部中大力倡导勤奋好学、学以致用，心系群众、服务人民，真抓实干、务求实效，艰苦奋斗、勤俭节约，顾全大局、令行禁止，发扬民主、团结共事，秉公用权、廉洁从政，生活正派、情趣健康八个方面的良好风气。这八个方面的良好风气，涵盖了领导干部的思想作风、学风、工作作风、领导作风和生活作风等各个方面的内容，集中概括和总结了党的作风建设的历史经验，体现了作风建设工作的客观规律，既是领导干部个人行为的基本准则，也是衡量领导干部作风状况的重要标志。抓住这八个方面，就抓住了当前和今后一个时期领导干部作风建设的重点。各级领导干部要自觉加强思想道德修养，模范遵守社会公德、职业道德、家庭美德，讲操守，重品行，注意防微杜渐，坚决抵御腐朽没落思想观念和生活方式的侵蚀；要注重培养健康的生活情趣，保持高尚的精神追求，明辨是非，克己慎行，正确选择个人爱好，提高文化素养，摆脱低级趣味，绝不能沉溺于灯红酒绿、流连于声色犬马；要慎重对待朋友交往，坚持择善而交，多同普通群众交朋友，多同基层干部交朋友，多同先进模范交朋友，多同专家学者交朋友，注意净化自己的社交圈，对那些怀着个人目的来拉拉扯扯的人要保持高度警觉，更不能为了贪图享乐而去"傍大款"。加强领导干部作风教育，必须创新教育机制与方式方法，建立健全干部教育的长效机制。要在全社会形成共识，努力形成以组织教育为主导，组织、社会、家庭教育三位一体的教育机制。组织教育应重点加强对领导干部的关于科学发展观的教育、宗旨教育和党风廉政教育等；社会教育应充分发挥和利用社会资源，建立健全配套措施与政策，形成全社会共同关心干部成长的良好氛围；良好的家庭教育与氛围有助于干部正确选择个人爱好，保持高尚的精神追求，形成健康向上的生活情趣与习惯。各级党组织应当按照隶属关系，把干部作风教育落实到每个领导干部身上，健全责任机制。将干部作风教育纳入干部实绩考核体系，加强对干部作风教育工作的研究、指导和检查，提高广大干部进行自我教育、自我改进、自我提高的主动性、自觉性。

三、大力推进廉政文化建设

廉政文化是以廉政为思想内涵，以文化为表现形式的一种文化。它以先进的廉政理论为统领，以先进的廉政思想为核心，以先进的廉政制度为基础，以先进的廉政文学艺术为载体，是中国先进文化的重要组成部分。作为一种潜在的约束力，廉政文化能够对人们的行为产生某种潜移默化的影响。它通过思想道德教化将权力运行的规则和道德要求内化为良知与自律的理性自觉，并以此来约束和控制自己的思想和行为，减少滥用权力的几率。

廉政文化建设是反腐倡廉的基础性工作，是拒腐防变的第一道防线，是从源头上预防腐败的重要举措，是惩治和预防腐败体系的重要内容。廉政文化建设搞好了，能够使反腐倡廉教育更加具有活力，使制度建设更加有效，使对领导干部的监督更加有力，不断推进惩治和预防腐败体系建设。正是因为如此，在《建立健全教育、制度、监督并重的惩治和预防腐败体系实施纲要》中，中共中央明确提出了"大力加强廉政文化建设，积极推动廉政文化进社区、家庭、学校、企业和农村"[7]的要求。

当今时代随着经济快速发展，各种腐朽思想和文化观念时刻影响和侵蚀着干部队伍，如果不加强廉政文化建设、抵御腐朽思想，不坚决惩治腐败，就会破坏党的形象，破坏党群、干群关系，引发社会矛盾。如果反腐败斗争不向纵深发展，就不能遏制腐败现象蔓延的势头。廉政文化建设正是反腐败向纵深发展的内在要求和具体表现，通过加强廉政文化建设，抓好领导干部教育、监督和廉洁自律，教育和引导领导干部真正做到立党为公、执政为民，使领导干部努力做到守得住清苦、耐得住寂寞、抗得住诱惑、管得住小节，自觉拒腐防变。

加强廉政文化建设，是解决党风廉政建设和反腐败斗争薄弱环节的重要途径。现在党风廉政建设和反腐败斗争存在的一个突出的薄弱环节，是教育工作不扎实。之所以出现这个问题，从深层次分析，廉政文化建设薄弱是一个重要原因。加强廉政文化建设，有助于更好地丰富和深化反腐倡廉教育的内涵，不断拓宽教育领域，提高教育效果。要把加强廉政文化建设当做一项长期而紧迫的任务，采取切实有效的措施，推动廉政文化建设不断向纵深发展。

一是要把提高党员干部的政治理论素养作为抓好廉政文化建设的根本。只有理论上清醒，才能保持政治上的坚定。党员干部廉洁从政的根基，在于政治上和理论上的成熟。只有用科学的理论武装广大党员干部的头脑，才能坚定理想信念、打牢思想基础、筑牢思想防线。加强廉政文化建设，提高党员干部的思想政治素质，最根本的就是要坚持以科学的理论来武装人，使党员干部树立正确的世界观、人生观、价值观、利益观，从根本上增强政治免疫力，自觉抵御拜金主义、享乐主义、极端个人主义的侵袭，经得住改革开放、市场经济和长期执政的考验。要按照建设学习型政党的要求，紧密结合改革开放和现代化建设的生动实践，深入学习马克思列宁主义、毛泽东思想、邓小平理论和"三个代表"重要思想，在全党开展深入学习实践科学发展观活动，坚持用发展着的马克思主义指导客观世界和主观世界的改造，进一步把握共产党执政规律、社会主义建设规律、人类社会发展规律，提高运用科学理论分析和解决实际问题能力。

二是要把坚定理想信念、增强宗旨观念作为抓好廉政文化的核心内容。共产主义理想是共产党人的政治灵魂和精神支柱。坚持全心全意为人民服务，是共产党人先进性的集中体现。事实证明，我们的党员干部队伍总体上是好的，绝大多数党员干部在新的形势下保持了自身的先进性。但是毋庸讳言，现在有些党员干部，有的还是老干部，对共产主义理想和中国特色社会主义信念并不坚定，甚至不相信；有的对全心全意为人民服务、个人利益服从党和人民的利益、吃苦在前享受在后等共产主义的世界观、人生观、价值观，树立得不牢固，甚至怀疑；有的人信奉的是西方资产阶级"民主、自由"那一套；有的信奉儒家思想，以它代替马克思主义；有的只知道金钱，只知道享乐，奉行拜金主义、享乐主义；更有些人迷信天命，烧香拜佛、算卦、看风水；如此等等。这种种表现，说到底，都是反映了对党的理想信念的动摇和背弃。对于一个党员来说，理想信念的动摇，是最危险的动摇。党内有些干部，包括一些高级干部，滥用党和人民给他的权力，少数人最后走上犯罪的道路。以权谋私、权钱交易、买官卖官等种种腐败现象，从个人的主观原因来说，根子就在于利欲熏心、不能正确对待权力，什么理想信念、党的根本宗旨、人民的利益等等，早都抛到九霄云外了。党员干部修身立德，在党长期执政的条件下，最重要的是要树立良好的从政道德，其本质要求就是要确立崇高理想，增强宗旨观念，并为之而不懈奋斗，把内在的道德要求付之于长期的从政实践，真正做到廉政、勤政、优政。只有这样，才能有效地防止和克服以权谋私的错误思想和行为，真正做到立党为公，用权为民。

　　三是要把提高党员干部的精神境界和自律意识作为抓好廉政文化建设的重点内容。在庆祝中国共产党成立 90 周年大会上发表的重要讲话中，胡锦涛总书记告诫全党同志："在世情、国情、党情发生深刻变化的新形势下，精神懈怠的危险，能力不足的危险，脱离群众的危险，消极腐败的危险，更加尖锐地摆在全党面前。"[8]"四大危险"，首当其冲的危险就是"精神懈怠的危险"。"精神懈怠"是指一种由于理想信念动摇引发的世界观、人生观和价值观扭曲，进而出现信仰缺失、理想淡化、不思进取、道德滑坡、意志消沉、迷茫沉沦乃至腐化堕落的思想状态。精神上的懈怠是人之百般懈怠中最根本、最可怕的一种懈怠。精神懈怠的实质，就是放弃崇高理想信念，不再坚持党的奋斗目标和根本宗旨，对党和人民的事业表现冷漠。现实生活中"精神懈怠"主要表现在：理想信念动摇、群众意识淡薄、学习意识淡化、组织观念淡漠、工作作风不实、大局意识下降、节俭观念匮乏、自律意识不足等。尽管"精神懈怠"在党内还只是极少数，但其危害不容小觑。从根本上说，"精神懈怠"是"消极腐败"的根源。当前加强廉政建设的一个突出任务，就是要解决相当一部分党员干部精神境界不高、自律意识不强的问题。这一问题不解决，就会使一些党员干部内心空虚，去追逐一些庸俗卑污的东西，以致自我放纵，道德沦丧，成为人民的罪人。如果是这样，所谓构筑拒腐防变的思想道德防线，就根本无从谈起。要通过廉政文化建设，使广大党员干部始终保持昂扬向上的精神状态和崇高的价值目标追求，始终保持共产党人的浩然正气，筑牢拒腐防变的思想道德防线。

四、着力构建拒腐防变教育长效机制

反腐倡廉宣传教育是一项长期任务，不能毕其功于一役，必须做好持久努力的准备。这就要求我们把反腐倡廉宣传教育同推动当前工作结合起来，积极寻找新的历史条件下做好党员干部经常性教育管理工作的方法和途径，努力探索使广大党员干部长期受教育、自觉拒腐防变的长效机制。2007年10月在党的十七大报告中，胡锦涛总书记明确提出了"形成拒腐防变教育长效机制"[9]的要求，2008年1月在中央纪委第十七届二次全会上，胡锦涛总书记再次强调要"努力形成拒腐防变教育长效机制"[10]。

反腐倡廉建设同党的思想建设、组织建设、作风建设和制度建设相互联系、相互促进。加强反腐倡廉建设，必须同党的思想建设、组织建设、作风建设和制度建设紧密结合、一同推进。对于反腐倡廉建设来说，制度建设更带有根本性、长期性和稳定性，发挥着重要的规范与保证作用。只有把经常性教育与适当的集中教育有机结合起来，把集中教育活动中形成的好做法、好经验及时转化为经常之举和制度规范，在实际工作中长期坚持并不断丰富完善，才能把反腐倡廉宣传教育工作提高到一个新的水平。

当前，腐败现象在一些地方和部门仍呈易发多发态势，"期权腐败"问题日渐突出，其原因是多方面的，除了制度不完善、管理有漏洞等因素外，教育不扎实是其中的一个很重要原因。因此，着力形成拒腐防变教育长效机制，就是要以解决这些突出问题为重点，对一段时期的工作进行整体规划设计，推动工作走向规范化、制度化、经常化的轨道，使反腐倡廉宣传教育工作的针对性更强、办法更实、效果更好、影响力更大。

构建拒腐防变教育长效机制，应着重从以下几个方面入手：

首先，建立健全拒腐防变教育领导机制，确保拒腐防变教育工作坚强有力。一是建立反腐倡廉宣传教育工作联席会议、协调会议和工作例会制度，着力构建反腐倡廉"大宣教"工作格局。作为党中央在反腐倡廉方面作出的一项重要决策，构建反腐倡廉"大宣教"工作格局，是党风廉政建设和反腐败斗争深入发展的必然要求，是建立健全与社会主义市场经济体制相适应的教育、制度、监督并重的惩治和预防腐败体系的重要内容。面对新的形势和任务，我们应当牢牢把握反腐倡廉"大宣教"工作格局的精神实质、深刻内涵和基本要求，坚定不移地把这项工作不断引向深入。要努力形成党委统一领导，纪委组织协调，相关部门密切配合、各展所长，广大干部群众通过多种形式积极参与的工作机制。在这个工作机制中，党委统一领导是关键，党政齐抓共管是优势，纪委组织协调是重点，相关部门密切配合、各展所长是保证，广大干部群众积极参与是基础。要建立健全责任机制，各级党委（党组）是拒腐防变教育长效机制建设的责任主体，党委（党组）书记要对这项工作负总责；各级纪检监察机关要负起组织协调职责，协助党委抓好教育任务的分解落实和协调指导；各级组织部门要把拒腐防变教育列入干部教育培训规划，同领导干部的培养、选拔、管理、使用等结合起来；各级宣传部门要把拒腐防变教育纳入宣传思想工作的整体部署，利用各种宣传教育途径抓好落实；各级党校、行政学院要把拒腐防变教育纳入教学计划，列为党员干部、公务员学习培训的必修课程；各部门各单位要结合具体工作实际，抓好岗位教育。二是把拒腐防变教育工作纳入党委宣传思想工作的总体部署，纳入党委（党组）中心组理论学习的重要内容，纳入党风廉政建设责任制考核范围，纳入对领导干部的培养、选拔、管理、奖惩等各个环节之中。三是要结合工作实际，制定年度教育计划和中长期教育规划，并对目标任务进行层层分解，逐项抓好落实，实现拒腐防变教育的常态化。

其次，建立健全拒腐防变教育保障机制，确保拒腐防变教育持续健康开展。要把拒腐防变教育的各项任务落到实处，必须要有具有可操作性的制度规范作为保证。一是要努力实现教育内容的制度化。把反腐倡廉理论作为各级党委（党组）理论中心组学习的重要内容，定期安排专题学习；把反腐倡廉教育纳入干部培训计划，纳入公务员应知应会知识学习测试的范围，形成全方位、多层次的教育规范。对新任职的领导干部进行廉政培训，党政主要负责人定期讲授廉政党课。二是要努力实现教育形式的规范化。从廉政培训的机构设定、培训方式、参训人员确定、培训效果评定等方面完善制度，进行规范；进一步健全和完善以讲促学、以考督学制度；根据廉政谈话的具体形式制定统一的程序，规范谈话行为；根据《中国共产党党内监督条例》的规定明确各级各类干部述职述廉的范围、时间、内容，对能够量化的指标，尽量量化。三是教育考核同步化。把拒腐防变教育的工作任务和目标进行量化、细化，将其作为党风廉政建设责任制的重要内容与其他工作一同部署、一同检查、一同考核，使之由软任务变成硬指标，并逐步形成制度。

第三，要建立健全拒腐防变教育依托机制，着力优化宣教平台。一是以教育基地为依托。要有效整合拒腐防变教育资源，依托反腐倡廉理论、反腐倡廉示范、反腐倡廉警示、优良传统等各类教育基地，充分发挥它们的功能和作用，警示和激励各级领导干部以清正廉洁的先进典型为榜样，汲取反面典型的沉痛教训，既做科学发展的促进者、践行者，又做清正廉洁的带头人。二是以各级党校、中心学习组等阵地为依托，采取定期举办培训班、上廉政党课等形式，组织领导干部学习党的创新理论和路线方针政策以及反腐倡廉方面的知识，进一步提高其理论水平和政治素质，增强他们拒腐防变的能力。三是以各类主流媒体为依托，在党报党刊和电台、电视台等媒体上开设廉政专栏或专题节目，不断加大拒腐防变教育力度；建立健全新闻发布制度，适时通报反腐倡廉工作情况，加强对热点问题的引导；加强反腐倡廉的网络宣传教育，建立廉政网站，开设反腐倡廉网页，正确引导网上舆论。

第四，要建立健全拒腐防变教育活动机制。要紧密结合当前反腐倡廉新形势、新要求，增强创新意识，深入开展拒腐防变教育活动。要通过廉政文化进机关、进社区、进家庭、进学校、进企业和进农村，逐步建立健全廉政文化建设活动机制，以此来增强全社会的反腐倡廉意识，为领导干部拒腐防变营造良好的社会氛围。要结合机关作风建设，深入开展依法行政、勤政廉政善政教育；结合企业文化建设，深入开展诚实守信、廉洁从业教育；结合新农村建设，开展崇尚科学、勤劳致富教育；结合家庭美德和社会公德教育，开展倡导清廉家风和文明风尚活动；结合中小学校德育教育和校园文化建设，加强未成年人思想道德建设工作。要认真总结拒腐防变教育活动的新鲜经验，深入探索新形势下拒腐防变教育活动的特点和规律，准确把握不同教育对象的思想状况和价值取向，注重人文关怀和心理疏导，不断增强教育活动的吸引力和感染力，提高教育活动的实际效果。

注　　释

1　胡锦涛：转引自刘峰岩的《积极构建反腐倡廉"大宣教"工作格局》，《人民日报》，2005 年 3 月 23 日。

2　胡锦涛：《全面加强新形势下的领导干部作风建设，把党风廉政建设和反腐败斗争引向深入》，《人民日报》，2007 年 1 月 10 日。

3　胡锦涛：《在第十七届中央纪委第五次全体会议上的讲话》，http：//www. xinhua-net. com，2010 年 1 月 12 日。

4　胡锦涛：《大力弘扬求真务实精神大兴求真务实之风，继续深入开展党风廉政建设和反腐败斗争》，《人民日报》，2004 年 1 月 13 日。

5　中共中央：《关于加强和改进新形势下党的建设若干重大问题的决定》，http：//www. xinhuanet. com，2009 年 9 月 27 日。

6　胡锦涛：《学习党章遵守党章贯彻党章维护党章 深入开展党风廉政建设和反腐败工作》，《人民日报》，2006 年 1 月 7 日。

7　中共中央：《建立健全教育、制度、监督并重的惩治和预防腐败体系实施纲要》，http：//www. people. com. cn，2005 年 1 月 16 日。

8　胡锦涛：《在庆祝中国共产党成立 90 周年大会上的讲话》，《人民日报》，2011 年 7 月 2 日。

9　胡锦涛：《高举中国特色社会主义伟大旗帜 为夺取全面建设小康社会新胜利而奋斗——在中国共产党第十七次全国代表大会上的报告》，《中国共产党第十七次全国代表大会文件汇编》，人民出版社，2007 年版，第 53 页。

10　胡锦涛：《在中国共产党第十七届中央纪律检查委员会第二次全体会议上的讲话》，http：//cpc. people. com. cn，2008 年 1 月 16 日。

第 六 章

加强对权力的制约和监督，牢牢把握预防和治理"期权腐败"的关键

制约和监督权力运行，是保证经济发展和社会稳定的一种重要机制。权力运行一旦缺失制约和监督，势必会趋于绝对化，而绝对化的权力必然导致腐败。"期权腐败"的本质是权力的失控、失范和滥用。预防和治理"期权腐败"，重在加强对权力运行的制约和监督。加强对权力运行的制约和监督，是从源头上预防和治理"期权腐败"的重要途径和有效措施。把权力运行置于严密的制约和监督之下，权钱交易就失去了条件，无论是"即时交易"还是"期权交易"都难以进行。

一、预防和治理"期权腐败"，重在加强对权力运行的制约和监督

中共中央在《建立健全教育、制度、监督并重的惩治和预防腐败体系实施纲要》中强调指出："加强对权力的制约和监督是惩治和预防腐败的关键。"[1]这是一个十分重要而深刻的论断。

加强对权力运行的制约和监督，保证各级干部把人民赋予的权力用来为人民服务，始终是我们党长期执政所面临的一个重大

课题。在执政条件下，各级领导机关和领导干部都掌握着大小不等的一定权力，这种权力从本质上讲是人民赋予的，应当用来为人民谋利益。但是，权力是一柄双刃剑，既可以用来为人民谋福祉，也可以用来为个人或小团伙谋私利。如果没有有效的监督和制约，就会走向反面，损害党和人民的利益。

腐败现象和腐败问题都是权力的派生物，强化制约和监督的核心问题就是强化对权力的制约和监督。大量事实证明，如果没有监督和制约，权力就会绝对化，而绝对化的权力必然走向腐败。权力具有天然的扩张性和腐蚀性。法国著名启蒙思想家孟德斯鸠对此曾经有过一段十分精辟的论述："一切有权力的人都容易滥用权力，这是千古不易的一条经验。有权力的人们使用权力一直到遇有界限的地方才休止。"[2]现代法理学家博登海默也得出了相似的结论："一个被授予权力的人，总是面临着滥用权力的诱惑，面临着逾越正义和道德界限的诱惑。"[3]因此，必须加强对权力运行的制约和监督。一旦脱离了有效的制约和监督，权力行为主体就可能会背离权力授予者的利益而把权力用来为自己谋取私利。实践表明，加强对权力运行的制约和监督，是有效预防腐败的关键环节。对权力运行制约、监督不力，是导致包括"期权腐败"在内的各种腐败现象滋生蔓延的重要原因之一。有效防治腐败，必须切实加强对权力运行的制约和监督。

党的十六大以来，以胡锦涛同志为总书记的党中央十分重视、特别强调对权力运行的制约和监督，并采取一系列措施进一步加大监权和制权的力度。

2004年9月，党的十六届四中全会向全党提出了"加强对权力运行的制约和监督，保证把人民赋予的权力用来为人民谋利益"[4]的明确要求，强调要"拓宽和健全监督渠道，把权力运行置于有效的制约和监督之下，"并推出了诸如建立和完善巡视制度，加强和改进对领导班子特别是主要领导干部的监督；建立健全领导干部个人重大事项报告制度、述职述廉制度、民主评议制度、谈话诫勉制度和经济责任审计制度，依法实行质询制、问责制、罢免制；加强对各级纪律检查机关的领导，改革和完善党的纪律检查体制，全面实行对派驻机构的统一管理等一系列重要举措。

在中央纪委十六届六次全会上，胡锦涛同志强调指出："要进一步强化制约监督，不断完善党内监督制度，发挥各方面监督的积极作用，着力加强对领导干部行使权力的全方位、全过程监督，加强对腐败多发易发部位和领域的监督，确保权力正确行使。"[5]在党的十七大报告中，胡锦涛总书记进一步提出了"完善制约和监督机制"的要求，强调要"确保权力正确行使，必须让权力在阳光下运行"[6]，强力推出了诸如坚持用制度管权、管事、管人，建立健全决策权、执行权、监督权既相互制约又相互协调的权力结构和运行机制；健全组织法制和程序规则，保证国家机关按照法定权限和程序行使权力、履行职责；完善各类公开办事制度，提高政府工作透明度和公信力；重点加强对领导干部特别是主要领导干部、人财物管理使用、关键岗位的监督，健全质询、问责、经济责任审计、引咎辞职、罢免等制度。落实党内监督条例，加强民主监督，发挥好舆论监督作用，增强监督合力和实效等一系列重要举措。

经过这些年的不懈努力，制约和监督权力运行的机制已经初步建立起来，并在预防和治理腐败中发挥了较好的作用，初步遏制了一些腐败现象的高发势头。在充分肯定成绩的同时还必须清醒地看到，目前消极腐败现象仍然比较严重，反腐倡廉形势仍然严峻，在一些地方和部门，损害群众利益的问题仍然比较突出，严重腐败案件时有发生，特别是发生在一些领导干部尤其是高级领导干部身上的严重违法犯罪案件，严重损害了党和政府的形象。

对权力运行监督、制约不力，是一些腐败现象高发频发的重要原因之一。从近年查处的一些大案要案看，无不同权力制约、监督缺位或流于形式紧密联系，都是权力制约、监督缺位或流于形式的结果。2000 年 1 月，江泽民同志在中央纪委第四次全会上曾经指出：“这几年查处的领导干部违法违纪案件，大多是群众举报或查办其他案件牵带出来而获得线索的，这在很大程度上反映出对领导干部的监督软弱无力。这里面的突出问题，就是还没有完全形成有效的监督管理制度和机制，越是高级干部越缺少有力的监督和管理。”[7]尽管我们在强化制约、监督方面做了很大努力，但是江泽民同志十多年以前所说的这个情况，并未得到根本改观。据媒体报道，从 2006 年到 2007 年 6 月，在江苏省检察机关查处的职务犯罪案件中，“来自群众和单位举报以及牵带出的案中案占案件总数百分之八十以上”[8]。八成线索来自群众举报，一方面表明人民群众中蕴藏着巨大的反腐斗争能量，另一方面也表明我们对权力运行制约、监督的软弱无力。

“期权腐败”作为权力寻租的新变种，同样是权力运行缺失制约、监督的结果与产物。制约和监督的软弱无力，是“期权腐败”赖以滋生蔓延的温床和土壤。因此，要有效预防和治理“期权腐败”，重在加强对权力运行的制约和监督。把权力运行置于严密的制约、监督之下，权钱交易就失去了条件，无论是“即时交易”还是“期权交易”均难以进行。

二、预防和治理"期权腐败",核心在强化对权力运行的制约

俗话说:"无利不起早"。所有的"期权腐败"职务犯罪活动都是冲着钱财而来的。但是,要想谋得这种不义之财,又必须依仗和借助于权力的"魔力"。权力是一种强制性的社会力量。在一定的制度和体制下,权力具有配置资源的功能。一旦权力失控和被滥用,就能够强力改变资源配置的方向和量比,挤占本应由市场机制发挥作用的空间,进而为请托人谋得私利。权力是"期权腐败"犯罪活动的轴心。整个"期权腐败"职务犯罪活动,都是围绕着权力这个轴心来进行的。因此,预防和治理"期权腐败",必须切实加强对权力的制约和监督。抓住了对权力的制约和监督,就抓住了预防和治理"期权腐败"的根本和关键。

中共中央党校博士生导师刘春教授认为,制约指的是对权力的节制、控制和约束,而监督主要是对特定主体的监视和督促。因此,"权力制约比权力监督更有力度。"[9]笔者十分赞同他的这个观点。

从理论上说,权力制约与权力监督是两个不同的概念,二者既有联系又有区别。权力制约与权力监督的相通之处,就在于它们同属于权力控制的机制,都是为了规制权力的运行而设置的。二者的区别之处主要在于:权力制约以分权为前提,而权力监督则以授权为前提;权力制约是一种内在的约束,而权力监督则是一种外在的约束;权力制约适用于对上或平行的权力主体关系,而权力监督则适用于上对下的权力主体关系;权力制约是一种双

向乃至多向的相互制衡关系，权力监督则是一种单向的权力约束制度安排和行为过程。应当说，权力制约与权力监督的这些区别和不同，决定了权力制约比权力监督更有力、更有效。正是基于这种认识，笔者以为，预防和治理"期权腐败"，核心在加强对权力的制约。

如何确保权力健康运行，减少腐败行为的发生？笔者以为，根本在于探寻和建立一套适合中国国情的分权制衡机制。

在西方政治思想史上，分权思想由来已久。但是，作为近代宪政的重要思想之一，分权思想是由17世纪英国政治思想家约翰·洛克最早提出来的。他指出，国家本来应是保护公民权利的，但是在君主专制政体下，对公民权利造成伤害的却往往是国家。他认为，出现这种现象的原因就是这种政体下政府权力过分集中，缺乏对权力的制约。要防范政府超出人们对它的授权，保护人们的权利，就应当对政府进行分权。

在洛克分权理论的基础上，18世纪法国著名启蒙思想家查理·路易·孟德斯鸠第一次较为系统地阐述了立法、行政、司法三权分立和三权互相制衡的宪政原则。他认为，对公民自由和安全权利最严重的破坏来自权力的滥用。"要防止滥用权力，就必须以权力约束权力。"[10]他的结论是，防止滥用权力的根本办法是分权，以权力制约权力，实现各权力的制约和平衡。这一宪政原则，为现代资本主义国家所普遍采用。这一原则在资本主义各国的具体实践模式虽然不尽相同，但体现的基本精神是一致的，即立法、行政和司法三个职能部门分别拥有其特定的权力，并在相互牵制中达到彼此的平衡。

分权制衡的宪政原则，是作为集权独裁的对立物出现的，是西方资产阶级反对封建专制的产物。这一原则在西方资本主义各国的确立，是一种巨大的历史进步。在这一宪政原则中，分权要求在各权力系统之间均衡地分配权力，目的是要解决权力过分集中问题，避免专权和腐败现象。而要达到这一目的，就必须在分权的基础上建立一种制衡机制，使各权力系统既互相独立、分离，又互相对应和制衡，保持一种权力之间彼此相互牵制的均衡态势。在这相互牵制的均衡态势中，每一个权力行使者都具有权力的行使者和权力的制约者的双重身份。权力的行使者不仅受到其他权力的约束，而且也同时约束着其他权力。这种权力制衡机制，是避免专权和权力腐败的重要保障。

目前我国社会之所以仍然存在一些专权现象，"期权腐败"等腐败现象仍然在滋生、蔓延，根本就在于我国社会缺失一套有效的分权制衡机制。从政治层面看，权力过分集中是我国现存权力配置体制中存在的严重弊端。这是导致各种权力腐败现象的一个最深刻原因。权力过分集中，势必形成绝对的权力，造成权力无法制约的局面。要从根本上遏制和消除专权和腐败现象，必须大胆地吸收和借鉴人类政治文明发展的有益成果，作出相应的制度安排，建立适合中国国情的分权制衡机制。

必须明确，我们学习和借鉴人类政治文明发展的有益成果，建立适合中国国情的分权制衡机制，绝不是要照搬西方国家"三权鼎立"那一套。邓小平同志曾经指出："我们必须进行政治体制改革，而这种改革又不能搬用西方那一套所谓的民主，不能搬用他们的三权鼎立"[11]。中国近现代政治发展的历史和实践证明：中国的民主政治建设，必须从中国的基本国情出发，盲目照搬别国政治制度和政党制度模式，是不可能成功的；实行专制独裁统治，违背历史发展规律和人民意志，也必然要归于失败。

"三权鼎立"是西方国家政治制度的基本模式，这种模式是我们绝对不能盲目照搬的。但是又要看到，作为一种政治权力的配置方式和运行机制，分权制衡所包含的通过合理分权实现权力之间的互相制衡、防止权力被滥用的思想和原则，反映了人类政治文明发展的一般规律，属于人类政治文明的有益成果，是我们应当学习和借鉴的。它既符合唯物辩证法关于事物互相依存和互相制约的基本原理，又符合法治精神，具有一定的科学性和合理性。无论是国家政治体制还是党的内部机构，在政治权力配置上都应当进行合理分权，实现权力的彼此制衡。因此，不能把分权制衡简单地等同于"三权鼎立"，不能因为摈弃"三权鼎立"的政治模式而拒绝分权制衡的科学原则。

需要强调指出的是，我们学习和借鉴分权制衡的理念及其精神，并非是要在我国搞"三权鼎立"那一套，而是要建立结构合理、配置科学、程序严密、制约有效的权力运行机制，建立健全决策权、执行权、监督权既相互制约又相互协调的权力结构和运行机制，确保公共权力不被权力行使者用来寻租牟利。

要确保公共权力不被权力行使者用来寻租牟利，就需要在制度设计上引入分权制衡理念，构建以权制权机制。实践经验证明，分权制衡、以权制权，比任何思想政治工作都更为有效。因为只有当"绝对权力"被变成"相对权力"、并受到其他权力的制衡的时候，法律和权利的至上地位才能凸显出来。否则，在缺失制衡的"绝对权力"面前，即便是号称至高无上的法律也是苍白无力的。

以权力制约权力，有效预防和治理"期权腐败"等腐败现象，关键是要建立结构合理、配置科学、程序严密、制约有效的权力运行机制，从决策和执行环节上加强对权力的监督，核心是构建分权与制衡的权力结构。权力分解与制衡，是控制权力运作的制度安排。任何权力都需要制衡，失缺制衡的权力是无法想象的。权力制衡的前提是合理分权。权力过分集中，必然导致制衡失灵。这里所说的分权，是执政党统一领导下的各权力行为主体之间的分权，而不是任何其他意义上的分权。要遵循权力运行规律，对权力进行合理分解，实现权力资源的合理配置，建立起科学的权力结构。要针对权力运行过程中存在着的权力过分集中、个人或少数人说了算，以及暗箱操作、信息不对称等突出问题，实现决策权、执行权和监督权的适当分离、相对独立。

分权不是目的本身。分权只是为达成以权力制约权力这一目的创造必要的前提。而要达成这样一种目的，还必须在此基础上将各种权力加以整合，在不同的权力行为主体之间形成合理的权力结构和相互制约的制衡格局，以保证权力的依法运行，避免权力的滥用和变异。要从权力的科学配置和有效制衡上整合和创新权力结构体系，着力构建纵横交错的权力制衡网络，形成权力之间的互控机制，使权力行为主体既各司其职、各负其责，又相互牵制。

党的十六大以来，我们在建立适合中国国情的分权制衡机制方面进行了一些探索，取得了一些经验。主要是：积极探索权力制约的特点和规律，建立健全决策权、执行权、监督权既相互制约又相互协调的权力结构，努力形成结构合理、配置科学、程序严密、制约有效的权力运行机制，最大限度地减少权力寻租的机会；通过完善党的代表大会制度和党的委员会制度，选择一些县（市区）试行党代表大会常任制，积极探索党的代表大会闭会期间发挥代表作用的途径和形式，进一步发挥党的委员会全体会议的作用，减少地方党委副书记职数等，以更有效地发挥党代会和全委会对重大问题的决策作用；通过制定并颁布党内监督条例，建立健全巡视制度，对纪检监察派驻机构实行统一管理，制定并执行个人有关事项报告、述职述廉、诫勉谈话和函询等制度，进一步强化了党的纪律检查委员会的监督权。行政机关把科学民主决策、坚持依法行政、加强行政监督作为政府工作的三项基本准则，并以此来部署和开展行政工作。这些探索和实践取得了显著效果，初步显示出分权制衡机制在治理权力过分集中和遏制权力腐败方面的巨大威力和重要作用。

上述探索还是初步的，尚有待进一步深化。进一步健全和完善适合中国国情的分权制衡机制，按照党的十七大报告提出的要求，当前应着力抓好以下几个方面：

一是进一步加强对党内权力运行的制约。完善党的代表大会制度，实行党的代表大会代表任期制，选择一些县（市、区）试行党代表大会常任制。党的十六大以来，逐步扩大在市、县进行党的代表大会常任制的试点，各地积极探索党的代表大会闭会期间发挥代表作用的途径和形式。从试点的情况看，试行党的代表大会常任制的基本内容和做法主要有两个方面：其一是实行党的代表大会代表任期制，其二是实行党的代表大会年会制。实行党代会代表任期制，主要规定党代会代表的任期、明确党代会代表的职责、完善选举制度、建立发挥党代会代表作用的制度、加强对党代会代表的教育管理等。试点地方普遍建立了联系制度，有的地方在党委组织部设立代表联络处，主要负责代表的联络、组织和管理，有的地方还建立了党委委员联系代表、代表联系党员、党员联系群众的制度等。各试点单位的积极探索，为发挥党代会代表的作用积累了有益的经验。实践证明，实行党代会代表任期制，是在党代会闭会期间发挥代表作用的重要途径，有利于调动代表参与党内事务的积极性和主动性；有利于扩大党内民主，提高党委决策的民主化、科学化水平，促进决策的贯彻落实；有利于建立并实行有效的监督制约机制，推进党委机关、党委领导班子的自身建设。实行党代会常任制，核心是确认党员是党内民主的主体，落实党员在党内的主体地位。邓小平同志曾经这样评价说："代表大会常任制最大好处，是使代表大会可以成为党的充分有效的最高决策机关和最高监督机关，它的效果，是几年开会一次和每次重新选举代表的原有制度所难达到的。按照新的制度，党的最重要的决定，都可以经过代表大会讨论。党的中央、省、县委员会每年必须向它报告工作，听取它的批评，答复它的询问。代表由于是常任的，要向选举他们的选举单位负责，就便于经常地集中下级组织的、党员群众和人民群众的意见和经验，他们在代表大会会议上，就有了更大的代表性，而且在代表大会闭会期间，也可以按照适当的方式，监督党的机关的工作。"[12]作为党的最高权力机关，党的代表大会闭会期间，由全委会行使决策权，常委会行使执行权，纪委行使监督权，从而在一级党组织内部形成有效的权力制衡机制，进而避免党内重大事项的决策、重大工作任务的部署、重要干部的任免等各项权力都集中于书记办公会，由少数人乃至书记一个人说了算的权力过分集中格局，最大限度地减少权力寻租的机会。

　　二是进一步强化人大、政协、行政监察机关和司法机关对权力运行的制约。人民代表大会及其常务委员会的监督权，是宪法和法律赋予国家权力机关的重要职权，是人民的神圣权利。人大监督制度，是作为国家根本政治制度的人民代表大会制度的重要组成部分。胡锦涛同志指出："人民代表大会及其常务委员会作为国家权力机关的监督，是代表国家和人民进行的具有法律效力的监督。"[13]人大及其常委会行使监督权，从本质上说就是要对权力施以制约。江泽民同志曾经说过："监督'一府两院'的工作是人大及其常委会的一项重要职责。这种监督，既是一种制约，又是支持和促进。"[14]要依法加强人大对行政、审判、检察机关的制约和监督，确保宪法和法律得到正确实施，确保国家行政权、审判权、检察权得到正确行使，确保依法行政、公正司法。人民政协是我国社会主义民主政治的重要形式，它人才集聚，联系广泛，具有广泛的代表性和包容性，实行以协商讨论和批评建议为主要形式的民主监督，具有自己独特的优势和作用。要支持和保证人民政协行使民主监督权，切实发挥人民政协通过提出建议和批评，对宪法、法律和法规实施、重大方针政策的贯彻执行的监督作用，更好地发挥政协特邀监察员在反腐倡廉中的作用。同时，还要切实加大执法行政监察力度，加强对政府职能部门运用权力、履行职责、执法程序的监督检查，进一步严肃行政纪律，促进廉洁从政。建设公正高效权威的社会主义司法制度，保证审判机关、检察机关依法独立公正地行使审判权、检察权。进一步健全行政、审判、检察机关相互配合和制约工作的工作机制，加大惩治和预防职务犯罪力度。

　　三是进一步完善各部门各系统内部权力的合理配置。要按照建立健全决策权、执行权、监督权既相互制约又相互协调的权力结构和运行机制的要求，进一步完善各部门各系统内部权力的合理配置，严格划分不同权力的使用边界，加强对权力运行的规范和限制，形成部门内部的权力制约与协调机制。要通过适当分解决策权、执行权、监督权，使决策职能、执行职能、监督职能由不同部门相对独立行使，努力形成不同性质的权力既相互制约、相互把关，又分工负责、相互协调的权力结构。尤其要进一步强化行政机关内部各项权力之间的相互制约，努力形成权责一致、分工合理、决策科学、执行顺畅、制衡有力的行政管理体制。进一步明确各级领导班子主要负责人和班子成员之间的职责权限和责任分工，形成严格依法行使权力的程序体系，促进行政机关工作人员严格依照法定权限和程序行使权力，切实做到决策更加科学、执行更加高效、制衡更加有效，从而保证权力依法运行，最大限度地防止权力滥用现象的发生。

四是对经济领域某些过分集中的权力进行适当分解。包括"期权腐败"在内的各种权力寻租行为多发生在权力过分集中的经济领域。这些年来，医疗、电信、烟草、电力、金融、建筑、土地、交通、教育、公用事业等行业之所以会成为权力寻租行为的高发领域，一个很重要的原因，就是这些行业都具有高度的垄断性。而且这些行业的这种垄断性，又是以行政审批为特征的行政性垄断，这就为掌控经济和市场资源的少数人滥用行政权力进行寻租提供了条件。垄断行业的严重腐败问题，深深伤害公平正义，严重影响社会和谐，不仅引起社会各界的强烈不满，也引起政府高层的高度重视。遏止垄断行业严重腐败，已成为实现公平正义、构建和谐社会过程中面临的刻不容缓的紧迫任务。我国垄断行业的腐败主要源于由行业优势即垄断地位所巩固和放大了的权力。垄断意味着掌控着重要和紧俏资源的使用和分配权力，在同行业中独一无二。在中国的当前语境下，权力与垄断是相辅相成、彼此依赖、相互生成的。权力呵护下的垄断可以获得更大利益，从而也使权力受益；垄断滋养下的权力反过来更加庇护垄断，使垄断地位更巩固、利益最大化。于是，权力与垄断就结成了特殊利益集团，相互利用，相互照应。因此，我们要有效预防包括"期权腐败"在内的各种权力寻租行为的发生，就应加快垄断行业改革，完善市场经济体制，充分发挥市场对资源的配置作用，用充分的竞争打破垄断。要采取有力措施逐步破除行政垄断，限制由市场形成的垄断，对于短期内无法打破垄断的行业或者企业，可以在经营管理者的选拔过程中引入竞争，把不能有效降低成本的管理者及时淘汰出局。在此基础上，还要对经济领域某些过分集中的权力进行适当分解，使不同性质的权力由不同单位或部门分别行使，形成分工明确、各负其责、职责统一的权力配置格局，保证行使权力的各部门、单位之间，既做到分工负责、互相配合，又做到互相把关、互相制约，防止各种权力寻租行为的发生。

五是积极营造相互制衡又彼此良性互动的制度环境。由于长期处于权力高度集中的制度环境之中，各权力主体之间只存在单纯的命令与服从的关系，因而缺乏彼此之间既相互制衡又良性互动的意识。在现代社会里，这种意识不是单纯依赖思想道德教育的加强和个人修养的提高形成的，而是要靠在现实社会关系中通过一定的制度环境的营造逐步养成的。而这种意识的形成，又是各权力主体之间既相互制衡又彼此配合的重要条件。因此，要养成这种意识必须大力推进制度创新，并以此对权力的制衡和约束作出制度安排。这件事情其实并不复杂和神秘，只要有创新的胆识和适当的环境就足够了。贵州省锦屏县平秋镇圭叶村的村民们，就以他们自己的智慧和胆识进行了分权制衡的制度创新。该村把审核财务的一枚印章分成五瓣，分别由 5 名村民代表各管一瓣，经他们审核同意后把梨木合起来盖上，村里花出去的钱才能报销。经过一年多的运行，"五合章"改变了过去"一支笔"的做法[15]。再如，河南省商城县坚持以规范县委权力行使为着力点，以公开透明为基本要求，以制度创新为抓手，以监督制约为保障，稳步推进党务公开和县委权力公开透明运行试点工作，探索出一套完整规范的党务公开工作模式——"65458"党务公开法，其经验和做法得到了中央有关部门的认可。2011年3月4日，该县被中央党务公开领导小组确定为"中央党的地方组织党务公开联系点"。

三、预防和治理"期权腐败"，关键在加强对领导干部的监督

中国共产党是马克思主义执政党，党的各级领导干部分布在各个地区、部门和单位，手中掌握着各种大小不同的权力。我们的权力是谁给的？毛泽东同志曾经指出，是占人口百分之九十以上的广大劳动群众给的。人民"把权力委托给能够代表他们的、能够忠实地为他们办事的人，这就是我们共产党人。"[16]谁授权，就要为谁服务、对谁负责，这是政治学的一条普遍原理，也是权力运行的一条基本法则。人民把权力赋予领导干部，领导干部就要把它运用来为人民谋利益，其对权力的行使就必须接受人民的监督。

中国共产党在全国执政以后，一直高度重视并一再强调对领导干部的监督。早在上个世纪50年代，邓小平同志就明确指出：党要领导得好，就要"受监督"。如果我们不接受监督，不注意扩大党和国家的民主生活，就一定要脱离群众，犯大错误。[17]进入新世纪，江泽民同志进一步指出："我们手中的权力都是人民赋予的，各级干部都是人民的公仆，必须受到人民和法律的监督。"[18]

在新的历史阶段，以胡锦涛同志为总书记的党中央从党和国家事业发展全局和战略的高度，更加重视和强调对领导干部的监

督，指出：加强对权力运行的监督制约，保证各级干部把人民赋予的权力用来为人民服务，始终是我们党执政所面临的一个重大课题。这个问题解决得如何，直接关系到坚持和巩固党的执政地位，直接关系到党风廉政建设和反腐败斗争的成效，每个党员干部都要自觉接受监督，党内不允许有任何不接受监督的特殊党员。在中央纪委第三次全会上，胡锦涛同志明确提出要求："要坚持以领导机关、领导干部特别是各级领导班子主要负责人为重点，紧紧抓住易于滋生腐败的重点环节和重点部位，综合运用党内监督、国家专门机关监督、群众监督和舆论监督等多种形式，努力形成结构合理、配置科学、程序严密、制约有效的权力运行机制。"[19]2003 年 2 月，胡锦涛同志代表新一届中央领导集体郑重表态，要以身作则，自觉接受全党和全国人民的监督，为各级领导干部自觉接受监督作出了表率，充分表明我们党无私无畏、光明磊落、加强党内监督的坚定决心。

十六大以来，中国共产党以制度体系建设为主线，切实加强领导干部监督工作。2003 年 12 月 31 日，中共中央印发了《中国共产党党内监督条例（试行）》（以下简称《条例》）。该《条例》具有以下主要亮点：一是规定了发展党内民主的具体措施和要求；二是首次以党内法规形式确定党内监督的重点是党的各级领导班子和主要负责人；三是进一步明确了党内监督职责的划分，强调突出了各级党代会代表的监督职责；四是第一次在党的制度建设框架内，强调了舆论监督特别是新闻舆论监督的作用；五是具体规定了党内监督的操作程序及要求。该《条例》的最大亮点，就是正确处理继承与创新的关系，突出制度建设在党内监督中的核心作用，具体规定了党内 10 种行之有效的监督制度。该《条例》是中国共产党有史以来第一部系统规范党内监督工作的基本法规。它的颁布实施，是党的制度建设史上的一个重要创举。

为保证党内监督条例的贯彻落实，2004 年中共中央决定，中央纪委、监察部对派驻机构实行统一管理。根据中央对这一工作的要求，中央纪委、监察部首先改革派驻机构的领导体制，将派驻机构由中央纪委、监察部和驻在部门双重领导改为由中央纪委、监察部直接领导。同年，中央纪委会同中央组织部制定了《关于中共中央纪委、中共中央组织部巡视工作的暂行规定》。2006 年，中央纪委制定了《关于中共中央纪委派驻纪检组履行监督职责的意见》。2007 年，中共中央办公厅印发了《地方党委委员、纪委委员开展党内询问和质询办法（试行）》。与此同时，中央有关部门还制定发布了《关于对党员领导干部进行诫勉谈话和函询的暂行办法》、《关于党员领导干部述职述廉的暂行规定》和《加强和改进舆论监督工作的实施办法》等一系列配套规定。

为规范领导干部离职从业行为，预防和治理离职型"期权腐败"，早在 2000 年中纪委就作出了"三年两不准"的规定，即县（处）级以上领导干部在离职和退（离）休后三年内，不准接受和代理与原任职务相关的企业活动。2001 年中央纪委重申"三年两不准"的规定：县（处）级以上领导干部离职和退（离）休后三年内，不准接受原任职务管辖的地区和业务范围内私营企业、外商投资企业和中介机构的聘任，不准个人从事或代理私营企业、外商投资企业从事与原任职务管辖业务相关的经商办企业活动。2004 年中共中央办公厅发布施行的《关于党政领导干部辞职从事经营活动有关问题的意见》（以下简称《意见》），一方面肯定"领导干部辞职从事经营活动是社会主义市场经济条件下正常的人才流动，反映了人才资源市场配置程度的提高，反映了职业选择的多样化，也反映了非公有制经济的快速发展对人才的需求，对于推动非公有制经济发展，对于形成干部能上能下、能进能出的正常退出机制都有积极作用"，另一方面又着重指出，一些干部辞职后在原地区或分管业务范围内从事经营活动，容易造成不公平竞争和诱发腐败。为此，《意见》重点就辞职条件、辞职程序、辞职后从业限制等提出了规范管理的要求并再次重申"三年两不准"的规定："党政领导干部辞去公职后三年内，不得到原职务管辖的地区和业务范围内的企业、经营性事业单位和社会中介组织任职，不得从事或者代理与原工作业务直接相关的经商、办企业活动。"2005 年 4 月 27 日第十届全国人大常委会第十五次会议表决通过的《中华人民共和国公务员法》，对公务员离职从业也作出了严格的限制，规定：公务员辞去公职或者退休的，原系领导成员的公务员在离职三年内，其他公务员在离职两年内，不得到与原工作业务直接相关的企业或者其他营利性组织任职，不得从事与原工作业务直接相关的营利性活动。

这些法规制度的颁布实施，标志着以党章为核心，以监督条例为主干，以配套规定和其他监督规范为重要补充的党内监督制度体系已经初步形成，并且在不断完善和深化，有效规范权力运行的监控机制逐步建立。

在党中央的坚强领导下，各地党组织积极推动干部监督制度体系建设，不断健全干部监督工作机制，普遍建立并实行了选拔任用民主推荐、任前公示、任前廉政谈话、述职述廉、重大事项报告、谈话诚勉、谈话和回复组织函询、用人失察失误责任追究、引咎辞职、经济责任审计、干部监督联席会议等项制度，不断健全干部选拔任用全程监督、重大事项集体决策、廉政民主评议、监督主体联手互动等工作机制，使干部监督逐步纳入更加规范的轨道。与此同时，各地还在干部监督工作实践中勇于创新，积极探索干部监督工作的新路径，创造了许多好的做法，积累了许多宝贵经验，进一步丰富了干部监督制度体系和监督工作机制的内容，从不同层面推动了干部监督工作的加强，提高了干部监督的效果。

在充分肯定成绩的同时也要清醒地看到，由于种种原因，领导干部监督的长效机制还尚未形成，制度体系建设还未达到预期效果，腐败现象易发多发的势头尚未得到有效遏制，一些大案要案仍时有发生，利用干部人事权、司法权和行政审批权违纪违法案件还相当突出，反腐败斗争形势依然比较严峻。特别是"期权腐败"的滋生和蔓延，凸显了干部监督制度和机制上的缺陷或缺失。应当说，我们现有的监督制度和机制，多是针对在职领导干部的，而对业已离职的领导干部的监督则基本上还是盲区。

加强对领导干部的监督，是有效防治"期权腐败"的关键。要按照党中央和胡锦涛同志提出的要求，进一步加大干部监督工作的力度，健全和完善监督制度体系和监督工作机制，更加有效地整合监督资源，从制度上加强对领导干部特别是主要领导干部的监督，确保其正确地行使自己手中的权力。

一是要重点加强对主要领导干部特别是"一把手"的监督。鉴于"期权腐败"大都发生在在职的或原来的"一把手"身上，因而加强对他们的监督是预防和治理"期权腐败"的重中之重。要从源头上预防和治理"期权腐败"，首先必须着力解决对在职"一把手"的监督问题。只要切实强化了对在职"一把手"的监督，把他们行使权力的全过程置于严密的监督之下，权钱交易就失去了条件，无论是"即时交易"还是"期权交易"都难以进行。与此同时，也要加强对业已离职的"一把手"的监督。一些"期权交易"，往往是领导干部在职时利用职务之便为请托人谋取利益，离职后再兑付期权收益。因此，必须在期权收益套现的重要环节加强对离职"一把手"的跟踪监督。要运用相关的法律制度规定强化对离职"一把手"的跟踪监督。要对有关领导干部（公务员）离职从业限制的法律和纪律的实施情况进行严格的监督，确保"三年两不准"的法律制度规定得到切实贯彻落实。要加强对"一把手"的全面考核，建立党政"一把手"年度报告制度，严格请示汇报制度，强化管理责任制，对"一把手"在权力上给予严格的监督和必要的制约，监督他们把好用权关、用人关、用钱关，努力做到"一把手"的权力行使到哪里，监督就延伸到哪里。要突出对重大事项的监督。进一步完善并严格执行党委内部议事规则和决策程序，凡属集体决策的重大事项都要严格按照规定程序实行集体议事；对涉及经济社会发展全局的重大事项要广泛征求意见，充分协商；对专业性、技术性较强的重大事项，要组织专家论证，进行技术咨询和决策评估。

二是要重点加强对人财物管理使用、关键岗位的监督。如果说主要领导干部特别是"一把手"是监督的重点，那么，掌管人财物管理使用权和处在关键岗位上的主要领导干部特别是"一把手"，则是监督的重中之重。从现已查处的"期权腐败"案件的相关情况看，此类受贿犯罪案件大多发生在工程建设、房地产开发、土地批租和金融、司法等领域，发生在干部人事、行政审批、行政执法、财政资金运行等权力行使的关键环节和掌管人、财、物的关键岗位。针对这种情况，要严格执行党政领导干部选拔任用工作有关规定，加强对干部选拔任用工作全过程的监督，坚决防止"带病上岗"、"带病提拔"等现象的发生。要坚持预防、监督、查处并举，认真开展过程监督、舆论监督、群众监督、责任追究等工作，切实把严格监督贯穿选人用人始终，把严肃纪律贯穿选人用人始终。要严格执行党政领导干部选拔任用工作有关事项报告制度，加强干部任前监督。要强化对干部选拔任用工作的经常性督促检查，对反映选人用人问题较多的地方和单位要及时进行重点检查。要科学规范和有效监督党委（党组）主要负责人的用人行为。要建立健全干部选拔任用工作责任追究制度，严肃追究违规用人和用人失察失误责任人的责任。要坚持严重违规用人问题立项督查制度，严肃查处跑官要官、买官卖官、突击提拔干部等严重违规用人行为。要重点研究干部人事、行政审批、土地管理、国有资产管理、财税金融、投资体制等方面权力的科学配置，用制度强化对干部人事权、司法权、行政审批权和行政执法权运行的规范和制约，用制度强化对财政资金和金融以及国有资产的监管，靠制度实现对权力在这些领域和环节的运行进行全方位、全过程的监控，用制度"看住"掌管人财物管理使用权和处在关键岗位上的主要领导干部那双用权之手。

三是要进一步加强巡视工作，充分发挥巡视监督的重要作用。2003 年中共中央颁布实施的《中国共产党党内监督条例（试行）》，把巡视制度作为党内监督的 10 项制度之一，以党内法规的形式确定下来。从中央和地方这些年的巡视工作实践来看，巡视制度成为监督下级党组织领导班子及其成员特别是主要领导干部的有效形式，对加强领导班子和干部队伍建设，推动中央各项重大决策部署的贯彻执行，促进党风廉政建设和反腐败斗争的深入开展发挥了重要作用。2009 年 7 月中共中央印发了《中国共产党巡视工作条例（试行）》。这部党内重要法规的颁布实施，对于完善巡视制度，规范巡视工作，坚持党要管党、从严治党的方针，保证党的路线方针政策和中央重大决策部署的贯彻落实，促进党风廉政建设和反腐败斗争的深入开展，加强领导班子和干部队伍建设，具有十分重要的意义。当前，要根据新的形势和任务的要求，在新的实践中进一步创新巡视工作方式，加大巡视监督力度，使其发挥更大的作用。要着力突出巡视监督重点，坚持以领导班子和领导干部遵守党的政治纪律，落实科学发展观和维护改革发展稳定大局，落实党风廉政建设责任制和领导干部廉洁从政，执行民主集中制，选拔任用干部等工作为重点，切实加强巡视监督。要努力增强巡视监督效果，准确真实地了解掌握情况，注意发现被巡视对象存在的问题，早打招呼、早提醒，防患于未然。对巡视中发现的重要问题和线索，要及时转交有关部门处理。对不适合担任现职、需要调整或交流的领导干部，要及时向上级党委提出处理意见和建议。要进一步改进巡视监督方式，坚持走群众路线，广泛听取各方面的反映，注意从一些倾向性、苗头性或者群众反映强烈的突出问题中寻找切入点，善于从重大案件、重大事件、群众来信来访中发现和分析问题，把巡视工作同案件检查、干部考察以及监察、审计等工作有机结合起来，使巡视工作的内容更丰富、方式更灵活、效果更明显。同时，还要继续加强和完善对纪检监察派驻机构的管理，充分发挥派驻机构对驻在部门领导班子及其成员的监督作用。

　　四是要以完善的领导干部监督机制确保权力阳光运作。阳光是最好的防腐剂。要确保权力正确行使，就必须让权力在阳光下运行。要以规范和制约权力运行为核心，加强党内监督和其他形式的监督，防止权力失控、决策失误和行为失范。大力推进党务公开，进一步规范党务公开的内容、程序、形式、时限和评估体系，推进党务公开工作的规范化、制度化。要深入推进行政权力公开透明运行，不断深化政务公开。运用网络技术，主动搭建信息公开平台，在更大范围、更深层次上推进信息公开，促进权力公开透明运行。凡是涉及公共权力行使、公共资金监管、公共资源配置、公共预算执行等方面的信息，都必须依法、及时向社会公开。全面清理审核行政职权，完善行政决策的规则和程序，积极探索提高行政效率、规范权力运行、方便群众知情、便于群众监督的公开载体。要进一步拓展公共企事业单位办事公开工作领域，完善厂务公开、村务公开，大力推行社会听证、专家咨询、新闻发布等公开形式。

五是要着力增强领导干部监督的合力和实效。胡锦涛同志在十七大报告中强调，要"落实党内监督条例，加强民主监督，发挥好舆论监督作用，增强监督合力和实效。"[20]增强监督合力和实效，这个新提法是对各种监督形式的总体要求。在改革开放的新形势下，领导干部的社会交往及其活动空间日益扩大，要对他们进行全方位、深层次、全天候的监督，就要有效整合和优化各种监督资源，发挥各监督主体的作用。只有实现监督网络对领导干部活动时空的全覆盖，让监督的"雷达"对领导干部活动的时空进行全方位、深层次、全天候地监控，才能确保领导干部清正廉洁。要探索和建立健全有效机制，把党内监督与人大监督、政府专门机关监督、政协监督、司法监督、群众监督、舆论监督等有机地结合起来，努力构建自上而下的、自下而上的以及平级之间监督等多方面的权力监督体系，使之形成监督合力。尤其要高度重视发挥自下而上监督的积极作用，尊重和保障群众的选举权、知情权、参与权和监督权。凡是与群众利益密切相关的重大事项，能公开的都要依照法律和规定向群众公开，让这些事项在阳光下运作。加强领导干部监督，不仅要拓宽渠道形成合力，而且还要突出重点，尤其是要加强对领导干部作风密切相关的关键环节的监督，既要注意领导干部的工作圈，也要注意领导干部的生活圈、交际圈。要充分运用领导干部个人重大事项报告、民主生活会、述职述廉、民主评议、诫勉谈话和回复函询、干部交流、离任审计等形式加强监督，发挥巡视工作的独特作用。要前移监督关口，既关注领导干部的工作表现，又关注其八小时之外的表现，还要注意其亲属和身边工作人员的表现，发现有犯错误的苗头，要早打招呼、严肃批评、责令改正。

六是要强力落实党风廉政建设责任制。党风廉政建设责任制是深入推进党风廉政建设和反腐败斗争的一项基础性制度。落实党风廉政建设责任制，对于加强对领导干部的监督，从源头上预防和减少"期权腐败"，具有重要意义。要紧紧围绕责任分解、责任考核、责任追究三个关键环节，细化工作责任和目标要求，将责任制落到实处。要在完善责任分解、严格责任考核的同时，进一步加大责任追究的力度。要注重解决不追究、不敢追究、追究不到位的问题，坚持公正、公开的原则，把责任制的内容、任务、责任公开，对不去追究、追究不力的，靠群众监督来制约，让责任制处于党组织和广大群众的监督之下，使教育、管理、监督融于责任制落实工作全过程。落实党风廉政建设责任制，关键在各级党政领导班子和领导干部。各级党委、政府及其职能部门要切实负起责任，把党风廉政建设和反腐败工作纳入党委、政府的总体工作规划，通盘考虑，协调推进。各级领导干部既要严格遵守廉洁从政的各项规定，又要切实抓好职责范围内的党风廉政建设和反腐败工作，做到工作职责和掌握的权力管到哪里，党风廉政建设的职责就延伸到哪里。各级纪检监察机关要抓好组织协

调，加强督促检查，实行分类指导，保证党风廉政建设责任制落
到实处。要注重发挥电子网络监控体系的作用，运用网络公示重
要事项，征求群众意见，接受群众监督。

注　释

1　中共中央：《建立健全教育、制度、监督并重的惩治和预防腐败体系实施纲要》，
　　http：//www. xinhuanet. com，2005 年 1 月 16 日。

2　[法]孟德斯鸠：《论法的精神》，商务印书馆，1961 年版，第 154 页。

3　[美]博登海默：《法理学——法哲学及其方法》，华夏出版社，1999 年版，第
　　24 页。

4　中共中央：《中共中央关于加强党的执政能力建设的决定》，《人民日报》，2004
　　年 9 月 27 日。

5　胡锦涛：《在中央纪律检查委员会第六次全体会议上的讲话》，《人民日报》，2006
　　年 1 月 7 日。

6　胡锦涛：《高举中国特色社会主义伟大旗帜 为夺取全面建设小康社会新胜利而奋
　　斗——在中国共产党第十七次全国代表大会上的报告》，《中国共产党第十七次全
　　国代表大会文件汇编》，人民出版社，2007 年版，第 32 页。

7　江泽民：《治国必先治党，治党务必从严》，《江泽民文选》第 2 卷，人民出版社，
　　2006 年版，第 503 页。

8　朱昕磊：《八成职务犯罪案线索来自群众举报》，《扬子晚报》，2007 年 6 月
　　14 日。

9　刘春：《制约与监督：权力在阳光下有序运行的保障》，《人民论坛》，2007 年第
　　20 期。

10　[法]孟德斯鸠：《论法的精神》（上册），商务印书馆，1982 年版，第 154 页。

11　邓小平：《改革的步子要加快》，《邓小平文选》第 3 卷，人民出版社，1993 年
　　　版，第 240—241 页。

12　邓小平：《邓小平文选》第 1 卷，人民出版社，1994 年版，第 233 页。

13　胡锦涛：《在首都各界纪念人民代表大会成立 50 周年大会上的讲话》，人民出版
　　　社，2004 年版，第 16 页。

14　江泽民:《坚持和完善人民代表大会制度》,《江泽民文选》第 1 卷,人民出版
　　社,2006 年版，第 115 页。

15　岳建国:《从"五合章"看"分权与制衡"》,http://www.rednet.com.cn,2007
　　年 12 月 3 日。

16　毛泽东:《抗日战争胜利后的时局和我们的方针》,《毛泽东选集》第 4 卷,人民
　　出版社,1991 年版,第 1128 页。

17　邓小平:《邓小平文选》第 1 卷,人民出版社,1994 年版,第 270 页。

18　江泽民:《在庆祝中国共产党成立八十周年大会上的讲话》,《江泽民文选》第 3
　　卷,1996 年版,第 291 页。

19　胡锦涛:《大力弘扬求真务实精神大兴求真务实之风,继续深入开展党风廉政建
　　设和反腐败斗争》,《人民日报》,2004 年 1 月 13 日。

20　胡锦涛:《高举中国特色社会主义伟大旗帜 为夺取全面建设小康社会新胜利而奋
　　斗——在中国共产党第十七次全国代表大会上的报告》,《中国共产党第十七次
　　全国代表大会文件汇编》,人民出版社,2007 年版,第 32 页。

第 七 章

推进制度体制机制创新：预防
和治理"期权腐败"的根本路径

"期权腐败"现象得以滋生和蔓延，既有深层次的道德文化和价值观念方面的原因，更有体制、机制和制度方面的深刻原因。制度不完善，体制、机制不健全，为贪腐者搞"期权腐败"提供了机会和可能。因此，要从源头上有效地预防和治理"期权腐败"，必须在切实加强反腐倡廉教育、筑牢拒腐防变的思想道德防线的同时，进一步深化改革，着力推进体制、机制、制度创新，逐步铲除"期权腐败"赖以滋生蔓延的土壤和条件。

一、进一步加大体制机制制度创新力度是有效
预防和治理"期权腐败"的客观要求

党的十六大以来，中国共产党实现了从权力反腐到制度反腐的重大战略转变，标志着中国的党风廉政建设和反腐败斗争进入了一个崭新的历史阶段。

在中国共产党的反腐斗争历史上，大体经历了运动反腐、权力反腐和制度反腐三个阶段。党的十一届三中全会以后，党中央果断停止了运动反腐，明确提出要下大力气"解决制度问题"。

但是在实践中，我们在较长时间内基本上仍是依靠领导人的决心和态度来反腐败。这其实是一种权力反腐模式，这使得在不少地区和部门的反腐败中，常常出现反腐败的力度因领导者的改变而改变，反腐败的重点因领导者注意力的转移而转移。党的十六大以来，以胡锦涛同志为总书记的党中央把制度建设与党的思想、组织、作风建设相提并论地放在了更加突出的位置，视为深入开展党风廉政建设和反腐败斗争的重大战略举措。党的十七大进一步强调，要"在坚决惩治腐败的同时，更加注重治本，更加注重预防，更加注重制度建设，拓展从源头上防治腐败工作领域。"¹并且强调要坚持用制度管权、管事、管人，建立健全决策权、执行权、监督权既相互制约又相互协调的权力结构和运行机制，健全组织法制和程序规则，健全质询、问责、经济责任审计、引咎辞职、罢免等制度；坚持深化改革和创新体制，形成拒腐防变教育长效机制、反腐倡廉制度体系、权力运行监控机制，等等。所有这些，都鲜明地体现了制度反腐的核心理念和战略思路，标志着中国共产党已经完成了从权力反腐到制度反腐的历史性转变。

制度反腐和权力反腐是两种不同的反腐败思路和反腐模式。权力反腐模式基于人治原则，从宏观的反腐败政策方针制定，到微观的具体案件能否查办，查办到何种程度；一项预防腐败的制度改革能否启动，能在多大程度上得到实施等等，都严重依赖于领导人的偏好、态度、意愿和决心，它在实践中往往演变为靠掌权者即各级领导人的讲话、报告、批示或上级机关的督促来推动反腐败工作，一个地方或一个部门领导人的更换或领导人看法和注意力的改变都会给反腐败工作造成实际影响。权力反腐的直接后果是导致反腐败工作的随意性、依赖性和封闭性，反腐败最终成为公众关注、领导定夺的事情。而制度反腐则是法治思想影响下的反腐模式，它要求在反腐败工作中树立制度的权威地位，克服权力反腐思路下因过于依赖权力或相信领导的反腐决心所产生的弊端，从而走出了靠掌权者个人的权威来反对腐败的怪圈。

近年来，制度反腐受到越来越高的重视，正在成为中国反腐败的主导或核心战略。在这一核心理念和战略思路的指导下，近年来中国反腐倡廉体制机制制度建设不断深入推进，从源头上防治腐败工作取得阶段性成效。一是专门监督的体制机制建设迈出重要步伐。中央和省（市、自治区）两级建立了巡视机构，纪检监察机关派驻机构统一管理工作在全国全面推行，预防腐败专门机构的组建工作正在抓紧进行。二是司法体制和工作机制改革深入推进。审判公开和检务公开制度不断完善，检察机关加强了对诉讼活动的法律监督，逐步完善了对职务犯罪侦查的监督制约机制，违纪违法或不当司法行为责任追究制度逐步建立，强化了内部监督。三是干部人事制度改革深入推进。按照《中华人民共和国公务员法》和《党政领导干部选拔任用工作条例》的要求，建立了党政领导干部职务任期、交流、任职回避制度，建立了符合科学发展观要求的领导班子和领导干部综合考核评价制度，加大了党政领导干部交流的力度，加强了对党政领导干部选拔任用工作的监督，进一步加强了领导干部的经济责任审计工作。四是行政审批制度改革深入推进，行政审批的运行、管理和监督机制不断完善。行政审批项目逐年减少，行政审批行为不断规范，行政审批方式不断改进，行政审批的电子化管理和监控系统逐步推广，行政许可项目和非行政许可审批项目的审核论证工作不断加强。五是财政税收体制改革深入推进。全面落实了"收支两条线"规定，部门预算改革不断深化，转移支付制度和国库集中支付制度不断规范和完善。六是投资体制改革深入推进。政府投资监管制度逐步健全，政府投资项目公示制度逐步建立，政府投资决策责任制度逐步建立，政府投资行为不断规范。七是金融体制改革深入推进。金融监管体制不断完善，金融风险预警体系逐步建立，金融机构内控机制不断强化，预防利用金融机构洗钱和资金外逃的工作不断加强，社会金融信用体系逐步健全。八是市场配置资源的竞争体制与机制的改革和创新工作深入推进。工程建设项目招标投标制度、经营性土地使用权出让制度、政府采购制度不断改进和完善，矿业权市场不断规范，产权市场建设不断加强。同时，还认真开展了对社团、行业组织和社会中介组织的清理和规范工作，其职能错位、行为失范问题得到一定程度的解决。

　　在充分肯定上述成绩的同时，也要清醒地看到，当前一些领域的腐败现象仍然比较严重，腐败大案要案仍然不断发生，反腐败斗争形势依然比较严峻。出现这种反腐败力度加大、而腐败现象依然屡禁不止的似乎矛盾的现象，究其原因是相当复杂的，其中一个非常重要的原因，就是中国现阶段正处在社会转型过程之中，适应市场经济发展要求的体制、机制和制度虽已初步建立，但是还很不完善、很不健全，从而为权钱交易行为的发生留下了漏洞，使腐败现象有了赖以滋生蔓延的条件和土壤。制度性缺陷是社会转型期权力腐败现象增多的深层次原因。社会转型期的一个最大特点，就是"体制短缺"，即旧的体制已被打破，而新的体制还尚未形成，或初步形成但不能有效运行。"体制短缺"给包括"期权腐败"在内的各种腐败的滋生、蔓延提供了很大的制度空间。

　　当前中国正处于经济体制深度变革，社会结构深度变动，利益格局深刻调整，思想观念深刻变化的重要历史时期。经济增长先于社会转型和制度更替，而体制、机制、制度的转换需要经历一个此消彼长的渐进过程，这就使得在转型期的相当长一个时期内存在着制度性的漏洞与缺陷。制度性漏洞和缺陷的长期存在，客观上助长了权力的扩张和膨胀，增加了权力腐败发生的几率。

由于中国采取的是一种渐进式改革的策略，因而经济社会转轨必然经历一个双重体制并存的历史阶段。这一历史阶段制度安排的一个重要特征，就是政府官员既是规则的制定者，同时又是规则的执行者、仲裁者和参与者。在这样一种制度安排下，如果没有高度的责任感和较强的经济管理能力，极有可能会带来不公正、不透明、不稳定的后果。而一旦形成这些不良后果，则一方面使得各种失信现象异常活跃，另一方面也使得政府改革相对滞后，特别是地方政府的权力过大，随意性过大，使得创租、寻租、分享各类租金的机会日益增多，腐败异常活跃。

"期权腐败"这一权钱交易新变种，正是社会转型期体制、机制和制度虽然已经初步建立但是又很不完善、很不健全的产物。如果完全缺失这些体制、机制和制度，贪腐分子没有必要去煞费苦心地研究权钱交易的新策略，推出"期权腐败"这一新变种；如果我们的体制、机制和制度很完善、很健全，"期权腐败"这一新变种也就失去了滋生、蔓延的任何可能。从一些"期权腐败"现象滋生、蔓延的具体情况来看，都与体制、机制和制度性的原因直接相关：有的同传统的经济、政治体制有关，有的则同新体制的不完善、不健全有关。因此，从某种意义上说，"期权腐败"又是一种制度性的腐败。

按照著名学者、中央编译局当代马克思主义研究所所长何增科博士的观点，腐败是官员追求自己利益最大化的选择行为。对行贿的人来说，也是追求自己利益最大化的选择行为。而人的行为或选择，在很大程度上是他所处的制度环境决定的。何增科博士认为，个人的成本收益计算受制于外部的制度环境，这种制度环境向个人提供了激励机制、机会结构和约束机制。如果这种制度环境使个人从事腐败行为的收益大于成本和代价，换言之，腐败有利可图、有机可乘，被发现和制裁的风险和代价很小，那么腐败的风险就会很高。

在何增科博士看来，腐败现象的发生是激励机制和机会结构畸形发展和外在约束结构软化的结果。他说，如果公职人员待遇和从事其他职业的人相比低很多，达不到他们的预期，就容易滋生腐败。如果"离任后生活受保障的程度"很差，或者和任职期间生活水平差距较大，就容易导致所谓的"59岁"现象，也就是官员在临离任时贪污。他指出，某些政府行为机会结构的畸形发展成为转型期腐败猖獗的一个重要原因。例如，在政治领域，权力过分集中于个人的领导体制和决策体制为"一把手腐败"创造了便利条件；"由少数人选人，在少数人中选人"的干部人事管理体制，为用人问题上的腐败创造了机会和条件；自由裁量权过大、暗箱操作、独立性差等行政执法和司法体制中的弊端，为腐败提供了便利的保护网。同时，从政府行为的外在约束环境来看，转型期公职人员个人或群体行为所面临的约束机制，包括自律约束机制、责任约束机制、制度约束机制和舆论约束机制，其作用在转型期由于种种因素而受到削弱。总之，激励机制扭曲、机会结构畸形发展和约束结构软化一起，构成了转型期腐败猖獗的主要制度性原因[2]。

从何增科博士的这些论述可以看出，转型期腐败现象有着深刻的体制、机制和制度背景，是一定的体制、机制和制度作用的产物。既然如此，我们要从源头上预防和治理腐败，必须着力加强制度建设，推进制度创新。如果不注重从制度上解决问题，消极腐败现象就会防不胜防，查不胜查，纠而复生。只有通过深化改革、加强制度建设，着力解决导致腐败滋生的深层次问题，最大限度地减少以权谋私、权钱交易的体制机制制度漏洞，才能把腐败现象遏制到最低程度。

与此同时，加强制度建设，推进制度创新，也是完善惩治和预防腐败体系的核心内容。当前和今后一个时期，反腐倡廉建设的重点是完善惩治和预防腐败体系，而惩治和预防腐败体系本身就是一整套系统的制度，无论是形成拒腐防变教育的长效机制，还是形成权力运行的监控机制，归根到底都要通过制度来固定、来保障、来促进。离开制度这个前提和基础，就不可能建立起完善的惩治和预防腐败体系；没有制度的规范和约束，也不可能真正发挥惩治和预防腐败体系的作用。所以，反腐倡廉制度既是惩治和预防腐败体系的重要载体，更是惩治和预防腐败体系的核心内容。进一步完善惩治和预防腐败体系，首先必须高度重视并切实抓好反腐倡廉制度建设，逐步建立起比较完善的拒腐防变教育长效机制、反腐倡廉制度体系和权力运行监控机制。

二、着力推进预防和治理"期权腐败"的体制创新

体制，从管理学角度来说，指的是国家机关、企事业单位的机构设置和管理权限划分及其相应关系的制度指的是有关组织形式的制度，限于上下之间有层级关系的国家机关、企事业单位[3]。如领导体制、政治体制等。体制是国家基本制度的重要体现形式。它为基本制度服务。基本制度具有相对稳定性和单一性，而

体制则具有多样性和灵活性。体制和机制的中心语和使用范围不同，机制由有机体喻指一般事物，重在事物内部各部分的机理即相互关系，而体制则指的是有关组织形式的制度，限于上下之间有层级关系的国家机关、企事业单位。

体制在预防和治理"期权腐败"中起着重要的基础性和制约性作用。加强制度建设，推进体制、机制和制度创新，最大限度地减少产生腐败的土壤和条件，首先必须创新预防和治理腐败的体制。

首先，要继续大力推进市场化改革。

经过多年改革，我国社会主义市场经济体制初步建立，市场在资源配置中的基础性作用得到越来越大的发挥。但是，正如著名经济学家、国务院发展研究中心研究员吴敬琏先生所言："中国虽然上世纪末期把市场经济制度的基本框架初步搭建起来了，但是市场化改革其实还处于'进行时'阶段，旧体制的许多部分还没有得到根本性的改造，政府职能还有待转变，国有经济布局的战略性重组和国有企业的公司制改革都还行在半途。"

吴敬琏先生说，"十二五"规划提出，加快经济发展方式的转变是"十二五"期间的主线。为什么转变经济增长方式被反复提了三十多年，到现在还是没有实现？这是因为转变遇到了体制问题。总体来说粗放发展是源于政府主导的发展方式。他分析指出："政府主导有两个重要含义：一方面是政府掌握了太大的资源配置的权力，另一方面是发展服从于各级政府的政绩目标。1992年党的十四大确定要建立社会主义市场经济体制：市场在资源配置中起基础性作用。然而，经过这么多年的改革，政府仍然保持着支配资源的大部分权力，特别是在城市化加速之后，又多了一个非常重要的资源可以支配，即土地。此外，金融改革虽然市场化了，但是各级政府对于金融机构发放信贷仍有很大的影响力。"[4]

由于政府仍然保持着支配资源的大部分权力，由于市场在资源配置中的基础性作用没有制度化的硬约束，因而在一些地方和领域，市场在资源配置中的基础性作用难以得到有效发挥，从而为腐败现象的发生和蔓延提供了可能。譬如在土地资源配置方面，国家规定工业用地必须实行招标、拍卖、挂牌的市场方式出让，但是一些地方为吸引投资仍然采用协议方式或"零地价"出让。这样做的结果是，不仅导致土地资源被大量浪费，而且也严重地制约了市场配置资源的基础性作用的发挥，导致了一些腐败现象的高发、频发。

一个时期以来，总有人用"金钱是万恶之源"的理论来试图揭示腐败现象赖以产生的根源，说什么是市场化改革导致了腐败，腐败是市场化改革的产物。这种说法是不符合客观实际的。大量事实表明，产生腐败的根源不是因为推行了市场化改革，而是市场化改革进行得还不彻底、还不到位。"期权腐败"这一权钱交易的新变种之所以会滋生、蔓延，其中的一个重要根源，就是市场化改革进行得不够彻底、不到位。"期权腐败"的实质是利用公共权力谋取私利。而产生"期权腐败"的基本原因在于，太多的权力集中在政府（国家工作人员）手中，又缺乏相应的权力制衡机制。假如市场化改革进行得比较彻底和到位，市场主体可以正常地通过（而且只能通过）市场公平竞争揽得建筑工程或者谋得什么资源要素，那他就完全没有必要去通过贿赂国家工作人员。这样，"期权腐败"就失去了滋生、蔓延的土壤和条件。

市场化改革不仅不是腐败的根源，恰恰相反，它是遏制腐败的根本举措和重要途径。党的十七大报告在论述完善社会主义市场经济体制时强调指出，要"从制度上更好发挥市场在资源配置中的基础性作用"[5]。这是总结近年来经济体制改革的实践经验，从完善社会主义市场经济体制出发对发挥市场配置资源作用提出的新要求。落实十七大报告提出的这一新要求，不能停留在一般性的要求上，而要让市场配置资源的作用通过制度的方式体现出来、规范下来、运行起来。

经过三十年的改革开放，中国产品市场化改革的任务已经基本完成，除了能源和水等关系到国计民生的少数重要产品之外，绝大部分产品已经形成了有效的市场供求和价格决定机制。相比之下，要素市场化的改革则显得较为滞后，主要表现为政府对要素配置与定价的高度管制。也就是说，尽管我们搞了三十年的改革开放，迄今为止市场在一些资源的配置当中仍不能发挥基础性的作用。市场在资源配置中的基础性作用常常被削弱的根本原因在于，我国社会主义市场经济体制还不完善，市场在资源配置中的基础性作用还没有形成规范的制度，加之对市场资源配置影响最大的政府职能转变还不到位，政府配置资源的权力过多过大，直接影响了市场在资源配置中的基础性作用的有效发挥。北京中关村科技发展（控股）股份有限公司总裁段永基在全国政协十届二次会议第二次全体大会上的发言中指出："关于土地的使用有很多法规，一般是征用、协议转让、拍卖和租赁，但是，目前土地资源的分配主要还是通过政府与用户协议转让的方式来进行，大约占95%左右。再如金融资源的配置，谁能开银行、谁不能开银行，谁能发债券、谁不能发债券，谁能上市、谁不能上市，发债券募集的资金谁可以用、谁不能用，不是市场说了算，而是由政府说了算。"[6]尽管时间已经过去七八年了，但是段永基所说的这段话仍然没有过时。2011 年 7 月 4 日，在清华大学召开的国际经济学会第十六届全球大会上，中国著名经济学家、国务院发展研究中心研究员吴敬琏先生称目前中国经济是"半统治半市场化的共同体"。他在剖析中国经济时指出了三个方面的问题，其中的第二个问题就是："各级政府仍拥有分配包括土地和资本在内的重要经济资源的巨大权力。"[7]

要素市场化改革滞后，资源配置不是市场说了算，而是由政府说了算。这正是"期权腐败"在一些领域和环节高发、频发的一个重要原因。中国著名经济学家、国务院发展研究中心研究员吴敬琏先生曾经作过一个报告，说他到欧洲和东南亚去考察，发现东欧一些国家搞市场经济搞了十几年，东南亚一些国家如印度尼西亚、菲律宾搞市场经济搞了五六十年、七八十年，都不行，市场体制这种模型应该表现出来的经济发展的高效率和高效益都表现不出来。所以吴敬琏先生提出了市场经济有"好的市场经济"和"坏的市场经济"的理论。在他看来，坏的市场经济的主要特点是贪污、腐败、低效率、低效益。这种坏的市场体制，核心问题是资源分配仍然是政府掌控。这些国家搞的市场经济之所以是"坏的市场经济"，根本原因是资源配置制度没有进行市场化改革。所以，当前我们要有效地预防和治理"期权腐败"，就必须大力推进体制创新，加快资源配置特别是要素配置市场化的改革进程。

加快资源配置市场化进程，关键是要进一步以创新的思维强化市场理念。资源配置市场化的实质，是用市场经济的观念、市场经济的机制、市场经济的经营方式，优化配置生产要素，实现效益最大化。只有坚决打破传统思维模式的束缚，自觉地把思想认识从那些不合时宜的观念、做法和制度中解放出来，资源配置市场化才有坚实的思想基础和强大的原动力。

　　加快资源配置市场化进程，根本在推进体制创新。体制是否健全和完善，是资源配置市场化是否成熟和规范的重要表现。要把体制创新贯穿于资源配置市场化的各个环节，全面推进经营性土地使用权出让招标拍卖、建设工程项目公开招标投标、政府采购、产权交易进入市场等项改革。进一步健全招投标市场管理体制，为资源配置市场化提供体制保证。要进一步推进行政审批制度改革，对妨碍市场公平竞争的审批项目予以取消，对可以用市场机制代替的审批项目交给市场。进一步简化投资项目审批程序，放宽社会投资的准入限制。进一步强化监督管理，规范资源配置市场化行为。

　　其次，要大力推进行政管理体制改革。

　　深化市场化改革、堵塞公共资源配置中的制度漏洞，是预防和治理包括"期权腐败"在内的各种腐败的根本路径。市场化改革不仅是经济体制改革，同时也是一种政治体制改革。推进市场化改革，用市场化方式配置资源，带来的不只是经济运行方式的转变，同时还有政府管理体制的根本性变革。因为，推进市场化改革，用市场化方式配置资源，客观上要求深化行政管理体制改革，推进政府管理体制创新。深化政府管理体制改革、推进行政管理体制创新，是推进市场化改革、用市场化方式配置资源的重要保证。

　　深化政府管理体制改革，推进行政管理体制创新，是完善社会主义市场经济体制、推进改革开放和现代化建设的重要环节，也是惩治和预防"期权腐败"的最重要的基础性工作之一。深化政府管理体制改革，核心是加快转变政府职能。只有加快政府职能的根本性转变，促使其形成行为规范、运转协调、公正透明、廉洁高效的行政管理体制，才能为惩治和预防"期权腐败"提供保证。

党中央、国务院历来高度重视行政管理体制改革。改革开放特别是党的十六大以来，不断推进行政管理体制改革，加强政府自身建设，取得了明显成效。经过多年努力，政府职能转变迈出重要步伐，市场配置资源的基础性作用显著增强，社会管理和公共服务得到加强；政府组织机构逐步优化，公务员队伍结构明显改善；科学民主决策水平不断提高，依法行政稳步推进，行政监督进一步强化；廉政建设和反腐败工作深入开展。从总体上看，我国的行政管理体制基本适应经济社会发展的要求，有力保障了改革开放和社会主义现代化建设事业的发展。但是，面对新形势新任务，现行行政管理体制仍然存在一些不相适应的方面。从现实情况看，目前一些政府及其部门仍然管了许多不该管、管不了也管不好的事，政府及其部门行政许可和审批事项仍然过多，政企不分的问题仍然比较突出，一些地方政府和部门还在直接干预企业的微观经济活动，甚至包办代替企业的招商引资和投资决策，经济管理方式方法亟待改变；一些政府部门权责脱节、有权无责，出了问题无人负责，有的部门之间职责不清、推诿扯皮，办事效率不高；一些该由政府管的事没有管或者没有管好，市场监管和社会管理体系不健全，公共服务比较薄弱。这些问题影响了市场配置资源基础性作用的充分发挥，也影响了政府职能的正常发挥。为此，必须按照发展社会主义市场经济的要求，进一步加快推进行政管理体制改革，进一步推进政府职能转变。正如党的十七届二中全会《关于深化行政管理体制改革的意见》所指出的："政府职能转变还不到位，对微观经济运行干预过多，社会管理和公共服务仍比较薄弱；部门职责交叉、权责脱节和效率不高的问题仍比较突出；政府机构设置不尽合理，行政运行和管理制度不够健全；对行政权力的监督制约机制还不完善，滥用职权、以权谋私、贪污腐败等现象仍然存在。这些问题直接影响政府全面正确履行职能，在一定程度上制约经济社会发展。深化行政管理体制改革势在必行。"[8]

　　一是要加快推进政企分开、政资分开、政事分开、政府与市场中介组织分开，规范行政行为。政企分开是政府职能转变的关键。必须重申，凡是应该由企业自主行使的生产经营和投资决策权，都要由企业自行决定、自行负责，各级政府及其部门都不得包办企业投资决策，干预企业正常的生产经营活动。当前，要坚决禁止各级政府代替企业招商引资，层层分解并考核招商引资指标。政府要将抓经济工作的主要精力放在为各类市场主体服务和创造良好发展环境上。要深化国有资产管理体制改革，加快现代企业制度建设，对由各级政府代表国家行使出资人职能的国有企业，实行所有权与经营权分开。要把是否真正实现政企分开，作为检验政府职能转变的一个重要标志。要在加快推进政企分开的同时，积极推进政资分开、政事分开、政府与市场中介组织分开，把不该由政府管理的事项全部交给中介组织或市场，把该由政府管理的事项切实管好，从制度上发挥市场在资源配置中的基础性作用。与此同时，进一步加强和完善宏观调控，把政府职能切实转到经济调节、市场监管、社会管理、公共服务上来。中央政府应加强经济社会事务的宏观管理，进一步减少和下放具体管理事项，把更多的精力转到制定战略规划、政策法规和标准规范上，维护国家法制统一、政令统一和市场统一。地方政府则应确保中央方针政策和国家法律法规的有效实施，加强对本地区经济社会事务的统筹协调，强化执行和执法监管职责，做好面向基层和群众的服务与管理，维护市场秩序和社会安定，促进经济和社会事业发展。按照财力与事权相匹配的原则，科学配置各级政府的财力，增强地方特别是基层政府提供公共服务的能力。

二是要深化行政审批制度改革。行政审批是政府实施行政管理的一个重要手段，曾经发挥过重要作用。但是，随着改革的不断深化和市场经济的不断发展，原有的行政审批制度的弊端日益明显。近年来，各部门和各级政府认真贯彻落实中央的部署和要求，加快转变政府职能，全面推进依法行政，加强政府管理创新，大力加强廉政建设，不断深化行政审批制度改革，取得明显成效，市场在资源配置中的基础性作用和各级政府及其工作人员依法行政的意识明显增强，法治国家建设迈出重要步伐。但是，从总体上看，目前包括行政审批制度在内的行政管理体制改革还滞后于经济社会发展，不适应发展社会主义市场经济的要求。政府职能转变不到位，行政审批设定管理不严，监督机制还不健全。行政审批项目过多，审批权行使不规范，容易造成垄断、限制竞争，引发寻租现象，滋生腐败行为。因此，要坚定不移地继续推进行政审批制度改革，推动政府职能转变取得实质性进展，推动行政管理体制改革取得实质性进展。要对现有行政许可项目和非行政许可审批项目继续清理，该取消的要坚决取消，能下放的要尽快下放。对已经取消的行政审批项目，要切实加强后续监管工作，坚决杜绝各种变相审批行为。要加强配套制度建设，推行法定审批流程工作制；健全审批公开制度，提高行政审批的公开性和透明度；加强效能监察，建立科学合理、规范高效的审批运行机制；健全监督机制和责任追究制度，加强对审批权力的监督制约。

三是要深化行政决策体制改革。行政决策权高度集中，行政决策权运行不透明、不规范，由主要负责人或党政"一把手"说了算，是中国传统行政决策体制的主要弊端。近年来，我国在健全和完善行政决策体制改革方面取得了明显进展，但是在一些领域和部门仍然存在着行政决策不民主、不科学的现象，不仅造成了巨大的人力物力财力损失，更严重的是，为包括"期权腐败"在内的各种腐败现象的滋生和蔓延提供了机会与可能。要有效预防和治理"期权腐败"，必须进一步深化行政决策体制改革，推进行政决策的民主化、科学化和法制化进程。要按照民主集中制原则的要求健全集体领导和集体决策制度，所有重大决策都应由集体讨论决定。要着力健全对涉及经济社会发展全局的重大事项决策的协商和协调机制，健全对专业性、技术性较强的重大事项决策的专家论证、技术咨询、决策评估制度，健全对与群众利益密切相关的重大事项决策的公示、听证制度，实现行政决策的民主化、科学化。凡是涉及经济社会发展全局的重大事项，都必须为公众提供更多、更通畅的意见表达机会，广泛征询意见，充分进行协商和协调。专业性、技术性较强的重大事项，应认真进行决策评估和咨询论证。与群众利益密切相关的重大事项，应通过公示、听证等制度，扩大人民群众的参与度。建立决策失误责任追究制度和纠错改正机制，实行"谁决策、谁负责"。

四是要加强依法行政和制度建设。包括"期权腐败"在内的各种腐败现象，是行政权力违法违规运行的结果和产物。要有效预防和治理这些腐败现象，还必须切实加强依法行政和制度建设。遵守宪法和法律是政府工作的根本原则。必须严格依法行政，坚持用制度管权、管事、管人。要加强行政法制建设和经济法制建设，加快建立权责明确、行为规范的行政执法体制，保证各级行政管理机关及其工作人员严格按照法定权限和程序行使职权、履行职责。要强化对决策和执行等环节的监督，建立体现科学发展观和正确政绩观要求的干部实绩考核评价制度，认真推行政务公开制度，完善人大、政协、司法机关、人民群众、舆论依法进行监督的机制。要强化责任追究，切实做到有权必有责、用权受监督、违法要追究。健全以行政首长为重点的行政问责制度，明确问责范围，规范问责程序，加大责任追究力度，提高政府执行力和公信力。要进一步完善政务公开制度，及时发布信息，提高政府工作透明度，切实保障人民群众的知情权、参与权、表达权、监督权。

第三，要大力推进财税、金融、政府投资等管理体制改革。

财税、金融、投资等领域和环节，是容易滋生"期权腐败"的重点领域和关键环节。这些年来，中国在财税、金融、政府投资等管理体制改革方面不断向前推进，取得了重大进展。但是，目前这些改革还很不到位，还有待继续深化。"期权腐败"之所以会在这些领域高发、频发，正是这些领域的改革还很不到位的结果。因此，必须继续深化和加快推进财税、金融、政府投资等管理体制改革，以有效预防和遏制"期权腐败"的滋生和蔓延。

一是要大力推进财税管理体制改革。推进财税管理体制改革，重点是要加快建立规范的政府非税收入体系。加强和规范政府非税收入管理是增强政府调控能力，建立健全公共财政体制的必然要求，也是预防和遏制"期权腐败"的重要举措。近些年来，在非税收入绝对额及其增长速度均高于税收收入增长额度及其增速的情况下，政府真实收入来源的混乱，不仅造成了政府的行为失范、职能扭曲和财政体制的无序，而且还给"期权腐败"的滋生蔓延提供了温床。加快建立规范的政府非税收入体系，需要建立规范的政府非税收入收缴管理制度、国库集中支付制度、减免制度、政府调控制度和预算管理制度。要按照"收支两条线"的要求，政府非税收入要全额纳入政府预算体系一管理。征收部门和单位统一在国库集中支付中心开设零余额账户，所有政府非税收入按照部门预算安排支出，统一由支付中心根据业务性质，分别采取直接支付和授权支付的方式进行集中支付。凡涉及财政支付的采购项目，应当纳入政府统一采购。政府非税收入的减免必须严格按照政策执行，按规定程序进行报批。任何部门和单位无权擅自缓征、减征和免征政府非税收入。严禁政府非税收入体外循环，规范减免程序，严防政府非税收入的流失。一般性的政府非税收入，须在确保必要的基本支出外，区别部门和单位的实际情况合理确定政府调控比例；不能调控的政府非税收入，须按照专款专用的原则由部门和单位会同财政部门提出初步安排意见，报政府批准后执行。政府非税收入属财政性资金，必须纳入财政统一管理，收入缴入国库或财政专户，实行综合预算，按照先预算外、后预算内的顺序统筹安排支出，增强政府管理经济社会的宏观调控能力。

　　二是要大力推进金融管理体制改革。金融行业是"期权腐败"的重灾区。一些金融系统工作人员依规或违规为企业发放贷款、逃废债务提供方便、谋取好处，在位时并不拿企业的好处，而与借款人暗订"君子协议"，期许在辞职或其他"方便的时候"，再到借款单位"打工"，通过拿高薪来获取企业回报，或者要借贷单位在其退休或辞职后按贷款的一定比例给予高额回报。要堵住金融行业高发、频发"期权腐败"的漏洞，确保我国的金融安全，必须加快推进金融管理体制改革。金融领域"期权腐败"滋生蔓延的根源，是对货币资金这种稀缺性资源的垄断性配置。这种垄断性配置之所以普遍存在并发挥作用，根本在于金融管理体制改革严重滞后，政府在金融领域存在较多的行政干预。要通过改革推进金融机构运作方式的市场化，充分发挥市场配置金融资源的作用。与此同时，要着力完善金融企业公司治理，建立健全现代金融企业制度，通过强化金融机构的内控机制有效防止"期权腐败"现象的发生。此外，还要进一步强化永久责任追究制。金融企业负责人、高管人员退职、离职和辞职后感到可疑的，可以随时审计、复审。查出问题，不论其离开原岗位有多长时间，也不论其走到了什么地方，都要追究责任。

　　三是要大力推进政府投资体制改革。目前我国的政府投资体制改革还远不到位，政府的投资行为尚不够规范并缺乏严密的制约监督，从而给一些地方"期权腐败"现象的发生提供了机会和条件。为有效遏制"期权腐败"在投资领域继续滋生蔓延，必须加快推进政府投资体制改革。（1）健全政府投资项目决策机制。要进一步完善和坚持科学的决策规则和程序，提高政府投资项目决策的科学化、民主化水平。政府投资项目一般都要经过符合资质要求的咨询中介机构的评估论证，咨询评估要引入竞争机制，并制定合理的竞争规则，特别重大的项目还应实行专家评议制度。要逐步实行政府投资项目公示制度，广泛听取各方面的意见和建议。（2）规范政府投资资金管理。要编制政府投资的中长期规划和年度计划，统筹安排、合理使用各类政府投资资金，包括预算内投资、各类专项建设基金、统借国外贷款等。要针对不同的资金类型和资金运用方式，确定相应的管理办法，逐步实现政府投资的决策程序和资金管理的科学化、制度化和规范化。（3）简化和规范政府投资项目审批程序，合理划分审批权限。按照项目性质、资金来源和事权划分，合理确定项目审批权限。对于政府投资项目，采用直接投资和资本金注入方式的，从投资决策角度只审批项目建议书和可行性研究报告，除特殊情况外不再审批开工报告。采用投资补助、转贷和贷款贴息方式的，只审批资金申请报告。（4）加强政府投资项目管理，改进建设实施方式。要规范政府投资项目的建设标准，并根据情况变化及时修订完善。按项目建设进度下达投资资金计划。加强政府投资项目的中介服务管理，对咨询评估、招标代理等中介机构实行资质管理，提高中介服务质量。对非经营性政府投资项目加快推行"代建制"，即通过招标等方式，选择专业化的项目管理单位负责建设实施，严格控制项目投资、质量和工期，竣工验收后移交给使用单位。要增强投资风险意识，建立和完善政府投资项目的风险管理机制。（5）建立和完善政府投资监管体系。建立政府投资责任追究制度，工程咨询、投资项目决策、设计、施工、监理等部门和单位，都应有相应的责任约束，对不遵守法律法规给国家造成重大损失的，要依法追究有关责任人的行政和法律责任。完善政府投资制衡机制，投资主管部门、财政主管部门以及有关部门，应依据职能分工，对政府投资的管理进行相互监督。审计机关要依法全面履行职责，进一步加强对政府投资项目的审计监督，提高政府投资管理水平和投资效益。完善重大项目稽查制度，建立政府投资项目后评价制度，对政府投资项目进行全过程监管。建立政府投资项目的社会监督机制，鼓励公众和新闻媒体对政府投资项目进行监督。

三、加快推进预防和治理"期权腐败"的机制创新

推进有效预防和治理"期权腐败"的机制创新，对于有效遏制"期权腐败"具有重要意义。从某种意义上可以说，反腐

倡廉、遏制"期权腐败",最终就是要通过改革创新,建立起一种与预防和治理"期权腐败"体制、制度相联系、相适应的惩治和预防腐败的有效机制。

第一,要创新从政道德规范约束机制。

从政道德,是从政者在行使权力过程中的道德,它是从政者个人的道德信念、道德情感和道德水准在行使权力过程中的反映。

人无德不立,国无德不兴。从政道德,是自有国家以来就存在的一种道德规范形式。由于从政者在社会中的特殊地位和作用,自古以来,无论中外,从政道德都在整个社会道德体系中居于核心地位,历来为统治阶级所高度重视。为政以德,修己安民,是我们中华民族的优良传统,也是治国兴邦历史经验的深刻总结。

当今世界各国程度不同地受到腐败问题的困扰,因而加强廉政立法,特别是制定和完善国家公职人员从政道德法规和准则,是各国加强廉政建设的普遍做法。美国就制定有多部类似的法律,如《政府道德法》、《公职人员道德法》、《政府工作人员道德行为准则》等。这些道德法规对国家公职人员要求都十分严格。

从政道德对于规范从政行为,从而对于规范权力运行能够发挥不可替代的作用。规范国家公职人员的从政行为,从而规范权力运行,从政道德是一个基础性、前提性内因。现代市场经济条件下,各种诱惑很多,对从政者的诱惑比其他人更大。规范从政行为,外在的约束机制譬如法律、纪律是重要的,但是所有外部约束机制毕竟都要通过内在的道德修养才能发挥作用。"只有拥有正义美德的人,才能了解如何去运用法则。"[9]一旦从政道德失范，再严格的制约和监督，也难以遏制权力被滥用。剖析许多腐败案例不难看出，腐败和道德沦丧紧紧相伴，道德的堕落往往成为腐败的催化剂。加强从政道德建设，建立健全道德规范约束机制，是拒腐防变的治本之策，是预防和治理"期权腐败"的重要屏障。

加强从政道德建设，建立和强化从政道德规范约束机制，以预防和治理"期权腐败"，应着重抓好以下几个方面的机制建设。

一是建立健全从政道德修养机制。道德修养是领导干部从政修养的终身课题。以德为上、以德服人、以德树威、以德取信于民，是领导干部非权力影响的人格品德魄力。加强道德修养，重要的是陶冶道德情操、锤炼道德意志，做到思想纯洁、心灵净化。从政道德修养是国家公职人员根据党性要求和职业道德规范自觉地改造自己的主观世界，不断锤炼自己的意志和品质，努力提高自己的精神境界和修养水平的一种道德活动。它是国家公职人员把党的先进性与自身人格完善有机结合的一种重要途径。加强从政道德修养，对于增强国家公职人员拒腐防变能力具有重要意义。牢固树立社会主义荣辱观，是领导干部从政道德修养的基本要求。领导干部要牢固树立社会主义荣辱观，常修为政之德，常思贪欲之害，常弃非分之想，常怀律己之心，不断净化自己的灵魂，陶冶自己的情操，保持健康的生活情趣，做到自重、自警、自省、自励及慎独、慎初、慎微、慎行，自觉反对和抵制个人主义、自由主义、拜金主义、享乐主义，经得起各种诱惑的考验。养成良好的从政道德，首先必须加强学习。只有加强学习，才能坚定正确的理想信念，牢固树立科学的世界观、人生观、价值观和正确的权力观、地位观、利益观，促进从政道德的养成。

从政道德的养成离不开社会实践。社会实践是国家公职人员加强从政道德修养的根本途径。国家公职人员加强从政道德修养，贵在自觉。有无加强修养的自觉性，是从政道德能否养成的关键。要以增强国家公职人员拒腐防变能力为核心，通过制度建设，推进学习、实践与自律等从政道德修养长效机制的建立和健全。

二是建立健全从政道德评价机制。加强领导干部从政道德建设，必须强化对其从政道德的评价。所谓道德评价，就是依据一定的道德标准，对个体或群体的道德行为和道德活动作出善与恶、道德与不道德的价值判断，以达到褒善贬恶、扬善抑恶的目的。在社会道德生活中，道德评价具有裁判、监督、教育和调节的作用，它对人们道德品质的形成、社会风气的改善、人际关系的协调具有重要作用。中华民族素有"文明古国"和"礼仪之邦"之称，有着悠久而深厚的德治传统，自古以来民众就热衷于对为官从政者的道德品行进行评价。虽然那时的道德评价明显带有统治阶级的标签，也容易受到统治者个人偏好的影响，但这种对从政道德评价的关注，有着深厚的历史积淀，对我国的社会政治行为产生了深远的影响。为了建设高素质干部队伍，中国共产党延续了对干部特别是领导干部的从政道德进行评价，为选人用人提供参考的优良传统。同时为了体现对从政道德的重视，中国共产党提出了"德才兼备，以德为先"的用人标准，对走上领导岗位的干部高标准、严要求，引导广大干部加强自身修养。在这种正确引导下，涌现了一大批鞠躬尽瘁、死而后已的优秀领导干部。但是毋庸讳言，也有少数领导干部不注重自身道德修养，放松了对自己的道德要求，抵御不住权力、金钱和美色的诱惑，道德品行败坏，肆无忌惮地搞权钱交易、权色交易。选人用人机制存在的缺陷以及随之而来的吏治腐败，暴露出我们在领导干部从政道德评价机制上还存在一些亟待解决的问题。应着力健全和完善领导干部从政道德评价机制，积极构筑"制恶之闸"和"引善之渠"。通过建立健全一套从政道德评价机制对领导干部的从政行为作出客观公正的道德评价，并以此为依据对其进行褒奖或贬斥，能够发挥扬善惩恶的作用，激励善者善上加善，帮助恶者弃恶从善。对国家公职人员进行道德评价，关键是建立一套科学的、操作性强的评价体系。行使公共权力的各职能部门包括党的各级机关，应根据各自的职能特点，建立切合实际、操作性强的道德评价体系，对领导干部的从政活动进行定期或不定期的道德评价，以提高他们从政道德的整体水平。在对领导干部的从政道德评价中，应在增大同级机关和同事之间评价力度的同时，进一步注重和充分发挥社会公众和社会舆论在领导干部从政道德评价中的重要作用。

三是建立健全从政道德监督机制。尽管目前中国的反腐力度不可谓不大，但形势依然比较严峻。这与现行的从政监督机制没有产生理想的监督效果不无关系。而从政监督机制的运行不畅，又与监督体系中道德监督机制的缺失有着密切的联系。目前的情况往往是，当某国家公职人员因腐败犯罪受到法律惩处时，才附带地对其道德层面的腐败（如养情妇之类）作些许披露，并就此进行一番道义上的谴责。这就是说，在现实生活中，从政道德监督仅仅是充当了法律监督的辅助。其实，从政道德监督是国家公职人员从政监督体系中的一个重要组成部分。从源头上预防和解决腐败问题，必须致力于建立健全道德监督机制，并将其纳入到整个惩治和预防腐败体系之中。制定从政道德或称行政伦理法律法规，已经成为建立健全道德监督机制的国际性大趋势。以美国为例。1978年10月美国卡特政府推动国会批准了《美国政府伦理法》。1979 年 1 月 3 日，该法正式生效实施。1989 年 4 月 12 日和 1990 年 10 月 17 日，布什总统两次签署 12674 号和 12731 号行政命令，颁布《美国政府官员及雇员的行政伦理行为准则》。1992 年，美国政府颁布了由政府伦理办公室制定的内容更为详细、操作性更强的普遍适用于联邦政府的伦理行为标准，即《美国行政部门工作人员伦理行为准则》。美国的这一经验值得我们研究和借鉴。中共中央颁发的《建立健全教育、制度、监督并重的惩治和预防腐败体系实施纲要》指出："探索制定公务员从政道德方面的法律法规。"这里，实际上已经提出了建立行政伦理法规体系的任务。从目前中国的实际情况出发，应抓紧制定并颁布实施《中华人民共和国行政伦理法》，以此来规范各级领导干部的从政道德行为。

四是建立健全从政道德社会环境机制。从政道德建设不是在真空中进行的，而是在一定的社会环境中进行的。社会环境的好坏，对国家公职人员从政道德的养成乃至整个从政道德建设的成效有着重要的影响作用。要坚持正确的用人导向，切实把好用人关，真正把那些政治过硬、道德高尚、政绩突出的人选到重要领导岗位上来，同时及时地把那些道德败坏的人从领导岗位上清理出去。要切实加强廉政文化建设，积极营造促进国家公职人员清正廉洁、秉公用权的文化氛围。同时还要着力加强社会公德建设，为从政道德建设营造良好的社会道德环境。

第二，要创新廉洁从政激励机制。

预防和治理"期权腐败"，既要建立健全约束性机制，又要建立健全激励性机制。对国家公职人员特别是领导干部的不良从政行为加以约束，并建立一定的物质和精神激励机制促使廉洁从政的国家公职人员更加廉洁自律，是不少国家预防和治理腐败的成功做法和宝贵经验。我们要从源头上有效地预防和治理"期权腐败"，就应当认真汲取和借鉴他们的这一做法和经验，并根据本国的具体国情逐步探索建立使国家公职人员才有所用、劳有所得、功有所奖、廉有所值的激励机制，为他们创造廉洁从政的良好环境，帮助他们提高拒腐防变能力。

一是探索建立廉政保证金制度。廉政保证金制度，"是一种以年金方式提取一定数额的资金准备，通过累积效应增加腐败成本，约束和激励国家公职人员廉洁从政的保廉机制。"[10]这一制度的设计起点，是假定人性本"恶"；其逻辑起点，是让国家公职人员预先支付一部分可能的腐败成本。长期以来，我们一直强调法学治腐范式。这种治腐范式固然有力有效，但是它在很大程度上是一种对违纪违法者的事后追究与惩处。而廉政保证金制度则是一种从新的视角研究腐败的博弈成本问题，并通过制度安排和机制创新对国家公职人员形成事前经济约束的新的治腐范式——经济学治腐范式。与法学治腐范式相比，经济学治腐范式效力超前、效能更广。实行廉政保证金制度，使国家公职人员的廉政累积绑上经济累积，在一定程度上加大了腐败的成本。近年来，中国一些地方借鉴这些国家或地区的做法，尝试建立廉政保证金制度这一保廉机制，并在实践中进行了一些探索。笔者认为，实行廉政保证金制度，让掌控一定权力的国家公职人员每年缴纳一定数额的廉政保证金，既可以从思想上对其起到经常性的防腐提示作用，又能够在经济上起到一定的激励与制约作用。这是从制度设计层面改进反腐倡廉机制创新的一种探索和尝试。与单纯的道德教化相比，这样做更有利于促进国家公职人员廉洁从政。其实，国外早就有类似的做法经验。如新加坡有关制度规定：所有政府公务员和参加社会工作的人员，都按月工资的20%扣交公积金，政府也按其月薪的 20% 提供公积金。如果个人在职时廉洁奉公，没有贪污腐败和违法等行为，到离职时即可取回这两笔款项；反之则上缴国库。要认真借鉴国外的成功做法，大胆创新，积极实践，并悉心总结我们自己的成功经验，逐步建立起适合本国国情的廉政保证金制度。

二是探索建立国家荣誉制度。为表彰有杰出贡献的文化工作者，党的十七大报告提出的一个重要举措，就是设立国家荣誉制度。这充分体现了党中央对文化工作的高度重视和对文化工作者的深切关怀，是十分必要的。由此笔者以为，为表彰在廉洁从政方面作出突出贡献的国家公职人员，同样也需要设立国家荣誉制度。设立国家荣誉制度，是有着充分的宪法依据的。我国宪法第六十七条规定，全国人大常委会有权"规定和决定授予国家的勋章和荣誉称号"；第八十条规定，国家主席根据全国人大的决定和全国人大常委会的决定，"授予国家的勋章和荣誉称号"。我国宪法的这一规定，不仅适用于文化建设，而且也适用于反腐倡廉建设。为激励国家公职人员廉洁从政，促进反腐倡廉建设，对立党为公、执政为民、艰苦奋斗、无私奉献的廉洁从政先进典型，给予一定的物质奖励是必要的，同时还应当给予适当的精神鼓励。对品德高尚、事迹突出、群众公认、堪称楷模的廉洁从政先进典型，应当以国家的名义授予其勋章和荣誉称号荣誉。通过严格的法律程序，以国家的名义给予廉洁从政先进典型以崇高的精神激励，不仅是对共产党人浩然正气的一种充分肯定和极高褒扬，而且对于充分发挥廉洁从政先进典型的示范作用，引导各级领导干部牢固树立正确的世界观、人生观、价值观和权力观、地位观、利益观，对于优良党风政风及其核心价值的确立，以党风带政风促民风，都将产生非常深远的影响作用。建议抓紧研究建立相关的制度框架，启动相关评审原则、标准、程序等研究论证工作。

第三，要健全和完善举报人保护机制。

举报制度是中国法治建设的一个重要组成部分。通过举报人的举报发现案件线索，进而查处以权谋私的职务犯罪分子，是中国共产党和中国政府依靠群众进行反腐败斗争的主要方式。据最高人民检察院举报中心统计，近年来检察机关查办的职务犯罪案件线索约有57%来自群众举报。也正是因为如此，举报人的保护成了一个在实践中需要认真解决的问题。为了保护举报人的人身安全和合法权益，中国建立了相关制度，作出了一系列的法律规定。然而在现实生活中，举报人受到打击报复的事件屡有发生，严重挫伤了人民群众参与举报的积极性。据相关专家介绍说，改革开放三十年来，评出的10个反腐名人，其中9人都遭到打击报复。另据中国青年报社调中心通过腾讯网，以"你认为自己有举报腐败的义务吗"为题对3259人实施的在线调查显示，其中34.9%的人担心举报后遭到打击报复[11]。譬如，根据司法机关查明的事实，上海社保资金案涉及众多中高级干部，犯罪情节相当严重，不少涉案人员的贪腐行径长达数年之久。但是，"检察机关对近年来收到的举报材料进行认真的查询，却没有发现对相关涉案人的举报，这一结果令人大感意外。"[12]之所以会出现上述这种情况，一方面表明反腐败斗争的尖锐性和复杂性，同时也同中国举报人保护制度存在漏洞与瑕疵不无关系。2007年6月，最高人民检察院举报中心在北京召开的"维护举报人合法权益、构建和谐社会"研讨会上透露，近年来我国检察机关受理的举报线索呈总体下降趋势。最高人民检察院有关部门负责人分析说："导致这一状况出现的一个重要原因，是我国群众对检察机关反渎职侵权工作的性质、职能、监督对象等缺乏了解，对我国举报制度的程序、途径等还不熟悉。"同时，"我国举报人保护制度不健全，对打击报复行为的查处不力，也是导致群众举报积极性受挫的另一重要原因。"这位负责人还指出，尽管在司法实践中，检察机关在保护举报人权益方面做了大量工作，但一个举报人遭到迫害，就会给社会公众留下"举报人没有好下场"的印象，导致越来越多追求公正和善良的人因害怕报复而不敢举报。"如何加强对举报人的保护，完善查办打击报复案件的工作机制，维护举报人的合法权益，是目前我国检察机关工作中的一项重点与难点。"[13]中国举报人保护制度存在的主要问题是，迄今为止没有一部专门的举报人保护法，有关举报人保护的法律规定（包括举报权利、保护机构、保护范围、保护措施等）散见于《宪法》、《刑法》、《刑事诉讼法》之中。而且这些规定只是一些实体性的规定，没有程序性的规定，过于抽象、原则、笼统，缺乏可操作性。譬如，我国刑事诉讼法规定："人民法院、人民检察院和公安机关应当保障证人及其近亲属的安全。"但如何保障及用什么办法保障，没有明确规定。此外，中国举报人保护制度还存在以下漏洞和瑕疵：（1）对举报人保护的适用范围狭小。譬如，从保护内容来看，举报人因举报可能会受到各种直接或间接损失。所以，举报人保护的内容不仅包括对举报人人身权利的保护，还应包括对财产、精神、名誉的保护。但现有相关法律和司法解释均未对是否应当补偿、由谁负责补偿、如何补偿等作出明确规定。（2）只注重对打击报复者的事后惩罚，而忽视对举报人的事先保护。现有法律规定的保护，均是在举报人遭受打击报复后才启动的，尽管事后对行为人会依法严厉制裁，但给举报人或其亲属造成了心灵上和身体上的伤害，有的甚至被夺去了生命。这些伤害一经造成，可能是无法弥补的。（3）为举报人保密的制度存在缺陷，泄密事件时有发生。在许多情况下，受理举报的机关通常把举报材料转到被举报人所在地或所在单位主管部门处理，甚至有的举报材料直接转到被举报人手中。我们要惩治和预防以权谋私职务犯罪，必须对举报人实施有效保护。"期权腐败"这类新型职务犯罪案件具有隐蔽性强、取证难等特点，更需要知情人通过举报为办案机关提供破案线索和相关证据。如果举报人的人身安全和合法权益不能得到有效保护，知情人因为害怕打击报复而隐情不报，那么侦破和惩治"期权腐败"这类新型职务犯罪将是难上加难。对举报人实施有效保护，必须通过制度创新健全和完善举报人保护机制。借鉴法治国家保护举报人或证人的立法经验，从国情出发，大力推进举报人和证人保护制度的规范化、程序化、法制化，将制定举报人保护法规提上议事日程，不仅要从法律上保护举报人，还应向其提供相应的服务和补偿，同时严厉追究公权力部门泄露证人信息的责任。

四、扎实推进预防和治理"期权腐败"的制度创新

遏制和解决腐败问题，必须高度重视制度问题。推进制度创新，对于遏制和解决腐败问题具有基础性、根本性、长期性的重大意义。2007 年全国"两会"期间，国务院总理温家宝在记者招待会上指出："解决当前存在的腐败问题，首先得从制度上入手。"他说："造成腐败的原因是多方面的，其中最为重要的一点，就是权力过于集中，而又得不到有效的制约和监督。这就需要改革我们的制度，要贯彻已经制定的行政许可法，减少审批事项。政府部门掌握了大量的行政资源和审批权力，容易滋生权钱

交易、以权谋私、官商勾结的腐败现象。"[14]2009 年 2 月 28 日，温家宝总理在与网友在线交流并接受中国政府网、新华网联合专访时再次强调说："提起反腐败，我以为，最重要的还是解决制度问题。"[15]由此可见，推进制度创新，解决制度问题，对于预防和治理腐败是多么的重要。因此，我们要预防和治理"期权腐败"，就要大力推进制度创新，着力从制度上解决问题。

第一，要推进党内民主监督制度创新。

党内民主监督，是党的组织和全体党员在民主集中制原则指导下，在党内政治民主和组织民主的基础上，依据党规党纪从党组织内部对党的执政行为、领导行为和党员行为所开展的检查、评价和督促的活动。推进党内民主监督制度创新，其目的和价值取向就是要进一步扩大党内民主、强化党内监督。这是有效预防和治理"期权腐败"的重要途径和方式。

党内民主是党的生命。党内民主的状况，直接影响和制约着党内监督工作的质量和水平。发展党内民主，有利于强化对领导干部的监督，遏制腐败现象的产生。不仅如此，发展党内民主还有利于带动人民民主的发展，并以此形成党内监督与党外监督相互促进的局面。我们要有效加强党内监督、预防和治理"期权腐败"，必须通过改革和创新，进一步扩大党内民主，强化党内民主监督。

一是要建立健全党员权利保障制度。党员是党内权力的主体，因而也是党内民主监督的主体。党的各级领导机关和领导干部的权力来源于党员，他们与党员之间形成权力的委托和受托关系，党内权力运行必须接受党员主体的监督。加强党内民主监督，最重要、最根本的是尊重党员主体地位，保障党员民主权利。监督权是党员的一项重要民主权利。民主的重要功能之一，就是实现对权力的制约，这便是民主监督。尊重党员主体地位，保障党员民主权利，既是扩大党内民主的内在要求，又是加强党内监督的客观需要。只有充分尊重党员主体地位，切实保障党员民主权利，才能充分发挥党员在党内事务中的参与、管理、监督作用。当前党员民主权利最难落实的是监督权。其主要表现是下级监督上级难，普通党员监督领导干部难，领导班子成员监督"一把手"难。不落实党员的监督权，就无法把党内民主监督落到实处。从实践看，我们说党内民主监督不够，实际上是对党员权利尊重不够，党员权利缺乏制度保障。加强党内民主监督，核心是要树立党员在党内的权利主体地位，并围绕着这一核心进行制度创新。要坚持以民主集中制为核心的程序规范，使党员主体地位实现的每个步骤都以一定的形式予以明确，强化过程的规范性、可操作性；要坚持以民主集中制为指导的实践探索，探寻党员主体地位实现的形式和载体，切实增强党员主体意识，发挥党员主体作用，积极营造党内民主讨论环境。要认真落实党员权利保障条例，切实保障党员的知情权、监督权、建议权、选举权和被选举权等党员基本民主权利的正确行使和不受侵犯，努力在党内生活及党的建设中建立和完善党员主体机制。要建立健全党员参与党内事务机制，实行党务公开制度，完善党内情况通报制度，切实扩大党员对党内事务的了解和参与，保障党员的知情权和对党内事务的参与权。

二是要完善党的代表大会制度。党内民主的发展和完善的基础和前提，是承认和尊重党员在党内的主体地位及其权利，进而通过有效的相关制度的运作保证党员权利的实现。在诸多的相关制度中，党的代表大会制度是最直接的实现党员权利的载体。要有效实现和保障党员权利，必须通过建设和改革进一步完善党的代表大会制度。改革和完善党的代表大会制度，当前最紧迫的任务就是要实行代表大会常任制。实行党的代表大会常任制的目标取向，就是使代表大会成为党的最高决策机关和最高监督机关，以增强其党内决策和监督的权威性。实行党的代表大会常任制是从改革体制、机制入手完善党的代表大会制度的有效途径，对于发展党内民主、强化党内监督、增强党的拒腐防变能力，具有十分重要的意义。要通过试点与实践，积极探索党的代表大会闭会期间发挥代表作用的途径和形式，形成与常任制相配套的组织架构和工作制度。与此同时，还要着力完善党的地方各级全委会、常委会工作机制，发挥全委会对重大问题的决策作用。要通过建设和改革，坚决改变实际运作中党委会取代全委会，全委会取代党代会，党代会的权力集中在常委会特别是集中在少数主要领导手中的现象，逐步实现党内权力向全委会和党代会的转移，建立健全党代会领导下的决策机关、执行机关和监督机关分设的领导体制，形成由全委会履行决策权、常委会（书记处）行使执行权、纪律检查机关行使监督权的党内权力运行格局。

　　三是要改革党内选举制度。党内选举是党内民主的直接实现形式和衡量党内民主发展程度的重要标志。党内民主选举的过程，实质上也是进行积极有效的党内监督过程。正是通过党内民主选举，才可以有效地体现党员的意志和愿望，消除各种特权和腐败以达到最有效的党内监督。党内民主选举权的充分行使，为党内监督的实施奠定了坚实的基础和条件，同时也使党内民主选举制度本身成为最有效的党内监督形式。当前，要着力改进候选人提名制度和选举方式。改革和完善候选人提名制度，必须逐步扩大民主推荐范围，推广基层党组织领导班子成员由党员公开推荐与上级党组织推荐相结合的办法，建立组织提名与党员或代表提名相结合、自下而上和自上而下相结合的提名制度。坚持和完善差额选举制度，要适当扩大差额选举比例，逐步扩大差额选举范围。要在完善党内差额选举制度、逐步扩大直接选举范围的基础上，试行适度的党内竞选制。要进一步提高选举的透明度，以便于党员对选举进行全程监督。要着力加强选举程序建设，使党员对党内选举行使监督权有章可循。

四是要建立健全党内质询制度、罢免和撤换制度。质询的含义是质问，是带有批评色彩的提问。把质询引进党内，有利于扩大党内民主，进一步加强党内监督。要根据《党内监督条例》的规定，在实践中积极探索质询制这一新的党内监督制度的实现形式和路径。要在不断探索实践中逐步规范质询制度的操作程序，建立和完善质询回避制度，建立相关的责任追究机制。建立健全党内罢免和撤换制度，是加强党的制度建设的重要内容，对于发展党内民主、保障党员民主权利、加强党内监督具有十分重要的意义。恩格斯在总结巴黎公社经验时强调指出：为了防止国家和国家机关由社会公仆变成社会主人——这种现象在至今所有的国家中都是不可避免的——公社采取了两个可靠的办法。其中的一个最重要的办法，就是："把行政、司法和国民教育方面的一切职位交给由普选选出的人担任，而且规定选举者可以随时撤换被选举者"[16]。列宁十分看重人民的罢免权在制约和监督苏维埃政权权力中的作用。在列宁看来，与选举权相比较，罢免权更为重要，因为"任何由选举产生的机关或代表会议，只有承认和实行选举人对代表的罢免权，才能被认为是真正民主的和确实代表人民意志的机关"，才能"使人民的代表真正服从人民。"[17]如果不赋予人民以实质性的罢免权，就等于不让人民表达自己的意志，"也就是篡夺了人民的权利。"[18]同时，也只有赋予人民以罢免权，人民才能对由他们自己选举产生的代表和政府官员形成更有效、更具威慑力的监督。早在1982年，《中国共产党党章》就明确作出了党员享有"要求罢免或撤换不称职干部"的权利的原则规定。但是，长期以来这一规定仅仅停留在"原则"层面上，而未提升至规范化、程序化的"制度"层面，没有取得好的实践效果。2003年12月党中央下发的《党内监督条例（试行）》，第一次对"罢免或撤换"作出了制度性规定，并将其列为党内十项监督制度之一，为解决"民主罢免和撤换"问题迈出了关键性一步。然而，这一制度的实行是一个十分敏感而复杂的问题，它涉及党内选举、干部考核评价、党内权力结构的设置和运行等一系列基础性和配套性乃至关键性的环节，存在着诸多难点，有待我们在今后的实践中逐步进行探索和加以解决。

第二，要推进干部选拔任用制度创新。

选什么人、用什么人的问题，是从源头上预防和治理包括"期权腐败"在内的各种腐败的一个重大问题。吏治腐败是各种腐败的基础和根源，因而是危害最大、最烈的腐败！正如江泽民同志所曾经指出的："历史上的腐败现象，为害最烈的是吏治的腐败。由于卖官鬻爵及其带来和助长的其他腐败现象，造成'人亡政息'、王朝覆灭的例子，在中国封建社会是屡见不鲜的。这种历史的教训很值得我们注意。"[19]为预防和治理吏治腐败，改革开放三十多年来，中国共产党和中国政府积极推进干部人事制度改革，取得了明显进展和显著成绩。然而由于种种原因，以"跑官要官"、"买官卖官"为特征的吏治腐败现象仍在不断滋生、蔓延，并且呈现出多案窝案化、公开半公开化、资金大额化、职务高级化等特点，成为令人关注和忧虑的严重社会问题。一方面，一些人为了谋得更高的官职，不惜采取一切手段，甚至用巨额财物去收买贿赂那些掌握干部提拔任用实权的人物；另一方面，一些掌握用人权力的人则把手中的权力看作是私有权力，以此受贿索贿，攫取大量金钱。在一些地方，"不跑不送，原地不动；光跑不送，平级调动；又跑又送，提拔重用"成了风行官场的"潜规则"，以至于用人失察、用人失当的事情时有发生。有的干部刚刚被提拔到新的领导岗位，群众就反映其有严重问题；有的干部犯错误后，一查早就劣迹斑斑。人们形象地将此种现象称之为"带病提拔"、"带病上岗"。

2004 年 1 月 12 日，胡锦涛总书记在中央纪委第三次全会上的讲话中谈到干部选拔任用问题时指出，一个值得我们高度重视的问题是，有些人早就有不廉洁行为了，但我们在考察干部时却未能发现，结果导致其中一些人仍继续得到提拔和重用。社会上有人把这种现象说成是"带病上岗"和"带病提职"。干部群众对此反映强烈。胡锦涛同志接着强调指出："出现这种现象的原因是多方面的，归根到底，在于干部选拔任用工作制度还不完善，有些管用的制度没有真正坚持。如何完善干部选拔任用工作制度并依照制度准确选拔使用干部，依然是干部工作需要着力解决的重大问题。"[20]2005 年 1 月 11 日，胡锦涛同志在中央纪委第五次全会上再次强调指出："要抓紧制定体现科学发展观和正确政绩观要求的干部实绩考核评价标准，完善干部考核、考察的制度和办法，扩大干部工作中的民主，加强对干部选拔任用工作的监督，防止和纠正考察失真、'带病提拔'和跑官要官、买官卖官等问题。"[21]

要防止和纠正考察失真、"带病提拔"和跑官要官、买官卖官问题，从源头上预防和治理包括"期权腐败"在内的各种腐败现象，必须着力解决好改革和完善干部选拔任用工作制度这一重大问题。要通过改革和建设，进一步完善选人用人制度，创新选人用人方法，规范选人用人程序，形成严格按政策、按制度、按程序选人用人的运行机制，实现干部选拔任用工作由"人选人"向由"制度选人"的根本转变。

一是要建立和完善干部推荐责任制度。当前干部选拔任用工作中存在的问题，其主要原因是极少数领导干部和党组织没有认真执行有关选用干部的法规制度，没有按照规定的程序办事，人治现象还较为严重，导致在干部选拔任用问题上出现这样或那样的问题。要有效防止和纠正选人用人上的不正之风，消除选用干部上的腐败现象，尽可能地把干部选准、用好，形成正确的用人导向，必须从选用干部的源头抓起，建立健全干部推荐工作责任制，从而规范各级党组织和领导干部在干部推荐工作中的行为，把制约和监督贯穿于选用干部工作程序运行的全过程，从源头上防止选用干部的不正之风。要通过建立和完善干部推荐工作责任制，明确干部推荐环节的责任主体和责任内容，切实解决责任不明确和用人失误失察无人负责、无法追究的问题。要按照《党政领导干部选拔任用工作条例》规定的要求，严格规范领导干部提名的渠道、方式和程序，任何组织和个人推荐干部都要承担责任。

二是要建立和完善干部考察工作责任制度。干部考察是选拔任用干部的主要环节与基本依据，是坚持党管干部原则和落实群众对干部选拔任用工作的知情权、选择权、参与权、监督权的重要途径。干部考察工作责任制度，是规定组织（人事）部门、考察组和考察人员以及有关部门、人员在整个考察工作过程中应当承担什么责任以及如何承担责任的制度。建立健全干部考察工作责任制的目的，是通过制度的形式完善和规范干部考察工作，增强考察工作部门、考察人员和有关方面的责任意识，明确职责，提高干部考察工作台的质量，减少和避免考察工作的失察、失误。建立和完善干部考察工作责任制，对于解决干部考察工作存在的问题、选准用好干部，以及促进干部工作的科学化、民主化、制度化具有十分重要的意义。考察党政领导职务拟任人选，必须依据干部选拔任用条件和不同领导职务的职责要求，全面考察其德、能、勤、绩、廉，注重考察工作实绩。要按照《党政领导干部选拔任用工作条例》规定的要求，明确各方面的责任，切实做到严格按规定的程序考察干部，做到环环有人把关，事事有人负责，处处有人监督。派出考察组的党委（党组）或者组织（人事）部门，考察组及其成员，考察对象所在的单位，纪检机关（监察部门）等有关部门，谈话对象和考察对象等，都对考察工作的真实性负相应的责任。要明确责任追究的内容。根据派出考察组的党委（党组）或者组织（人事）部门、考察组及其成员、谈话对象和考察对象所在单位等所负的职责，确定相应的责任内容。

三是建立和完善干部选拔任用工作责任追究制度。干部选拔任用工作责任追究制度，是指对违反《干部任用条例》规定，导致用人失察失误并造成严重后果的，根据具体情况追究主要责任人以及其他直接责任人责任的制度。经过多年来的探索与实践，各地对干部选拔任用实施责任追究取得了一定进展，收到了一定成效。但是，从目前情况看，由于诸多因素的影响，各地实施干部选拔任用工作责任追究也存在一些突出问题：干部任免资料不完备，责任追究缺乏基础性事实依据；对选人用人失察失误处理缺乏一整套系统、规范、可量化、具有法律效力的责任追究体系，责任追究缺乏可操作性措施；责任追究责任主体职责不明、执行主体缺位，追究措施不力，导致责任追究难以落实到位，在一定程度上增长了不正之风。健全和完善选拔任用工作责任追究制度，是一项系统性较强的工作，涉及干部工作的一些具体领域、具体环节，必须综合考虑，把握关键，研究对策。要按照权责一致的原则，科学界定干部选拔任用工作各个环节的责任主体、责任内容，明确追究方式，加大追究力度。领导干部受到撤销党内职务或行政职务以上处分且在提拔任职以前已经有严重违纪违法行为的，必须对其选拔任用的过程进行调查，确实存在违反规定选拔任用干部问题的，要追究有关责任人的责任。实行干部选拔任用工作纪实制度，建立干部选拔任用工作纪实档案，如实记录拟任人选的推荐提名、考察、酝酿、讨论决定的情况，为实施责任追究提供依话的受理工作，建立健全"便利、安全、高效"的举报机制。对群众举报反映的问题，性质严重、内容具体、线索清楚的，要认真调查核实和处理。实名举报的，采取适当方式向举报人反馈查处结果。切实保护举报人的合法权益，坚决制止和严肃处理打击报复举报人的行为。积极营造群众监督的良好环境，形成群众对干部监督的有序参与机制。对干部选拔任用工作中各阶段出现的失误，应根据实际情况和情节轻重，依照《中国共产党党员纪律处分条例》以及中央纪委《关于实行党风廉政建设责任制的规定》等有关规定，给予有关责任人以教育批评、党纪政纪处分，严重违法的要追究刑事责任。要坚持实事求是、从严执纪、有错必究的原则，把责任追究贯穿于干部选拔任用工作的全过程。对干部选拔任用工作中出现的失误，应根据实际情况和情节轻重，依照有关规定，给予相应的处理。需对责任人进行批评教育、诫勉谈话、通报批评或组织调整处理的，由组织人事部门负责实施；需对责任人给予党政纪处分的，由纪检（监察）部门负责实施；对触犯刑律的，移交司法机关依法惩处。

四是建立和完善干部选拔任用工作监督责任制度。强化对干部选拔任用工作的监督，是严格按照《党政领导干部选拔任用工作条例》选用干部，防止和纠正选人用人上不正之风的有效措施。要进一步完善对干部的推荐提名、考察、酝酿、讨论决定等环节的监督措施，严格把好选人用人关，为把政治上靠得住、工作上有本事、作风上过得硬、人民群众信得过的干部选拔到各级领导岗位提供有力保障。要加强对执行《干部任用条例》情况的检查，严肃查处违反《干部任用条例》的行为，坚决遏制用人上的不正之风和腐败现象。实行严重违规用人问题立项督查制度，加大督办和查处力度。党委（党组）及其组织（人事）部门和纪检机关（监察部门）要切实履行职责，加强督促检查，确保《干部任用条例》的严格执行。要重点落实各级党政"一把手"在党政领导干部选拔任用工作中的管理监督责任。要进一步完善干部监督工作协调配合机制。组织（人事）部门要加强与纪检机关的配合，建立与纪检机关在有关干部党风廉政建设方面情况的沟通制度、联系人制度和责任制度，增强监督合力。会同纪检机关认真做好巡视工作，改进巡视方法，完善巡视制度，提高巡视质量，会同审计机关认真实行领导干部经济责任审计制度。与此同时，还要注重发挥舆论监督的作用，通过召开新闻发布会、记者招待会或发新闻通稿、上互联网站等形式，适时向新闻媒体通报干部选拔任用工作的有关情况，接受舆论监督。

第三，要推进惩治和预防腐败法律法规制度创新。

构建惩治和预防腐败体系，加强惩治和预防腐败法律法规制度建设，推进相关法律法规制度创新至关重要。只有这样，才能真正形成用制度管权、按制度办事、靠制度管人的体制机制，不断提高惩治和预防腐败的制度化、法制化水平。

党的十六大以来，经过多年努力，我国惩治和预防腐败法律法规制度建设取得了重大进展：初步形成了以党章为核心、以监督条例为主干，以配套规定和其他监督规范为重要补充的党内监督法规制度体系；形成了规范国家工作人员从政行为、促进领导干部廉洁自律的制度体系；违纪违法行为惩处制度体系不断完善。在党内监督法规制度体系建设方面，中共中央先后颁布实施了《中国共产党党内监督条例（试行）》、《中国共产党纪律处分条例》、《中国共产党党员权利保障条例》；中共中央办公厅先后印发了《党政领导干部选拔任用工作监督检查办法（试行）》、《公开选拔党政领导干部工作暂行规定》等；中央纪委印发了《关于纪委协助党委组织协调反腐败工作的规定（试行）》；中央纪委会同有关部门先后制定了《关于中共中央纪委、中共中央组织部巡视工作的暂行规定》、《关于中共中央纪委派驻纪检组履行监督职责的意见》等。在规范国家工作人员从政行为、促进领导干部廉洁自律的制度体系建设方面，中共中央办公厅、国务院办公厅印发了《国有企业领导人员廉洁从业若干规定》；中央纪委印发了《关于党员领导干部报告个人有关事项的规定》；全国人大常委会颁布实施了《中华人民共和国公务员法》、《中华人民共和国各级人民代表大会常务委员会监督法》等。在违纪违法行为惩处制度体系建设方面，中共中央颁布实施了《中国共产党纪律处分条例》；中央纪委印发了《关于领导干部利用职权违反规定干预和插手建设工程招投标、经营性土地使用权出让、房地产开发与经营等市场经济活动，为个人和亲友牟取私利的处理办法》、《关于严格禁止利用职务上的便利谋取不正当利益的若干规定》；最高人民法院、最高人民检察院联合发布的《关于办理受贿刑事案件适用法律若干问题的意见》等。

在充分肯定业已取得的巨大成绩的同时，也要清醒地看到，目前惩治和预防腐败的法律法规制度建设仍然存在着一些不足的地方。这些不足主要表现在：惩治和预防腐败的法律法规体系尚不健全，一些重要的法律法规还没有制定；有的法律法规制度内容陈旧落后，不能完全适应新形势、新任务的需要；有些法律法规制度得不到有效的贯彻落实；有关惩治和预防腐败的党内法规和政策占绝大多数，国家立法还比较少；等等。当前和今后一个时期，应当按照中共中央《建立健全教育、制度、监督并重的惩治和预防腐败体系实施纲要》的有关规定，并根据惩治和预防腐败工作的实际需要，以改革创新的精神加快相关法律法规制度的制定及其制度体系的构建和完善，适时地把党的政策规定转化为国家立法。

当前和今后一个时期，创新惩治和预防腐败法律法规制度，应当在制定、修改和完善惩治和预防腐败法律法规制度方面下大工夫。

一是认真贯彻《中华人民共和国各级人民代表大会常务委员会监督法》（以下简称《监督法》）。2006年8月27日，第十届全国人民代表大会常务委员会第二十三次会议通过并公布《监督法》。这是完善人民代表大会制度的一项重要举措，对于各级人大常委会依法行使监督职权，加强对"一府两院"及其国家工作人员权力运行的监督，促进依法行政和公正司法，更好地发挥人民代表大会制度的特点和优势，健全和完善监督机制，切实改进监督工作、增强监督实效，具有十分重大的现实意义和深远的历史意义。贯彻《监督法》，在内容上，要按照监督法的明确规定，把监督工作重点放到关系改革发展稳定大局和群众切身利益、社会普遍关注的问题上，结合本地实际，切实加强对带有普遍性、倾向性问题的监督，使人大工作与党委的思路合拍，与人民群众的愿望合意。在形式上，应当主要抓好听取和审议"一府两院"专项工作报告，审查和批准决算，听取和审议计划、预算执行情况的报告和审计工作报告，组织执法检查，进行规范性文件备案审查等四项经常性监督工作。在方法上，需要重点把握好工作监督与法律监督、专项监督与综合监督、初次监督与跟踪监督、听取专项工作报告与开展执法检查的有机结合，切实增强监督工作的科学性。在监督效果上，要研究《监督法》作出的一些新规定，进一步做好各类报告、审议意见、整改报告的公布工作，建立完善的信息发布平台，向社会公开行使监督职权的情况，在保障人民群众知情权的同时，使人大常委会认真倾听人民群众的意见、接受人民群众的监督。对人民群众反响强烈、久拖不决的问题，要采取特定问题调查等方法进行监督，促进问题的解决，努力增强监督工作的实效性。

二是研究制定《中华人民共和国举报人权益保护法》（以下简称《举报人权益保护法》）。作为宪法赋予公民的一项权利，举报不仅是公民行使监督权的一种具体方式，更是国家吸取民间力量参与社会治理、遏制违法犯罪行为的一种制度安排。举报人在实施举报行为时需要冒很大的风险，极有可能受到被举报的职务犯罪分子的疯狂报复，因此国家应当给予举报人以更多的制度支持和立法保护。从现实需要来看，在整合已有的法律条款及有关部门的各种规定基础上制定《举报人权益保护法》不仅是十分必要的，而且是刻不容缓的。制定《举报人权益保护法》，应当以规范举报行为，保护举报人的积极性为出发点，核心是设定举报人的各项权利并建立实际的权利保护机制。首先，需要明确规定举报立法的原则。举报立法的原则是由举报立法的性质所决定的，贯穿于整个举报过程中的，为举报人的举报、有关部门受理举报、举报事件的处理以及对举报人的保护等行为所必须遵循的基本行为准则，举报法的原则要紧紧围绕举报立法的出发点和举报法的核心来规定。其次，需要明确规定举报人所享有的权利：举报人的权利是举报人受保护、不受非法打击报复的基本前提，因此，只有明确了举报人所享有的权利，才能更加有效地保护举报人。具体到《举报人权益保护法》来说，应该详细规定举报人享有自由选择举报方式的权利、拒绝直接充当证人的权利、优先知情权、信息保密的权利、申请和获得保护的权利以及获得报酬与补偿的权利等[22]。再次，需要明确举报受理人及其职责和义务：举报受理人是举报人举报违法犯罪行为的受理机关，是第一时间了解和掌握举报人基本情况、举报内容和举报后果的单位或个人。举报受理人保护举报人意识的强弱、处理举报事件手段的高低关系举报人合法权益能否得到妥善的保障，因此，规范举报受理人的职责和义务对保护举报人有至关重要的意义。笔者认为，在举报受理人方面，《举报人权益保护法》应该明确规定举报受理人的范围即有权受理和处理举报行为的单位或个人、受理举报的方式、处理举报事件的时限等；在举报受理人的职责和义务方面，应该明确规定举报受理人负有对举报人的姓名、住址、身份等基本情况的保密义务和人身、财产保护职责；规定举报受理人设立特殊举报人保护制度，对于因举报重大案件线索而可能遭受打击报复的举报人给予全方位保护。再其次，需要详细规定关于举报人举报后的保护制度：举报人在举报行为发生后，就产生了遭受打击报复的可能性，因此，保护举报人的制度应该从举报人的举报行为开始实施时就应该启动，该制度应该具体规定举报人在什么情况下应该保护，应该采取何种方式保护，哪些机构应该承担保护的责任等方面的内容。甚至有人建议《举报人权益保护法》可以细化对举报人的保护比如说改名换姓、更换居住地、更换工作单位、给予充足的生活保证等[23]。最后，需要明确规定打击报复举报人的法律后果以及举报人在遭受打击报复后的权利救济途径：打击报复举报人行为的发生不是偶然的，而是由一系列故意或者故意和过失的行为所造成的。对打击报复举报人的行为，除了按照法律法规的规定对打击报复人实施相应的民事、行政甚至刑事处罚外，在保护举报人的方面，我们还应该建立严密的责任追究机制，对违法虚假举报、打击报复举报人、举报机关保护失职等设置相应的制裁措施，严厉惩处打击报复行为。严惩打击报复人是一方面，举报人在遭受打击报复之后能够及时取得相应的权利救济也是一个方面。《举报人权益保护法》应该明确规定举报人的合法权益遭受非法侵害后通过什么方式、向何种机关申请保护，同时也应该规定保护机关在受理举报人的保护申请后所应该采取的措施包括再次为申请人保密、及时制定补救措施等方面的内容。

三是研究制定《中华人民共和国国家公职人员财产申报法》（以下简称《公职人员财产申报法》）。财产申报制度，最早起源于二百多年前的瑞典，后来被多数法治国家所借鉴。《公职人员财产申报法》，是关于公职人员财产的申报、登记、公布以及对违法者如何处罚的法律制度。它要求担任一定职位的官员在任职之前、任职期间和离职后的一定期限内，申报自己及家庭财产和收支情况并公之于众，接受媒体和公众监督。民众若发现某官员及亲属的消费明显超出其合法收入的，可以随时举报，媒体可以随时曝光。制定此一法律制度，对于预防和遏制腐败具有显著成效。我国是社会主义国家，应当有比资本主义更清廉的政治、更真实的民主。为此，必须大胆吸收和借鉴人类政治文明的有益成果。2003 年 10 月 31 日，第 58 届联合国大会审议通过了《联合国反腐败公约》（以下简称《公约》），这是联合国历史上通过的第一项指导国际反腐败斗争的法律文件。该《公约》第五十二条（预防和监测犯罪所得的转移）第五款规定，各缔约国均应当考虑根据本国法律对有关公职人员确立有效的财产申报制度，并应当对不遵守制度的情形规定适当的制裁。我国作为《联合国反腐败公约》的签约国，理应履行该公约规定的内容。应当根据我国的基本国情，尽快研究制定《公职人员财产申报法》。其内容应当主要包括：首先，必须明确规定申报人的主体范围。根据本国的具体国情，应以担任县处级副职以上（含县处级副职）各级国家公职人员为宜。此外，国有企业（包括国有控股企业）中相当于县处级副职以上的公职人员，也应列入申报人的范围。其次，需要明确规定申报的内容。其内容应当包括本人、家庭成员和已另立家庭的子女及其配偶的全部财产，即全部动产和不动产。在中国，"老子大官儿（女）大款"的现象相当广泛地存在，有些子女及其配偶直接或间接地利用领导干部的权势谋取私利。如果申报人不同时申报已另立家庭的子女及其配偶的财产，这一法律就不可能起到应有的作用。再次，应当明确规定申报、公布财产的时间、方式和程序。领导干部如在任职前由主管机关公示的，应在公示中列入其申报财产的内容；所有领导干部任职后应在一定期限内申报，以后每年申报一次；离职后也应在一定期限内申报。各级执法机关应将申报人申报的内容分别在全国性的、本部门的、本地区的互联网上和大众媒体上公布，使社会公众得以了解，并便于查询和监督。最后，应当明确规定严格的审核和处罚办法。执法机关对于申报人不按期申报的，应责令其限期补报。对于申报内容的真实性、合法性应予严格核查。发现违法行为，情节轻微的，给予行政或纪律处分；情节严重的，追究法律责任。

四是研究制定《中华人民共和国国家公职人员从政道德法》（以下简称《公职人员从政道德法》）。大量事实表明，一个国家公职人员的腐败堕落，往往是从道德沦丧开始的。我们要有效地预防和治理腐败，必须着力加强国家公职人员特别是各级领导干部从政道德行为规范建设，加大对国家公职人员特别是各级领导干部的从政道德约束。为了使从政道德由"软约束"变成"硬约束"，必须着力推进从政道德法制化，把从政道德规范上升到法律的范畴，使国家公职人员从政行为准则法律化、程序化，使他们的道德规范不再仅仅依靠本人的觉悟来维持，而是通过国家法律的权威性来保证。美国著名法理学家埃德加·博登海默博士指出："那些被视为是社会交往的基本而必要的道德正义原则，在一切社会中都被赋予了具有强大力量的强制性质，这些道德原则的约束力的增强，是通过将它们转化为法律规则而实现的，禁止杀人、强奸、抢劫及人体伤害，调整两性关系，制止在合意契约的缔结与履行过程中欺诈与失信等，都是将道德观念转化为法律规定的事例。"[24]道德和法律属于两个不同的范畴，前者是以说服和示范为运行机制的自律手段；后者是以强制和惩罚为基本特征的法律手段。推进从政道德法制化，就是要集两种范畴、两种手段和两种效果于一体，充分发挥其在反腐倡廉中的独特优势。埃德加·博登海默博士还曾指出："道德和法律代表着不同的规范性命令，其控制范围在部分上是重叠的，道德中有些领域是位于法律管辖范围之外的，而法律中也有些部门几乎是不受道德判断影响的。但是存在着一个具有实质性的法律规范制度，其目的是保证和加强对道德秩序的遵守，而这些道德规则仍是一个社会的健全所必不可少的。"[25]这就是说，道德和法律尽管属于两种不同的范畴、两种不同的手段，但是二者在一定条件下又是相互联系、相互渗透、相互贯通的。一些应该做到且必须做到的基本道德要求，即"社会交往的基本而必要的道德正义原则"，这些规则"在一切社会中都被赋予了具有强大力量的强制性质，这些道德原则的约束力的增强，是通过将它们转化为法律规则而实现的。"[26]把现行法律或行政法规中的公务员道德规范和道德禁令加以法律化，这在国际社会已成为一种发展潮流，如美国的《公务员道德法》，英国的《荣誉法典》、《防腐败法》，日本的《官员服务纪律》，等等，有些国家甚至已经形成了有关从政道德的法律体系。大量事实证明，西方发达国家行政道德的法律化，对于防止行政官员的腐败起了重要的作用。应当学习和借鉴西方国家的这种做法，加强从政道德立法，用法律约束国家公职人员特别是领导干部的从政道德行为。应当明确规定国家公职人员从事公务活动的一整套道德行为规范，力求做到法律制度条文明确具体，惩治细则界限分明。譬如在公务员个人收入上，应通过立法明确哪些是合法、哪些是非法的界限。应对领导干部的职权范围、权力行使标准、权力运作程序等要作出明确、具体的规定，用规章制度和法制规范、约束领导干部的行为。应坚持惩治从严的原则，以此来震慑那些胆大妄为者，规避立法偏疏、惩治偏宽所带来的负面效应。

第四，要推进行政监察制度创新。

行政监察是行政监察机关依法对国家行政机关、国家公务员和国家行政机关任命的其他人员执行国家法律、法规、政策、决定的情况及违法违纪行为进行纠察、惩戒的活动。在国家行政活动中，行政监察具有重要的地位，是行政机关及其工作人员依法行政、高效行政、廉洁行政的重要保证。

作为行政法制监督的重要组成部分，行政监察制度是中国廉政建设的一项重要制度。自 1986 年 12 月第六届全国人民代表大会常务委员会决定恢复行政监察体制以来，行政监察制度在维护行政纪律、保证政令畅通、改善行政管理、提高行政效能、促进廉政建设等方面发挥了重要作用。随着社会主义民主法制建设的不断深入发展，中国行政监察制度在推进依法行政、完善行政管理、健全监督体制、加强廉政建设等方面发挥着越来越重要的作用。

但是，由于目前中国正处于社会转型、体制转轨和政府职能转变的重要变革时期，承担公共行政管理的机构及其公职人员的行为越来越复杂，行政检察机关对行政机关及其公职人员实施有效监督的难度也越来越大。与此同时，行政监察自身也存在着一些制度性的缺陷，使得实施这种有效监督的难度进一步加大。

目前，中国行政监察存在的制度性缺陷主要是：（1）行政监察主体缺乏应有的独立性。自 1993 年始，行政监察机关与党的纪律检查机关合署办公。合署办公对节约行政资源，发挥监督的整合功能，提高监督质量和效率起到了一定的积极作用。但合署办公的负面影响也同样是显而易见的：行政监察机关的独立性受到了更大程度上的限制，监察工作实际上从属于党的纪律检查工作，监察机关很可能不再是单纯的行政监察机关，而会发生变性，成为党政机关的附属品。在隶属关系上，监察部作为国务院组成机构并未直接向国务院总理负责，而是直接向中央纪委常委会负责，地方监察机关直接向同级党的纪委常委会负责。纪委成了监察机关的直接领导机关，实际上形成对行政监察的"三重领导"，重大问题由纪委常委集体讨论决定。以至于监察机关作为行政机关难以落实宪法所规定的首长负责制，职责不明，党政不分；党纪政纪处分不分，甚至出现以党纪处分代替行政处分的情况，违背了依法行政的基本要求，弱化了行政监察职能。（2）行政监察法律体系不完善。行政监察基本规范的长期缺位，与行政监察工作密切相关的配套法律法规尚不健全。譬如，《行政程序法》、《财产申报法》、《政府信息公开法》等等，都还在研究制定过程之中，有的甚至还没有列入人大的立法规划。（3）行政监察机关职能缺位与越位两种现象并存。按照《行政监察法》的规定，行政监察机关主要履行执法监察、效能监察和廉政监察等项职责。然而现实情况是，一方面行政监察机关的效能监察效果不佳，执法监察亦大多流于形式。而与此同时，其实际所从事的一些活动却与其职责并无直接联系，即使一些案件明显构成犯罪，行政监察机关也要查个水落石出才能移送司法机关，即耗费了大量精力，也有越俎代庖之嫌。

改革和完善行政监察制度，推进行政监察制度创新，是维护行政纪律、保证政令畅通、改善行政管理、提高行政效能的现实需要，更是加强廉政建设、惩治和预防包括"期权腐败"在内的各种腐败行为的客观要求。

一是确立行政监察机关独立行使职权的法律地位。针对目前行政监察机关存在多重领导的问题，中国行政监察体制改革的重点，应当是如何保证行政监察机关能够真正独立地行使监察权。应当通过法定程序将行政监察机关从本级行政机关中剥离出来，使其直接隶属于作为国家权力机关的人民代表大会及其常委会。

获得独立行使职权法律地位的行政监察机关，只向国家权力机关负责，接受它的监督，而不从属于任何其他部门。应当吸收和借鉴源于瑞典的议会行政监察专员制度。在这一制度下，议会行政监察专员由议会任命，对议会负责，具体办案不接受议会的指示，不受行政机关、司法机关、党派力量、社会团体、压力集团或其他组织的影响与干涉，具有很强的独立性。即使是议会或行政机关的首长，也不能对行政监察专员的个案处理发表意见或评论，而只能对行政监察专员任期内的整体工作情况表达意见。行政监察专员的职务实行任期制，除非发生了违法乱纪、徇私枉法或道德败坏等行为，议会集体表决其不适合再担任行政监察专员一职，不得解除其任期内的职务，从而充分保障其独立、公平、公正地行使职权。瑞典的议会行政监察专员制度自实行以来取得了良好的效果，因此先后为芬兰、英国、加拿大、澳大利亚、法国、挪威等国家所仿效。从目前情况来看，议会监察专员制度作为一种制度安排，在世界各国或地方政府的发展中发挥着非常积极的意义，是值得我们借鉴的人类政治文明的有益成果。中国实行人民代表大会制度，人民代表大会是国家的权力机关，代表人民行使国家权力，其他一切国家机关都要接受权力机关的监督。在人民代表大会之下设立行政监察专员，完全符合中国的政治体制。应将现行行政监察系统的多重领导体制改为垂直领导体制，建立自上而下的独立的外部行政监察体系。行政监察机关在国家权力机关的领导下，依照法律规定独立行使监察职权，不受其他行政机关、社会团体和个人的干涉。地方各级监察机关只对其上一级负责。与垂直领导体制相适应，为确保监察权的独立，必须保证监察机关在经费上不受制于地方行政机关，而由中央财政统一拨付。

　　二是理顺行政监察机关与党的纪律检查机关的关系。行政监察和党的纪律检查，二者是有显著区别的：（1）行政监察属于国家的法律监督制度，而党的纪律检查则是执政党的内部监督制度。（2）行政监察负责受理对国家行政机关及其工作人员和国家行政机关任命的其他人员违反政纪行为的检举、控告，而党的纪律检查则负责受理对各级党组织的检举、控告，对党委、纪委、人大、政府、政协、军队、法院、检察院、工会、共青团、妇联、武装部等机关团体及其各部门和各类企业事业单位中的中共党员和农村党员违反党纪行为的检举、控告。（3）行政监察行使行政监察权的依据是国家法律、行政法规和规章，而党的纪律检查则的依据则是党的章程和党的纪律。为保证行政监察机关能够独立地行使行政监察权，应在厘清行政监察机关与党的纪律检查机关相互关系的基础上，实行纪检与行政监察分开。纪委常委会不能取代监察机关办公会议的职能，凡涉及监察业务方面的事项，由监察机关自行决定，不需再提交纪委常委会讨论批准，体现党政分开的原则。这样非但不会削弱党的领导，相反有助于避免党政不分和以党纪处分代替法律制裁和政纪处分现象的发生。

　　三是进一步强化行政监察机关的职权。目前中国的行政监察机关没有传唤权、扣押权、独立裁决权、直接罚没权，无法直接变更或者撤销正在实施的行政行为和公务人员履行职务的行为，而只能通过建议、劝告等方式去间接地实现监察功能。这就严重地影响了行政监察的权威和刚性。应当根据新的形势和任务要求，进一步强化行政监察机关的职权。（1）赋予行政监察机关以更大的处分权。在行政监察机关的职责权限内，赋予其对违法违纪的公职人员有警告、记过、记大过、降级、撤职的行政处分权。(2)给予行政监察机关以一定的经济纠察权和处罚权。行政监察机关可责令涉嫌违法违纪人员就其收支状况进行申报,有权对其银行账户等进行直接调查取证、冻结扣押并对其违法财产直接没收。(3)赋予行政监察机关终止或者变更正在执行的行政机关决策和公务人员履行职务行为的权力。

四是健全和完善廉政监察运行机制。加强廉政监察是监察机关的重要职能。各级监察机关要围绕服务政府、责任政府、法治政府、廉洁政府建设,进一步健全和完善廉政监察运行机制,全面加强和改进廉政监察工作,充分发挥廉政监察的职能作用。要认真开展廉政监察,加强对贯彻执行党风廉政建设责任制、规范重要领域和关键环节权力运行、推进政务公开等方面的监督检查,严肃查办违纪违法案件,进一步严明行政纪律、规范权力运行。当前,要推进重点领域和关键环节的治理腐败工作。认真治理工程建设领域的突出问题,健全举报投诉处理和案件线索移送机制,严肃查处违反招标投标规定的案件。认真治理房地产开发领域的突出问题,坚决纠正城乡规划管理不规范、监管不到位,以及对容积率的调整搞"暗箱操作"等问题,着力遏制房地产开发领域腐败现象滋生蔓延的势头。认真治理土地管理和矿产资源开发领域的突出问题,积极推进工业用地招标拍卖挂牌出让制度,注意发现和查处农村集体土地使用权流转中的违法违规问题。开展探矿权、采矿权招标拍卖挂牌出让制度执行情况监督检查,严肃查处违规审批探矿权和采矿权等问题。加快行政审批电子行政监察系统建设,充分利用行政审批电子监察系统程序规范、监控同步、操作透明的特点,加强对行政审批行为的监督,强化对行政权力的制约和从政行为的规范,实现由事后监察向全程监察的转变,从源头上有效防范腐败现象的发生。

注　释

1　胡锦涛：《高举中国特色社会主义伟大旗帜 为夺取全面建设小康社会新胜利而奋斗——在中国共产党第十七次全国代表大会上的报告》，《中国共产党第十七次全国代表大会文件汇编》，人民出版社，2007 年版，第 53 页。

2　何增科：《中国转型期腐败和反腐败问题》，http：//www. china. com. cn，2009 年 6 月 8 日。

3　杨苏磊：《历史唯物主义视野下的经济体制改革和政治体制改革关系研究》，《中共南昌市委党校学报》，2011 年第 5 期。

4　吴敬琏：《政府掌握资源配置的权力太大》，《新京报》，2011 年 12 月 6 日。

5　胡锦涛：《高举中国特色社会主义伟大旗帜 为夺取全面建设小康社会新胜利而奋斗——在中国共产党第十七次全国代表大会上的报告》，《中国共产党第十七次全国代表大会文件汇编》，人民出版社，2007 年版，第 21 页。

6　段永基：《加紧制定具体措施，充分发挥市场配置资源的基础性作用》，http：//www. people. com. cn，2004 年 3 月 4 日。

7　吴敬琏：《中国经济是半统治半市场化的共同体》，《中国青年报》，2011 年 7 月 5 日。

8　中共中央：《关于深化行政管理体制改革的意见》，http：//www. people. com. cn，2008 年 3 月 4 日。

9　［美］A. 麦金太尔：《德性之后》，中国社会科学出版社，1995 年版，第 192 页。

10　邢光略、岳峰、丁亚庆：《军队建立廉政保证金制度的可行性与注意的问题》，《军事经济研究》，2007 年第 12 期。

11　李颖、李涛：《专家呼吁尽快制定举报法，民调认同此乃当务之急》，《中国青年报》，2009 年 3 月 17 日。

12　杨金志：《上海社保系列案"有腐败无举报"值得反思》，http：//www. xinhuanet. com，2007 年 11 月 29 日。

13　崔静：《我国检察机关受理的举报线索近年呈总体下降趋势》，《法制日报》，2007 年 6 月 14 日。

14　温家宝：《解决腐败问题首先从制度上入手》，http：//www. chinanews. com，2007 年 3 月 16 日。

15 温家宝:《反腐败最重要的还是解决制度问题》,http：//www. gov. cn,2009 年 2 月 28 日。

16 《马克思恩格斯选集》第 3 卷,人民出版社,1995 年版,第 12—13 页。

17 《列宁全集》第 33 卷,人民出版社,1985 年版,第 102 页。

18 《列宁全集》第 33 卷,人民出版社,1985 年版,第 107 页。

19 江泽民:《论党的建设》,中央文献出版社,2001 年版,第 229 页。

20 胡锦涛:《在全党大力弘扬求真务实精神 大兴求真务实之风》,http：//www. jxwmw. cn,2009 年 4 月 16 日。

21 胡锦涛:《在中央纪律检查委员会第五次全体会议上的讲话》,http：//shuren. xztc. edu. cn,2010 年 6 月 28 日。

22 傅达林:《保护举报人,该制定专门法律了》,《检察日报》,2005 年 3 月 10 日。

23 刘彬:《让反腐成本降下来 白俊杰代表提议尽快制定〈举报人保护法〉》,http：//www. hebei. com. cn,2004 年 3 月 5 日。

24 25 26 ［美］博登海默:《法理学——法律哲学与法律方法》,邓正来译,中国政法大学出版社,1999 年版,第 374、386、361 页。

第 八 章

加快廉政法治建设：预防
和治理"期权腐败"的迫切要求

从司法实务看，"期权腐败"行为，亦即"期权受贿"行为中的相当大一部分，在本质上属于职务犯罪。预防和治理"期权腐败"，既要靠教育和监督，更要靠制度特别是法律制度。应当借鉴国际上相关立法的成熟经验，抓紧研究、制定反"期权受贿"的专门法律条款，修订和完善刑法、刑事诉讼法等相关法律法规，为惩治"期权腐败"提供必要的法律依据，以彻底改变当前惩治此类职务犯罪因相关法律制度缺失所导致的检察机关难以提起公诉、审判机关无法定罪量刑的尴尬局面。

一、"期权受贿"犯罪的构成要件

"期权受贿"行为属于职务犯罪，早已成为一个不争的事实。早在 2000 年 7 月 21 日，最高人民法院在其发布的《关于国家工作人员利用职务上的便利为他人谋取利益离退休后收受财物行为如何处理问题的批复》（以下简称《批复》）中规定：国家工作人员利用职务上的便利为请托人谋取利益，并与请托人事先约定，在其离退休后收受请托人财物，构成犯罪的，以受贿罪定罪处罚。

2003 年 11 月 13 日，最高人民法院又公布并实施了《全国法院审理经济犯罪案件工作座谈会纪要》（以下简称《座谈会纪要》），其中第三部分（四）中规定："离职国家工作人员收受财物行为的处理参照《最高人民法院关于国家工作人员利用职务上的便利为他人谋取利益离退休后收受财物行为如何处理问题的批复》规定的精神，国家工作人员利用职务上的便利为请托人谋取利益，并与请托人事先约定，在其离职后收受请托人财物，构成犯罪的，以受贿罪定罪处罚。"

2007 年 7 月 8 日，最高人民法院、最高人民检察院再次联合发布了《关于办理受贿刑事案件适用法律若干问题的意见》（以下简称《意见》），在严格把握"受贿的权钱交易本质"和"宽严相济刑事政策"的基础上，明确了"期权"类受贿行为的定性处理问题。《意见》在第十条中明确规定："国家工作人员利用职务上的便利为请托人谋取利益之前或者之后，约定在其离职后收受请托人财物，并在离职后收受的，以受贿论处。"至此，与法律具有同等效力的司法解释，已经屡次明确地将这种"期权受贿"行为归入到受贿罪的范畴之内，加上刑法理论上的"事后受贿"，二者可以统称为"期权"类受贿罪。

"期权腐败"并不简单地等同于"期权受贿"。要认定一个国家工作人员的"期权腐败"行为是否已经构成"期权受贿"犯罪，必须看其是否符合此种受贿犯罪的构成要件。在司法实践中，"期权受贿"犯罪行为往往扑朔迷离，不容易辨别，唯有掌握 此类受贿罪的构成要件，方能正确认定"期权腐败"行为的罪与非罪，从而为依法追究犯罪嫌疑人的刑事责任提供可靠依据。与此同时，还应当明确，"期权受贿"是受贿行为的一种非典型形态，其本身不是一个独立的罪名。正如上述司法解释所言，符合条件的"期权受贿"是按照受贿罪处理的，即"期权受贿"必须符合受贿罪的构成要件，但是因其非典型性，其在构成上又存在着自己的特征。

所谓"犯罪构成"，是指我国刑法所规定的，决定某一具体行为的社会危害性及其程度而为该行为构成犯罪所必需的一切客观和主观要件的总和。犯罪构成的各个要件是有机地结合在一起的，缺少了其中的任何一个要件，都不能构成犯罪。作为一种职务犯罪，"期权受贿"是受贿罪的一种特殊表现形式，其犯罪构成与其他类型的受贿罪相比更为复杂。概括起来，主要包括以下几个方面：

第一，国家工作人员职务行为的廉洁性或不可收买性："期权受贿"罪的客体。

在犯罪构成中，犯罪客体担当对行为的社会属性与价值判断的功能，犯罪构成的其他构成要件最终都要落脚到犯罪客体上，由犯罪客体作出最后的价值判断。所以，它直接影响着定罪与量刑，是犯罪构成的必备要件之一。就受贿罪而言，它的犯罪客体应当是国家工作人员职务行为的廉洁性或不可收买性。

廉洁从政是国家工作人员的为政之本，是国家工作人员正确行使权力、履行职责的重要基础。国家工作人员的职务即权力是由国家授予的。国家工作人员在各自的工作岗位上担负着依法行使国家管理职能的重任。在国家授予国家工作人员以职务之时，国家工作人员即承担了廉洁奉公的义务。他们要正确履行国家赋予的职责义务，就必须严格遵守党纪国法，不得利用职务上的便利以权谋私和贪赃枉法，切实做到清正廉洁，忠于职守，正确行使权力，始终保持职务行为的廉洁性。如果国家工作人员把由国家授予的职务当作权钱交易的砝码，就侵犯了国家工作人员职务行为的廉洁性或不可收买性。

"期权受贿"作为职务犯罪的一个新变种，是与国家对国家工作人员的廉洁要求相悖的一种犯罪行为，其侵害的客体应当是国家工作人员职务的廉洁性或不可收买性。因为国家工作人员职务行为的廉洁性，是国家工作人员职务行为的公正性的重要保证。公正与廉洁的密切关系体现在廉洁是实现公正的前提。我们很难想象丧失了廉洁性的国家工作人员的职务行为，还能保持其自身的公正性。而公正性又是以不可收买性为其根本前提的。要想维护和保持国家工作人员职务行为的公正性，就必须保证国家工作人员职务行为的不可收买性。

国家工作人员职务行为的不可收买性，主要包括两方面的内容：一是国家工作人员职务行为本身的不可收买性，二是社会公众对国家工作人员职务行为不可收买性的公信力。这里所说的国家工作人员职务行为，不仅包括正在实施或者已经实施的职务行为，同时也包括即将付诸实施的职务行为和已经作出许诺但是还尚未付诸实施的职务行为。国家工作人员既不能以正在实施或者已经实施的职务行为为依据，向他人索取或者收受财物，也不能以将来可能实施的职务行为或者对职务行为的许诺为依据，向他人索要或者收受财物。

"期权受贿"罪的社会危害表现为严重腐蚀国家肌体，妨碍国家机关对内对外职能的正常履行，败坏党和政府在社会公众心目中的廉洁形象，损害社会公众对国家公职人员及其行为的信赖和尊重，助长了社会不正之风，致使国家和社会公众利益遭受严重损害。我国各级国家机关、各类国有公司、企业、事业单位、人民团体中的国家工作人员，担负着依法代表国家对政治、经济、文化及社会各方面公共事务进行管理的职责。他们享有国家以法律形式赋予的权力，也必须接受相应的监督和约束。而禁止受贿就是一种重要的约束，它是维护国家工作人员廉洁的重要措施和重要保障。把受贿罪（包括"期权受贿"罪）的客体界定为国家工作人员职务行为的廉洁性或不可收买性，更能深刻地揭示受贿罪的本质。

第二，双方事先约定延期回报性的权钱交易行为："期权受贿"的客观方面。

在客观方面，"期权受贿"表现为行为人利用职务上的便利，为请托人谋取利益，但是并不要求即时回报，而是与请托人约定，在事后或其离开一定职位后再予以兑现。也就是说，"期权受贿"罪的犯罪嫌疑人不是像一般受贿罪的行为人那样，一手办事、一手要钱，而是先行投入、后求回报，其实质上是一种延期回报的权钱交易行为。其内容主要包括以下几个方面：

一是利用职务上的便利。利用职务上的便利是受贿罪的基本特征之一，是确定罪与非罪的一个关键。在司法实践中，人们对"利用职务上的便利"的理解在范围上有宽有窄，差异比较大，从而会在一定程度上对受贿罪的认定产生直接影响。利用职务上的便利，从利用职务的方式看，可以划分为利用本人职务上的便利和利用他人职务上的便利两种；如前所述，职务行为不仅包括正在实施或者已经实施的职务行为，也包括将要实施的职务行为与所许诺的职务行为，因此从利用职务上的便利的时间上划分，可以分为利用现在职务上的便利、利用将来职务上的便利和利用过去职务上的便利。

二是事先有明确的约定。"期权受贿"罪是一种事后受财类的职务犯罪行为，但是该种职务犯罪行为又同一般性的事后受财职务犯罪行为存在一定的差异。二者的本质区别就是在于国家工作人员在利用职务上的便利为请托人谋取利益时，其是否就贿赂的标的物及其数量和事后（包括退休、退职、辞职后）双方交接的时间、方式等事项，与请托人进行了约定。关于"期权受贿"罪的客观方面是否要求事先有明确的约定，学者之间有不同的观点和看法，既有"否定说"，亦有"肯定说"。"否定说"认为，"期权受贿"无需事先约定这个要件。如有的学者认为："该解释中规定的'事先约定'是否应为构成受贿罪的必要条件，答案是否定的"。"肯定说"则认为，事后受贿中的约定应为明确的约定。如有的学者认为："事后受贿中的'约定'应该是一种明确的约定，这种明确的约定表现为要求行贿人在其离职后给付一定数额的财物。"笔者赞同肯定说，认为事先有明确的约定是"期权受贿"罪客观方面的要件之一。因为：第一，受贿罪在本质上是一种权钱交易行为。如果事前没有明确的约定，钱权交易的双方就无法确定对价关系。第二，将事前无明确约定的"期权受贿"行为作为犯罪处理，有违反罪刑法定原则的可能性。因为我国刑法明确规定只有主客观相统一才能作为犯罪处理。事前无明确的约定，就无法确定行为人主观上有受贿的故意，因此处罚这种行为就与罪刑法定原则相悖。第三，"期权受贿"中行为人受贿的意图，以及行为人为实现这一意图创造条件即利用职务上的便利为请托人谋取利益的具体行为始于其任职期间，而实际收受请托人回报其一定好处的时间却是在其离开原有的职位以后，如果当事人双方缺乏明确的约定，就会使司法机关因缺失证据而难以办理此类案件。第四，对约定不明确的事后收受他人财物行为定罪处罚，有悖于我国宽严相济的刑事政策，会对我国惩治贿赂犯罪的刑事政策之统一性造成不良后果。因此，一般性事后受财职务犯罪行为，双方未就这些事项进行约定。而"期权受贿"行为，双方则必须就这些事项进行约定。"期权受贿"与一般性事后受财职务犯罪行为之间的最大区别，就是在于行为人在利用职务上的便利为请托人谋取利益时，是否就贿赂的标的物及其数量和事后双方交接的时间、方式等事项，与请托人进行了约定。而且，无论国家工作人员在约定的形成过程中是否处于主动，不论约定的事项简繁、内容是否详尽，均不影响"期权受贿"罪的成立。这也即是说，只要行为人与请托人双方未就上述诸多事项作出约定，就不构成"期权受贿"罪，尽管该行为可能属于其他类型的受贿犯罪行为。因为事前是否就贿赂进行约定决定了行为人是否具有受贿的故意，如果没有"事先约定"的限制要件，很有可能造成客观归罪，将离职后不再具有国家工作人员身份的人收受他人财物的行为一概作为受贿罪追究。

三是为他人谋利益。为他人谋取利益通常包括以下四种情况：其一，已经许诺为请托人谋取利益，但尚未实际进行；其二，正在实施为请托人谋取利益的行为，但是其过程还尚未完结，还没有为请托人谋得预期的实际利益；其三，为请托人谋取利益已经取得一定进展，但尚未完全实现；其四，为请托人谋取利益的整个过程已经完结，已经全部实现了请托人的要求。为他人谋取利益，不限于为请托人谋取到了利益，而是只要许诺为他人谋取利益即可，而且不论这种许诺是明示的还是默许的。许诺为他人谋利是一种表示，在法律上也是行为。2003 年 11 月 13日最高人民法院公布并实施的《全国法院审理经济犯罪案件工作座谈会纪要》明确规定："为他人谋取利益包括承诺、实施和实现三个阶段的行为。只要具有其中一个阶段的行为，如国家工作人员收受他人财物时，根据他人提出的具体请托事项，承诺为他人谋取利益的，就具备了为他人谋取利益的要件。明知他人有具体请托事项而收受其财物的，视为承诺为他人谋取利益。"对于"期权受贿"来说，为他人谋利益，必须是发生在国家工作人员在职期间。如果是在职期间先收受他人贿赂，此后为他人谋取利益的，属于常规的一般类型的受贿罪，而不属于我们在这里这里所说的"期权受贿"。如果是在职期间收受他人贿赂，离开一定职位以后为他人谋取利益的，也不属于"期权受贿"。为他人谋取利益，应当既包括非法利益，也包括合法利益；既包括不正当利益，也包括正当利益；既包括物质性利益，也包括非物质利益。无论这种利益是否已经实现，只要行为人具有"为他人谋取利益"的主观故意，即只要有承诺、实施、实现三个阶段中的任意一个，就应当认定具备了"为他人谋取利益"的构成要件。

　　四是事后或职后收受贿赂或索取贿赂。一般类型的受贿罪客观方面表现为收受或索取贿赂。但是，由于"期权受贿"罪在"为他人谋利益"和"收受贿赂"之间有一个时间差，所以它在客观方面表现为"事后或职后"收受或者索取贿赂。收受贿赂与索取贿赂的不同，就在于前者行为人是被动接受，而后者行为人是主动要求。"期权受贿"案件中的多数情形，都属于前一种情况，但是也存在少数索贿的情况。譬如在原南京玄武区孝陵卫办事处原副主任黄海涉嫌"期权受贿"案中，行为人就是主动要求请托人给予自己"好处"的。此外，需要特别强调的是，对于一般类型的受贿罪来说，在索取贿赂的情况下，并不要求以"为他人谋取利益"为构成要件，而在收受贿赂的情况下，则必须以"为他人谋取利益"为构成要件。而对于"期权受贿"行为，笔者认为，无论是收受贿赂还是索取贿赂，都应以"为他人谋取利益"为构成要件。因为，"期权受贿"罪中的"谋取利益"和"得到贿赂"之间的交易不再是即时兑付、一步到位，而是被人为地分成了行为人"在职"和"离职"两个阶段。如果行为人没有为请托人谋取到利益，就是违背了事前的"约定"，事后的贿赂就不可能兑现。所以，在"期权受贿"罪的构成要件中，"为他人谋取利益"是必不可少的，而"利益"的正当性则在所不问。

第三，曾经具有国家工作人员身份的人："期权受贿"罪的主体。

"期权受贿"罪的犯罪主体必须是国家工作人员。与其他犯罪相比，一般受贿罪的主体是特殊主体，即国家工作人员，那么"期权受贿"罪的犯罪主体也必须是国家工作人员，这也是构成"期权受贿"罪的关键条件之一。所谓国家工作人员，是指国家机关中从事公务的人员。国有公司、企业、事业单位、人民团体中从事公务的人员和国家机关、国有公司、企业、事业单位委派到非国有公司、企业、事业单位、社会团体从事公务的人员，以及其他依照法律从事公务的人员，以国家工作人员论。受贿罪的主体是新刑法对受贿罪规定进行修改的主要方面，其主体范围与贪污罪的主体范围有所不同，贪污罪的主体除了国家工作人员以外，还有"受国家机关、国有公司、企业、事业单位、人民团体委托管理、经营国有财产的人员"，后者并不具备国家工作人员的身份。非国家工作人员，包括国家工作人员的家庭成员，不能独立成为受贿罪的主体，但是可以成为受贿罪的共犯或者构成其他单独的罪名，这在刑法修正案（七）中增加的三百八十八条之一作了明确的规定。

　　总之，"期权受贿"罪与一般受贿罪一样，其犯罪主体，必须是国家工作人员。这一点，应当是确定无疑的。但是，"期权受贿"罪的犯罪主体与传统受贿罪的犯罪主体又有所区别。传统受贿罪的犯罪主体是国家工作人员，而"期权受贿"罪中的犯罪主体并不简单地是国家工作人员还是非国家工作人员，而是曾经担任国家工作人员、具有国家工作人员身份的人。也就是说，受贿行为是跨越行为人担任国家工作人员期间与其离开一定职位以后两个不同的时段的。因此，在整个受贿的过程中行为人的身份前后是有所变化的，是在担任国家工作人员之时实施其行为的一部分，离开公职以后再实施其行为的另一部分。因此，"期权受贿"罪的犯罪主体表面上是曾经担任国家工作人员或其他从事公务活动的人，事实上必须同时具备其在职期间或从事公务期间为他人谋取了利益的事实。"期权受贿"犯罪的犯罪主体故意将收受财物等行为拖延至离开公职以后，目的在于给人造成此时自己已经不再是国家工作人员而是非国家工作人员的假象，以掩盖自己事实上的钱权交易的关键性行为，即钱权交易协议的达成等都是在担任国家工作人员的期间实施的。

　　由此可见，"期权受贿"罪中犯罪主体的特殊性，主要表现在其以非国家工作人员的表象掩盖国家工作人员的本质这个关键点上。杜琪博士在论述"期权受贿"客观行为的特殊性时，使用了"行为的阶段性"这一新概念。她指出："受贿罪是复行为犯，包括两个行为即'索取或收受他人财物'与'为他人谋利'。与传统受贿行为相比，'期权受贿'中行为人索取或者收受他人财物与为他人谋利益是分开进行的，且实施两个阶段行为时主体的身份是不同的，这就是"期权受贿"行为的阶段性。虽然'期权受贿'中有一部分行为是在国家工作人员离职后实施的，但是受贿行为的主体部分如索贿型受贿中的索取行为以及收受型受贿中的为他人谋取利益的行为，则必须是在其担任国家工作人员期间实施。因此，将收受他人财物的行为与为他人谋利益的行为分开，故意造成一定的时间差，来掩盖钱权交易的实质，这是'期权受贿'在行为方面最显著的特征。"

笔者赞同她的这个意见。虽然行为人在收受请托人兑付的好处时已经离开了先前曾经担任的一定职务，已经不再具有先前曾经具有的国家工作人员的身份而成为了非国家工作人员，但是，由于行为人与请托人双方事前曾经就行为人离职以后从请托人那里得到某种好处的约定，所以，行为人实际收受请托人好处的行为与其在职时利用职务上的便利为请托人谋取利益的职务行为之间存在着彼此密切的意思联系，完全能够满足受贿罪的构成要件。换句话说，在有"事先约定"的前提下，行为人主观上有利用职务上的便利索取或者收受请托人好处并为请托人谋取利益的故意，客观上有实际收受请托人给予的好处的行为，尽管其索取或者收受请托人好处的行为发生在离职以后，其事后受贿的根本特征并没有得到任何改变。对于此类受贿行为以"期权受贿"罪追究行为人的刑事责任，符合我国刑法关于主客观相统一的原则和打击受贿犯罪的立法本意。

第四，直接故意："期权受贿"罪的主观方面。

"期权受贿"罪的主观方面表现为直接故意。受贿罪在主观方面表现为直接故意，即明知利用职务上的便利索取财物或者收受财物并为他人谋取利益的行为是一种侵害国家工作人员职务行为廉洁性的行为，仍然故意地实施这种行为。"期权受贿"罪的直接故意具体包括以下几个方面的内容：一是利用职务上的便利的明知，即明知"约定"事后或职后收受的贿赂是利用职务便利实施的，是以自己所担任的职务为条件的；二是对财物（应修改为"不正当好处"）性质的明知，即明知事后或职后所索取或者所接受的"好处"属于非法获取；三是为他人谋取利益的明知；四是对受贿行为损害其职务行为廉洁性的明知，即行为人明知其行为的违法性质和危害后果。此外，前已述及，"期权受贿"行为中"事先约定"也是故意内容的重要体现，强调这一条件是为了构成要件的主客观相统一，避免客观归罪。在这个问题上，笔者与杜琪博士认识一致，几无相左之处，认为事先有明确的约定不仅是"期权受贿"的构成要件，而且是"期权受贿"本质特征在构成上的反映。这是因为：其一，从法律的规定来看，"期权受贿"在法律上的主要依据，就是我国最高审判机关和最高检察机关作出的有关司法解释。2000 年 6 月 30 日最高人民法院审判委员会第 1121 次会议通过、2000 年 7 月 21 日起施行的《最高人民法院关于国家工作人员利用职务上的便利为他人谋取利益离退休后收受财物行为如何处理问题的批复》，以及 2003 年 11 月 13 日最高人民法院印发的《全国法院审理经济犯罪案件工作座谈会纪要》中，都有"与请托人事先约定"的表述。此外，2007 年 7 月 8 日最高人民法院、最高人民检察院联合发布的《关于办理受贿刑事案件适用法律若干问题的意见》中亦有"约定"之表述，足见行为人事先有约定是法律规定的客观要件之一。其二，从"期权受贿"的本质来看，"期权受贿"的本质就是以钱权交易的时间差来掩盖钱权交易的本质。由于在"收钱"和"办事"之间存在时间间隔及主体身份上的变化，假若双方没有钱权交易的"事先约定"，交易双方的"对价"关系就无法确定，这也就从根本上否定了受贿罪的构成。只有存在"事先约定"，"收钱"和"办事"之间才存在——对应关系。其三，从受贿的主观方面来看，受贿罪故意的内容，除了有收受财物的故意以外，还包括明知财物是本人利用职务便利为他人谋取利益的报答物而予以收受的故意。在离退休后收受财物的行为，唯一能够体现"受贿故意"的就是"事先约定"，如果事先无约定，行为人主观上不存在"受贿故意"，就不符合受贿罪的构成。其四，从宽严相济的刑事政策来看，把事前没有明确约定的事后收受他人财物行为作为犯罪处理，将会破坏中国当前对贿赂犯罪进行惩治的刑事政策的统一性，也与中国宽严相济的刑事政策不符。

总之，以上四个方面是"期权"类受贿罪的犯罪构成，"期权受贿"犯罪嫌疑人的行为只要同时符合这四个要件就能构成受贿罪，就必须接受严肃的刑事惩罚和刑事制裁。

二、关于"期权受贿"立法入罪的若干思考

作为近年来新滋生出来的一种特殊受贿犯罪，"期权受贿"是一种严重侵犯国家工作人员的职务廉洁性、危害国家或者公民利益、损害党和国家公信力的行为，具有很强的隐蔽性和欺骗性。惩治和预防"期权受贿"，重在创设和完善有效规制"期权受贿"行为的刑事处罚机制。要抓紧研究制定惩治"期权受贿"犯罪的专门法律条款，增设"期权受贿"罪，把"期权受贿"行为纳入刑法的调整范围，尽快使之从立法上实现入罪化。

第一，"期权受贿"入罪的必要性分析。

"期权受贿"是近年来新出现的一种特殊受贿犯罪行为。从"期权受贿"的内涵和基本特征看，这种特殊受贿犯罪在本质上也是一种权钱交易行为，但是又与传统意义上的权钱交易行为有

很大不同，其最根本的区别在于，"期权受贿"不是过去常见的那种"现权"与"现利"之间的即时交易，而是一种"现权"与"期利"之间的错时交易，即国家工作人员利用职务上的方便为请托人谋取利益，但是并不要求即时给予回报，而是与请托人事先达成约定，在该国家工作人员离开一定职位（退休、退职、辞职从商）以后再予以兑付。这是"期权受贿"最本质的特征。

"期权受贿"犯罪主体之所以采取这样一种特殊受贿形式，有其深刻的社会历史背景。近年来，我国反腐败的力度不断加大，始终保持惩治腐败的高压态势，从而使一些腐败分子逐渐感到了在权力寻租中前所未有的压力和风险。他们既不甘心放弃权力寻租，又担心在权力寻租中东窗事发，于是便绞尽脑汁不断研究和"创新"权钱交易的策略与手法，力图探寻更加隐秘、能够有效规避法律制裁风险的受贿方式。于是，"期权受贿"这种新型受贿形式便应运而生了。这种受贿形式的最大功效，就是能够将通过权钱交易得到的黑钱洗白，以降低权钱交易的风险，提高职务犯罪的安全系数。

"期权受贿"这种特殊受贿形式之所以具有较高的安全系数，是由其自身的本质特点所决定的。权力天然地具有扩张和寻租的本性。诚如 19 世纪英国著名历史学家阿克顿勋爵所说："权力，不管它是宗教还是世俗的，都是一种堕落的、无耻的和腐败的力量。"[1]从权力扩张和寻租的一般规律看，通常具有空间和时间两个维度。权力超越法定边界的扩张和寻租，即为权力在空间上的扩张和寻租。权力的扩张和寻租通常会产生两大后果：一是侵害国家或者社会法益，二是谋得个人私利。这两种后果既可同时发生，亦可异时发生。"期权受贿"即属权力在时间维度上的扩张和寻租，其要害就是企图通过延展权力寻租后果发生的时序，为行为人和请托人之间的权钱交易加上层层掩人耳目的遮蔽，从而这种寻租和扩张模式具有相当的隐蔽性和欺骗性。行为人利用扩张和寻租后果发生的时序延展性，故意使损害国家或者社会法益的后果发生在前，谋得个人私利后果发生在后，打一个时间差，模糊或者掩盖两种后果发生之间的相互关联性和因果关系，借以增加甄别和查办的难度，达到规避风险、逃避打击的目的。

　　"期权受贿"行为较强的隐蔽性和欺骗性，使得其社会危害性也更大。由于行为人自恃这种寻租和扩张模式安全系数大，因而往往尽可能地把手中权力的运用空间发挥到极致，为请托人谋取尽可能大的利益，以便将自己手中的权力转化为尽可能大的资本，为自己争得尽可能大的期权收益。这种特殊受贿形式以国家和社会法益为其主要侵害客体，往往会造成巨额的国有资产流失，严重损害社会公共利益。不仅如此，它还在一定程度上扰乱正常的社会经济秩序，破坏社会分配领域的公平与公正，进而导致社会心理的结构性失衡。在目前我国社会处在矛盾凸显期的情势下，其社会危害性不可低估。

　　刑事古典学派创始人切萨雷·贝卡利亚在论及犯罪的衡量标准时指出："什么是衡量犯罪的真正尺度，即犯罪对社会的危害。"[2]这就是说，刑罚的轻重应当根据犯罪的社会危害性之严重程度来决定；因此，对一种犯罪作出的刑事处罚是否适当，必须要用犯罪的社会危害性来作为衡量标准。我国刑法第五条也明确规定："对犯罪分子量刑的轻重，应当与其所犯罪行和承担的刑事责任相适应。"同样，我们是否将一种犯罪行为入罪化，最重要的是看该行为是否具有严重的社会危害性。我国著名刑法学家赵秉志教授指出:"任何犯罪的成立,都必须以侵害或威胁刑法所保护的法益为前提,不具有法益侵害性或威胁的行为是不能被认定为犯罪的。"[3]所谓社会危害性,就是危害社会的特性,是指某一具体行为对刑法所保护的社会关系的侵犯性,即刑法第十三条所列举的对国家利益、公共利益、集体利益以及公民合法权益的侵犯性。

恩格斯曾经指出:"蔑视社会秩序的最明显最极端的表现就是犯罪。"[4]以"蔑视社会秩序"的行为是否已经达到"最明显"、"最极端"的程度来揭示和概括犯罪,指的就是行为的社会危害性严重。这即是说,社会危害性是犯罪的最本质特征。换句话说,犯罪的本质就是行为具有应当追究刑事责任程度的社会危害性。行为人的行为只要对刑法所保护的社会关系构成严重的侵害,达到了犯罪的程度,就应当受到刑事法律的严厉制裁,否则就是对犯罪行为的庇护和纵容。

"期权受贿"是一种新型的职务犯罪。行为人以更加隐蔽的形式与请托人进行权钱交易,并且自恃其交易行为具有很强的隐蔽性而愈加肆无忌惮、丧心病狂,因此一般受贿数额特别巨大,给国家和社会造成的经济损失也特别巨大。譬如,上海市房屋土地资源管理局原副局长殷国元"在任职时利用职权'无形'投入,退休后狂收"期权受贿"最多的一笔竟达一千三百多万元,一天之内可以轻轻松松地收进 7 套房子……"[5]有的"期权受贿"行为人原任领导职务级别比较高,有的一个此类大案可能涉及一批高官。2010 年 7 月,紫金矿业集团位于福建省上杭县的紫金山铜矿湿法厂先后两次发生重大水污染事故,造成直接经济损失高达 3187.71 万元。"这起事故引起社会高度关注,而媒体披露的一些细节也颇耐人寻味:上杭县政界多位退休领导干部,被紫金矿业委以闲职后，年薪十几万元到几十万元不等。比如紫金矿业监事会主席林水清此前为上杭县县委常委、统战部部长；监事林新喜曾任上杭县纪委副书记、常委……"[6]有媒体严辞诘问："紫金矿业聚集了如此之多的退休高官，这里到底有没有'事先受贿'、'事后受贿'以及违反官员离职从业禁止等诸多'腐败期权'的问题呢？紫金矿业在发生渗漏事故9天后才向公众披露，这一行为与权力有无关系，与'腐败期权'有无关系，看来有关部门该好好查查了！"[7]

刑法是关于犯罪与刑罚的法律规范，它是保护国家、社会、个人法益的重要法律屏障和最后一道防线。事实清楚地表明，"期权受贿"这种新型受贿行为严重侵害国家法益或者社会法益，危害社会公平正义，影响党和政府形象，社会影响十分恶劣，是一种严重危害社会的犯罪行为。如果说受贿是危害性严重的社会"毒瘤"的话，那么"期权受贿"就是寄生在社会肌体上的一颗新"毒瘤"。既然"期权受贿"具有严重的社会危害性，那么此类行为就"已经超出了非刑法的法律规范所能调整的范围，用其他法律规范的制裁方法已经无能为力"[8]。因此，及时地将严重危害社会的"期权受贿"犯罪行为纳入到刑法调整的范围中来，就是十分必要的。

第二，"期权受贿"入罪化的法理分析。

我国刑法第三百八十五条规定："国家工作人员利用职务上的便利，索取他人财物的，或者非法收受他人财物，为他人谋取利益的，是受贿罪。"这是对一般受贿罪作出的法律规定。为惩治新型受贿犯罪行为，1997年3月14日第八届全国人民代表大会第五次会议修订的刑法第三百八十八条增加了关于"斡旋受贿罪"的规定。2009年2月28日第十一届全国人大常务委员会第七次会议通过的刑法修正案（七）在原刑法第三百八十八条后增加一条作为第三百八十八条之一，规定了"利用影响力受贿罪"。这两次重大修订，都进一步完善了我国刑法关于受贿罪的罪名体系。既然如此，为什么笔者还要主张增设"期权受贿"罪这一新罪名呢？原因就在于"期权受贿"行为既区别于一般受贿行为，也与斡旋受贿、利用影响力受贿有明显不同。这就需要对"期权受贿"罪与受贿类他罪在构成要件方面的相异之处作出分析。

首先，分析"期权受贿"罪的客体要件。

表面上看来，"期权受贿"罪与受贿类他罪在客体要件方面并无什么相异之处，其侵害的客体同样也是国家工作人员职务行为的廉洁性或不可收买性。但是，深入分析和研究"期权受贿"本质特征在客体要件方面所表现出来的特点，就可发现其不同于受贿类他罪的地方。

如前所述，"期权受贿"行为人为有效规避风险、逃避打击，在利用职务上的便利为请托人谋取利益之前或者之时就与请托人约定，当时并不同其进行即时的权钱交易，行为人在职时先利用职务上的便利为请托人谋取利益，请托人在其离开一定职务以后再行兑付先前本应给予他的财物。这样，"期权受贿"行为就在客体要件方面呈现出了有别于受贿类他罪的特点。

无论是普通受贿行为，还是斡旋受贿行为及利用影响力受贿行为，它们侵害的客体十分明确：国家工作人员职务行为的廉洁性或不可收买性。在这些受贿行为中，利用职务上的便利为请托人谋取利益与索取或者收受请托人的财物二者在时空上是同步或者几乎同步进行的，二者之间的内在联系和因果关系一目了然，因此它们侵害的客体也就十分明确。然而，与这些受贿类他罪相比，"期权受贿"则表现出很大的不同。由于行为人利用职务上的便利为请托人谋取利益与其索取或者收受请托人的财物，被人为地分隔为在职之时和离职以后两个阶段进行，而且二者相隔的时间一般都比较长，少则几年，多者十几年。这样，二者之间的内在联系和因果关系就很难看得清楚。也就是说，尽管行为人在职时利用职务上的便利为请托人谋取了利益，但是由于其当时并没有索取或者收受请托人的财物，使其行为表面上看来并没有侵犯国家工作员职务行为的不可收买性，从而给人以该种行为不符合受贿罪客体要件的假象。

其次，分析"期权受贿"罪的客观要件。

与我国刑法第三百八十五条、第三百八十八条第一款和第二款对受贿罪、斡旋受贿罪、利用影响力受贿罪作出的规定相比较，"期权受贿"罪在客观要件方面具有相异于前三种受贿个罪的不同特点。

其一，从行为方式上看，"期权受贿"罪在客观方面与普通受贿罪、斡旋受贿罪、利用影响力受贿罪均存在一定差异。

与受贿罪的相异之处。和普通受贿罪一样，"期权受贿"罪在客观方面同样也表现为利用职务上的便利，但是前者利用职务上的便利有两种情况，或者利用本人职务上主管、负责、承办某项公共事务的职权，或者利用职务上有隶属、制约关系的其他国家工作人员的职权，而后者则必须是行为人利用自己职务上的便利。

与斡旋受贿罪的相异之处。斡旋受贿罪在客观方面表现为行为人利用自己的职权或者地位形成的便利条件，通过其他国家工作人员的职务行为来进行。行为人与被利用的国家工作人员之间虽然没有隶属、制约关系，但是行为人利用了本人职权或者地位产生的影响和工作联系。这和"期权受贿"罪在客观方面的表现，即行为人利用自己职务上的便利有所不同。

与利用影响力受贿罪的相异之处。利用影响力受贿罪在行为方式上也表现出两种情况：（1）行为人利用其与国家工作人员的特殊关系，对国家工作人员施加影响，促使其利用职务上的便利为请托人谋取不正当利益，从而索取或者收受请托人的财物；（2）行为人利用国家工作人员的职权或者地位形成的便利条件，通过其他国家工作人员职务上的行为，为请托人谋取不正当利益，索取或者收受请托人的财物。这同"期权受贿"罪在行为方式上的表现差异更为明显。

其二，从对"谋利"的要求上看，"期权受贿"罪在客观方面与受贿罪基本相同，而与斡旋受贿罪、利用影响力受贿罪则存在明显差异。

同普通受贿罪基本类似，"期权受贿"罪在对"谋利"的要求上有两种方式：一是索取他人财物，即行为人主动索要，请托人则为被迫给予财物；二是收受他人财物，即行为人被动收受财物。二者的不同之处在于：普通受贿罪的行为人无论是索取还是收受请托人的财物之前，均未就其离职以后获取好处的形式或者数额等与请托人进行约定，而"期权受贿"罪的行为人则与请托人进行了具体的约定。

就对"谋利"的要求而言，斡旋受贿罪、利用影响力受贿罪都要求必须是为请托人谋取利益，且必须是不正当利益。根据2008年11月20日最高人民法院、最高人民检察院的相关司法解释，所谓谋取不正当利益，主要有以下两种情形：（1）行贿人谋取违反法律、法规、规章或者政策规定的利益，或者要求对方违反法律、法规、规章、政策、行业规范的规定提供帮助或者方便条件；（2）在招标、政府采购等商业活动中，违反公平原则，给予相关人员谋取竞争优势。如果行为人为请托人谋取的是正当利益，则不成立斡旋受贿罪和利用影响力受贿罪。"期权受贿"罪当然也必须是为请托人谋取利益，但是其为请托人所谋取的利益，既可以是正当利益，也可以是不正当利益，即为他人谋取的利益是否正当并不影响该罪的成立，并且行为人为他人谋取的利益是否实现亦不影响该罪的成立。

再其次，分析"期权受贿"罪的主体要件。

依照我国刑法第三百八十五条和第三百八十八条第一款之规定，普通受贿罪与斡旋受贿罪的主体都是特殊主体，即国家工作人员。依照我国刑法第九十三条之规定，国家工作人员是指国家机关中从事公务的人员。国有公司、企业、事业单位、人民团体中从事公务的人员和国家机关、国有公司、企业、事业单位委派到非国有公司、企业、事业单位、社会团体从事公务的人员，以及其他依照法律从事公务的人员，以国家工作人员论。不具备上述身份的人，即非国家工作人员，不能独立成为普通受贿罪与斡旋受贿罪的主体，但是可以成为普通受贿罪的共犯或者构成其他单独的罪名。

与普通受贿罪、斡旋受贿罪一样，"期权受贿"罪的主体也必须是国家工作人员，这也是构成"期权受贿"罪的必要条件之一。但是，"期权受贿"罪的主体与受贿罪、斡旋受贿罪的主体又有所区别，其主体并不简单地是国家工作人员或者非国家工作人员，而是曾经担任国家工作人员、曾经具有国家工作人员身份的人。也就是说，行为人的受贿行为是跨越其担任国家工作人员期间与离开一定职位以后两个不同的时段。在这里，整个受贿过程中行为人的身份前后是有所变化的，是在担任国家工作人员之时实施其行为的一部分，离开公职以后再实施其行为的另外一部分。因此，"期权受贿"罪的主体表面上是曾经担任国家工作人员或其他从事公务活动的人，事实上必须同时具备其在职期间或从事公务期间为他人谋取了利益的先决条件。"期权受贿"罪的主体故意将收受财物等行为拖延至离开公职以后，目的在于给人造成此时自己已经不再是国家工作人员而是非国家工作人员的假象，以掩盖自己事实上的钱权交易的关键性行为，即钱权交易协议的达成等都是在担任国家工作人员期间实施的。

由此可见，"期权受贿"罪主体的特殊性，又表现在行为人以非国家工作人员的表象来掩盖国家工作人员的本质这个关键点上。虽然行为人在收受请托人兑付的好处时已经离开了先前曾经担任的一定职务，已经不再具有先前曾经具有的国家工作人员的身份而成为了非国家工作人员，但是，由于行为人与请托人双方事前曾经就行为人离职以后从请托人那里收受财物的事宜进行了约定，所以，行为人实际收受请托人好处的行为，与其在职时利用职务上的便利为请托人谋取利益的职务行为之间，存在着密切的意思联系，符合受贿类犯罪"权钱交易"的本质特征。换句话说，在有"事先约定"的前提下，行为人主观上有利用职务上的便利索取或者收受请托人好处并为请托人谋取利益的故意，客观上有实际收受请托人给予的好处的行为，尽管其索取或者收受请托人好处的行为发生在离职以后，其事后受贿的根本特征并没有得到任何改变。对于此类受贿行为以"期权受贿"罪追究行为人的刑事责任，符合我国刑法关于主客观相统一的原则和打击受贿犯罪的立法本意。

利用影响力受贿罪的主体与受贿罪、斡旋受贿罪、"期权受贿"罪的主体都不相同。从法条的表述来看，利用影响力受贿罪的主体是"近亲属"、"关系密切的人"。根据《刑事诉讼法》第八十二条之规定，所谓"近亲属"，是指夫、妻、父、母、子、女、同胞兄弟姊妹。"关系密切的人"这一概念所涵盖的范围要大于"特定关系人"，应当既包括与在职或离职的国家工作人员之间有血缘、亲属关系的人，又包括与其有情夫（情妇）关系的人，还包括与其有同学、同事、朋友、战友关系的人。这些人中，有的其本身可能就是国家工作人员，也可能是非国家工作人员。这同"期权受贿"罪的主体有很大的差异。

最后，分析"期权受贿"罪的主观要件。

"期权受贿"罪的主观方面表现为直接故意。从犯罪构成要件上分析，行为人主观上有利用职务上的便利为请托人谋取利益的意图，这在与请托人约定贿赂时就已十分明显。这种新型受贿犯罪的直接故意具体包括以下几个方面的内容：一是对利用职务上的便利的明知，即明知"约定"事后或职后收受的贿赂是利用职务便利实施的，是以自己所担任的职务为条件的；二是对索取或者所收受财物的性质的明知，即明知事后或职后所索取或者收受的财物属于非法获取；三是为他人谋取利益的明知；四是对受贿行为损害其职务行为廉洁性的明知，即行为人明知其行为的违法性质和危害后果。

这里需要着重强调的是，"期权受贿"行为中的"事先约定"，是行为人主观故意的重要内容和体现，是认定行为人犯"期权受贿"罪的关键。行为人在职时利用职务上的便利为请托人谋取利益，与请托人约定事后收受其财物，其主观上"以权换钱"的受贿故意昭然若揭。认定"期权受贿"行为中的主观故意，"事先约定"是必备要件，否则很容易陷入客观归罪的境地。如果国家工作人员在职期间利用职务上的便利为请托人谋取了利益，但是并没有与请托人约定在其离职后收受财物，即便是行为人离职以后收受了原请托人的财物，也无法证明其主观上有收受请托人财物的故意，其行为就不具备"期权受贿"罪的主观方面，也就不能据此认定行为人构成"期权受贿"罪。

笔者认为，事先有明确的约定不仅是"期权受贿"的构成要件，而且是"期权受贿"本质特征在构成上的反映。这是因为：

其一，从"期权受贿"的本质来看，其实就是以钱权交易的时间差来掩盖钱权交易行为的存在。由于在行为人"索取或者收受请托人的财物"与其"利用职务上的便利为请托人谋取利益"之间存在着较长的时间间隔和前后主体身份上的变化，假若他（她）事先没有与请托人就钱权交易事宜进行约定，那么双方进行交易的对价关系就无法确定，也就从根本上否定了受贿罪的构成。只有行为人与请托人进行了钱权交易的事先约定，"索取或者收受请托人的财物"与"利用职务上的便利为请托人谋取利益"才存在彼此之间的对应关系。

其二，"期权受贿"与一般事后受财型职务犯罪之间的最大区别，就在于行为人在利用职务上的便利为请托人谋取利益时，是否就贿赂的标的物及其数量和事后双方交接的时间、方式等事项，与请托人进行约定。而且，不论国家工作人员在约定的形成过程中是否处于主动，也不论其约定的事项简繁、内容是否详尽，均不影响"期权受贿"罪的成立。这也即是说，只要行为人与请托人双方未就上述诸多事项作出约定，就不构成"期权受贿"罪，尽管该行为可能属于其他类型的受贿犯罪行为。因为事前是否就贿赂进行约定决定了行为人是否具有受贿的故意，如果没有"事先约定"的限制要件，很有可能造成客观归罪，将离职后不再具有国家工作人员身份的人收受他人财物的行为一概作为受贿罪追究。例如，在某市行政机关任职的俞某与在某高校任教的李某是远房亲戚，两人友情深厚、过往甚密。俞某在职时曾为李某的女儿上学、就业等事情帮过忙，退休一年多后患病住院，李某曾多次到医院探视俞某，并为其垫付住院费、治疗费计 9000 元，送高档营养品等价值约六千余元。从这个案例看，俞某收受李某所送钱财的行为，并不构成"期权受贿"罪。主要理由有二：一是俞某为李某帮忙时并未与李某就收受贿赂事宜有任何约定；二是俞某为李某帮忙的动机不是贪图其财物，而是基于他与李某深厚的亲情关系。如果无视这两种客观情况，认定俞某的行为构成"期权受贿"，就将陷于客观归罪。

其三，从主观方面来看，受贿罪故意的内容，除了有收受财物的故意以外，还包括明知自己收受的财物是本人利用职务上的便利为请托人谋取利益的不正当报酬而予以收受。在离退休后收受请托人财物的行为，唯一能够体现"受贿故意"的，就是"事先约定"。如果事先没有约定，行为人主观上不存在"受贿故意"，就不具备受贿罪的构成要件。

综上所述，"期权受贿"行为与普通受贿行为、斡旋受贿行为、利用影响力受贿行为相比，无论是在犯罪客体、客观方面还是在犯罪主体、主观方面均表现出一定的差异，有些方面的差异还相当明显。这就愈加凸显了将"期权受贿"行为入罪的正当性和现实必要性。也就是说，由于"期权受贿"行为与其他受贿行为在犯罪构成要件方面存在着明显的差异，其他受贿行为的犯罪构成要件都不能适用于"期权受贿"行为，从而难以对其进行规制。如果不审时度势地及时将"期权受贿"行为入罪，就会使犯有"期权受贿"罪的行为人因适用法律的缺失而逃避刑事责任、逍遥于法网之外。

第三,"期权受贿"入罪的可行性分析。

笔者认为,将"期权受贿"入罪不仅在客观上和法理上具有足够的正当性和必要性,同时也具有良好的法律规制基础和民意基础。

进入21世纪以来,为预防和惩治"期权受贿"行为,司法机关多次作出相关的司法解释,以期进一步规范公职人员行为、促其勤政廉政。2000年7月21日最高人民法院在《关于国家工作人员利用职务上的便利为他人谋取利益离退休后收受财物行为如何处理问题的批复》中明确规定:"国家工作人员利用职务上的便利为请托人谋取利益,并与请托人事先约定,在其离退休后收受请托人财物,构成犯罪的,以受贿罪定罪处罚。"2003年11月13日最高人民法院公布并实施的《全国法院审理经济犯罪案件工作座谈会纪要》(以下简称《座谈会纪要》)。该《座谈会纪要》在第三部分关于受贿罪(四)中明确规定:"离职国家工作人员收受财物行为的处理参照《最高人民法院关于国家工作人员利用职务上的便利为他人谋取利益离退休后收受财物行为如何处理问题的批复》规定的精神,国家工作人员利用职务上的便利为请托人谋取利益,并与请托人事先约定,在其离职后收受请托人财物,构成犯罪的,以受贿罪定罪处罚。"2007年7月8日最高人民法院、最高人民检察院联合发布的《关于办理受贿刑事案件适用法律若干问题的意见》(以下简称《意见》)。《意见》在第十项"关于在职时为请托人谋利,离职后收受财物问题"中再次明确规定:"国家工作人员利用职务上的便利为请托人谋取利益之前或者之后,约定在其离职后收受请托人财物,并在离职后收受的,以受贿论处。"

　　我们知道，司法解释是基于立法意图对法律条文所作出的阐明，具有法律属性和法律效力。我国最高司法机关就"期权受贿"问题作出的上述司法解释，实现了"期权受贿"的司法入罪化，为国家工作人员在职期间利用职权为他人谋取利益、离职后收受财物的行为如何定性提供了法律依据，在司法实践中发挥了积极的作用，同时也为"期权受贿"的立法入罪化提供了一定的法律规制基础。但是，就目前情况而言，我国在"期权受贿"行为入罪方面还仅仅停留在司法入罪化的层面，尚未上升至立法入罪化的层面，不足以对"期权受贿"犯罪行为人形成应有的强有力的震慑，难以达到令人满意的以儆效尤之效。

　　在我国的刑事法体系中，入罪化通常采取司法入罪化和立法入罪化两种形式。司法入罪化具有两层含义：一是利用扩大解释的方法，对刑法作出实质解释，以增加法定罪名的包容性；二是把新的违法行为纳入刑法的视野，即纳入刑法条文的文义射程之内。目前我国最高司法机关就"期权受贿"问题作出的司法解释，并非是对刑法作出的实质解释，因为"期权受贿"行为迄今为止还尚未被纳入刑法典之中，也就是说目前我国刑法典中尚无有关"期权受贿"罪的明确的规定，尚不具备对刑法作出实质解释的文本基础。因此，我国现有的司法解释属于后一层含义上的司法入罪化。

　　笔者以为，为了更加有效地预防和惩治"期权受贿"犯罪，应当在司法入罪化的基础上，凭借已有的法律规制基础，进一步使之立法入罪化，即通过制定新的刑事法律规范，将原本未纳入犯罪的违法行为纳入刑法的规制之内，使之成为刑法处罚的对象。也许有人会质疑增设"期权受贿"罪、把"期权受贿"纳入刑法的规制范围有违刑法谦抑性原则。清华大学法学院张明楷教授认为："刑法的谦抑性，是指刑法应依据一定的规则控制处罚范围与处罚程度，即凡是适用其他法律足以抑止某种违法行为、足以保护合法权益时，就不要将其规定为犯罪；凡是适用较轻的制裁方法足以抑止某种犯罪行为、足以保护合法权益时，就不要规定较重的制裁方法。"[9]这就是说，刑法是保护社会法益的最后一道防线，不可轻易动用，只要不出现其他法律无法规范和调整某种社会失范行为的情形，尽量不要动用刑罚手段。然而，慎用刑罚手段，不等于不用刑罚手段。"宽容并非毫无界限，它不是不计任何代价的容忍，有效的法律必须予以遵循，违背法律，特别是犯罪是不能容忍的"[10]。我们判断规制某一社会失范行为是否有必要动用刑法，不仅要看该行为的社会危害性，还必须看其是否已经穷尽了其他的控制手段。事实已经表明，"期权受贿"这一新型受贿犯罪对国家法益和社会法益构成了严重的社会危害性，并且正在迅速地滋生和蔓延，我们为惩治和预防此类职务犯罪采用了多种控制手段，但是均未收到好的法律效果与社会效果，都不足以控制其对国家法益和社会法益的不法侵害。在这种情形下，推动"期权受贿"立法入罪化，将其纳入刑法的规制和调整范围，势在必行，同时也无违于刑法的谦抑性原则。

另外，从国外立法的实际状况看，将"期权受贿"行为入罪者（删）已有先例。例如，日本刑法第一百九十七条之三之Ⅲ项就规定：曾任公务员或仲裁人的人在职时接受请托，离职后收受贿赂的，构成受贿罪。这就明确地将在职时接受请托、离职后收受贿赂的"期权受贿"行为纳入到了刑法的规制之内，使之成为刑法处罚的对象。

同时还应当看到，将"期权受贿"立法入罪化，顺应了人民群众惩治腐败的意志和呼声，具有良好的民意基础。包括"期权受贿"在内的各种腐败现象，是造成社会不公的最深刻原因，是当前诸多社会问题中人民群众反映最强烈的问题之一。这些贪贿行为的存在从根本上侵害人民群众利益。坚决惩治腐败，代表着最广大人民群众的意志，是人民群众最强烈的呼声。当前人民群众对我们反腐败工作的满意度还不够高，还有种种意见，归结到一点，就是我们惩治腐败的力度不够，对贪贿分子的刑事制裁不严，与人民群众的强烈要求尚有较大距离。人民群众强烈要求加强社会主义法治，依法严惩包括"期权受贿"者在内的所有腐败分子。这就为"期权受贿"行为的入罪化提供了广泛的社会基础。

　　近年以来，把"期权受贿"行为纳入刑法的规制之内、将其立法入罪化的呼声在学界和司法实务界渐起，一些专家学者和司法实务工作者就此发表了许多很有见地的意见。譬如，北京大学法学院梁根林教授指出：国家工作人员在任职期间利用职务上的便利为他人谋取利益，而在离任后索取或者非法收受他人财物的，可以认定为受贿罪。他认为，通过适用解释刑法第三百八十五条的路径，对这种公权力不法交易期权化的行为予以刑法规制，并非遏制此类腐败现象的最佳方式。通过对现行法律的扩张解释，固然可以尽可能严密刑事法网，严格刑事责任，防止狡猾的犯罪分子逃脱刑事追究，但司法解释的权威性、明确性以及说服力往往会受到人们的质疑。因此，他建议："为了给惩治公权力不法交易期权化提供更为明确而充分的法律根据，有必要修改完善现行的受贿罪的罪刑规范体系，独立设置'事后受贿罪'的犯罪构成以及与此相对应的'事前受贿罪'的犯罪构成。"[11]江苏省海安县纪委常委韩雪峰也强烈呼吁加快推进防治期权式腐败立法进程。他强调说："防治期权式腐败，关键在加强立法工作。应根据新形势下的权钱交易新特点，抓紧研究制定反'期权腐败'的专门法律条款，修订和完善刑法、刑事诉讼法等相关法律制度。"[12]应当说，专家学者和司法实务工作者的意见，是民意在学界和司法实务界的反映和折射，在一定程度上代表和体现了人民群众的意志与期待，从另一方面印证的"期权受贿"行为入罪化的必要性与可行性。

应当说，专家学者和司法实务工作者的上述意见，是民意在学界和司法实务界的反映和折射，在一定程度上代表和体现了人民群众的意志与期待。我们应当顺应人民群众的意志和期待，尽快使"期权受贿"立法入罪化，以便为惩治和预防"期权受贿"犯罪提供更加有力的法律武器。

三、关于甄别和认定"期权受贿"犯罪的几个问题

司法实践中，在甄别和认定"期权受贿"罪时往往存在一些意见分歧。笔者拟就其中的一些问题做一探讨，谈谈自己的一些看法。

1. 关于作为"期权受贿"罪客观要件的"为他人谋取利益"的认定问题

在"期权受贿"犯罪中，由于行为人利用职务上的便利为他人谋取利益在前，而收受请托人的财物在后，二者在时间和空间上发生了分离，中间有一个时间差。行为人之所以这样做，利用其职务上的便利为他人谋取利益发生在前，收受请托人的财物发生在后，使这两种权力寻租和扩张的后果发生的时序出现错位，目的就是要打一个时间差，故意模糊两种后果发生之间的关

联性，借以障人耳目、瞒天过海，达到规避风险、逃避打击的目的。由于"为他人谋取利益"与收受请托人的财物这二者在时间和空间上是彼此相分离的，因而给甄别和认定带来了一定的难度。特别是离职型"期权受贿"，行为人从他利用职务上的便利为他人谋取利益，到其收受请托人的财物，两者在时空上有一个非常大的跨度，往往相隔几年甚至十几年，使人很难发现它们之间的彼此对价关系，极为巧妙地掩盖了其行为的权钱交易的本质。

　　笔者以为，在处理"期权受贿"犯罪案件时，认定行为人是否为他人谋取利益，应当着力从以下几个方面进行把握：（1）受贿人实施了为请托人谋利益的行为。国家工作人员利用职务上的便利，实施了为他人谋取利益的行为。不管结果如何，也就是不论请托人的目的是否达到，是否得到了实际的利益，只要受贿的国家工作人员实施了有利于请托人的行为（作为、不作为），就应当认定其为请托人谋取了利益。（2）请托人通过受贿人的职务或职权、地位形成的便利条件获取了利益（包括非法利益）。已经确认请托人因与相关国家工作人员关系密切、过往甚密而取得实际好处，通过查明这些好处取得的权力运作过程，即可以得知该受贿的国家工作人员是否在为请托人谋取利益的过程中发挥了作用。（3）请托人有明确的意图表示。《中华人民共和国刑法》关于受贿罪的规定，既不要求受贿的国家工作人员利用职务上的便利为请托人谋取到利益，也不要求该国家工作人员一定要利用职务上的便利实施为请托人谋取利益的行为。只要该国家工作人员默许利用职务上的便利为请托人谋取利益，其行为就具备受贿罪主客观要件的犯罪构成。无论是其自己当面陈述，还是委托他人转告，只要向受贿人说明了自己的实际意图，也不论该国家工作人员有没有作出肯定性的回应，甚至表面上客套推辞，但是只要非法收受了请托人给予的财物，就应该认定该国家工作人员默认利用其职务上的便利为请托人谋取了利益。

2. 关于行为人利用职务之便为请托人谋取利益后、收受请托人财物前职务发生变动，是否影响受贿罪的成立的问题

国家工作人员特别是担任领导职务的干部经常调动或者升迁，可能出现行为人为请托人谋取利益的行为与收受他人财物的行为分别发生在担任不同职务的时段的情形。譬如：张某担任某市交通局局长时利用职务上的便利为李某谋取利益，但是张某当时并没有收受李某给予的财物，而是与李某约定过几年待张某职务上发生变动以后，再兑现承诺给张某的好处。两年之后，张某调另一城市改任市教育局局长，在此期间并没有再为李某谋取任何利益，但是李某为感谢张某担任某市交通局局长时为其谋取利益的行为，而向张某兑现了事先承诺给予他的财物，张某予以收受。

在上述案件的情形中，张某利用职务上的便利为李某谋取利益时，并没有收受李某的财物，李某后来给张某兑现其事先承诺的财物时，张某已经不再担任原来的职务，也没有利用新的职务为李某谋取任何利益，据此，有学者认为张某收受财物的行为与其职务没有任何联系，不能认定其利用职务上的便利为他人谋取利益。

笔者认为这种观点是不能成立的。理由主要有以下两点：

首先，受贿罪侵犯的客体是国家工作人员职务行为的廉洁性或者不可收买性，行为人利用职务上的便利为他人谋取利益与收受他人财物之间具有内在联系，是指这两种行为能够形成对价，从而完成权钱交易，而并非要求行为人为他人谋取利益时与收受他人财物时的职务必须具有某种联系。就行贿人一方而言，行贿人之所以送出财物是因为受贿人先前利用职务便利为其谋取了利益，而不是因为受贿人当前的职务。认定受贿罪的关键在于行为人对于财物是否属于贿赂的认知上，只要行为人明知他人交付的财物是对自己职务行为的不正当报酬，就应当成立受贿罪。

其次，最高人民法院曾在有关的司法解释与会议纪要中对于离退休与离职人员在职时为他人谋取利益，离退休或离职以后收受财物是否构成受贿罪分别作出解释：国家工作人员利用职务上的便利为请托人谋取利益，并与请托人事先约定在其离退休后收受请托人财物，构成犯罪的，以受贿罪处罚。上述规定的法理依据是：受贿罪的主体要件是国家工作人员，而离退休、离职人员收受财物时已经不再具有国家工作人员的身份，也不再从事公务活动，只有双方事先约定，其收受财物的行为与过去的职务行为存在统一的意思联络，才能满足受贿罪的构成要件，以符合刑法关于主客观相统一的原则和打击受贿犯罪的立法本意。职务变动的情况与上述情况不同，行为人仍然具有国家工作人员身份，认定其受贿罪成立并无主体要件的妨碍。因此不影响受贿罪的成立，也无需具有事先约定。

3. 关于行为人与请托人之间事先约定的认定问题

2000 年 7 月，最高人民法院作出司法解释，规定：国家工作人员利用职务上的便利为请托人谋取利益，并与请托人事先约定，在其离退休后收受请托人财物，构成犯罪的，以受贿罪定罪处罚。由最高人民法院审判委员会会议通过的《最高人民法院关于国家工作人员利用职务上的便利为他人谋取利益离退休后收受财物行为如何处理的批复》，确认了这一司法解释。这个司法解释容易使人联想到发生在江苏省的一起"期权受贿"案。这个省建设系统的一个官员在位期间，为一家房地产公司谋取了很多利益。退休以后，该公司以各种名义给了这名官员很多好处，案发后，一审法院判决他有罪。这名官员不服，觉得自己在位时没有获得任何好处，不属犯罪，因而提起上诉，二审法院经过审理，判决他无罪。二审法官为什么会认定这名官员无罪呢？因为《中华人民共和国刑法》规定，要确定受贿罪，不但要求收受财物这一客观构成要件，还要求受贿的主观故意这一主观构成要件。而"受贿的主观故意"是很难取证的。国家工作人员在职时为人谋取利益而离退休后收受财物，这一行为是比较容易确定的。但是，"事先约定"这一条却几乎无法确定。行为人和请托人都绝对不会傻到订立书面合同的地步，他们口头达成约定，彼此心领神会、不言而喻，过后一旦出事便订立攻守同盟，拒不承认事先有约定的情况。在这种情况下，如何证明他们曾经有过"事先约定"？笔者以为，应当依据最高人民法院、最高人民检察院于 2007 年 7 月 8 日发布的《关于办理受贿刑事案件适用法律若干问题的意见》（以下简称《意见》）来加以甄别和处理。该《意见》第十条规定："国家工作人员利用职务上的便利为请托人谋取利益之前或者之后，约定在其离职后收受请托人财物，并在离职后收受的，以受贿罪论处。国家工作人员利用职务上的便利为请托人谋取利益，离职前后连续收受请托人财物的，离职前后收受部分均应计入受贿数额。"[13] 在这里，只要能够掌握国家工作人员离职以前和离职以后连续收受财物的情况，在客观上就足以表明该国家工作人员在离职以前与请托人有约定。应当说，该《意见》作出的这一规定，与 2000 年最高人民法院发布的《关于国家工作人员利用职务上的便利为他人谋取利益离退休后收受财物行为如何处理问题的批复》规定的原则是一致的。

4. 关于由特定关系人收受贿赂的定性处理问题

在腐败与反腐败的博弈中，一些国家工作人员特别是领导职务较高的一些国家工作人员，利用职务上的便利为请托人谋取利益，往往不是其本人亲自收受请托人的财物，而是指使、授意特定关系人收取，或者以买卖房屋、汽车等物品及其他一些交易方式进行交易。譬如，浙江省交通厅原厅长赵詹奇利用职务上的便利，帮助请托人龙元建设集团股份有限公司项目经理徐文通在杭州萧山机场工程招投标过程中中标，而后按照事先约定，由其情妇汪沛英收受请托人徐华兑现的"酬谢费"人民币55万元。在此一案件中，尽管表面上赵詹奇本人没有直接获得任何财物，但是实质上请托人徐文通行贿的指向是非常明确的，最后将财物送给赵詹奇的特定关系人完全是根据他本人的意思，是他本人对于徐文通所送财物的处置行为所致，这符合受贿罪权钱交易的本质特征，同样可以认定是赵詹奇本人获得了财物，因此应当对赵詹奇以受贿论处。

5. 关于特定关系人与请托人达成事后兑现财物的"事先约定"并代为请托人转达请托事项的定性处理问题

司法实践中，存在这样一种情形：特定关系人代为请托人向国家工作人员转达了请托事项，但是由于各种原因，没有告知其擅自与请托人达成事后兑现财物的"事先约定"的情况，国家工作人员在完全不知情的情况下利用职务上的便利为请托人谋取了利益。在这种情形下，应当如何定性处理？由于国家工作人员主观上没有受贿的故意，不能对该国家工作人员在自己完全不知情的情况下"事先约定"收受财物承担罪责，不能认定其为受贿罪。如果该国家工作人员明知其特定关系人与请托人达成事后兑现财物的"事先约定"，仍然按照特定关系人的要求利用自己职务上的便利为他人谋取利益，就应当认定其犯受贿罪。对其特定关系人也应当以受贿共犯论处。但是，如果其特定关系人只是告知自己与请托人"事先约定"的部分而不是全部财物的内容或数额，则可以认定国家工作人员主观上有受贿的故意，并且应当对特定关系人与请托人"事先约定"的全部财物的内容或数额承担责任。

6. 关于特定关系人"挂名"领取薪酬的定性处理问题

在一些"期权受贿"案件中，一些人采取给国家工作人员近亲属、情人或者其他与国家工作人员有共同利益关系的人安排工作的方式，感谢或者请托国家工作人员为自己谋取利益。譬如，上海市劳动和社会保障局原局长祝均一利用职务上的便利，挪用巨额社保基金给请托人上海福禧投资集团董事长张荣坤使用，并与之商定，将自己的妻子黄华安排到在上海福禧投资集团旗下的上海路桥发展股份有限公司任职，享受年薪 40 万元的待遇。事发后，检察机关指控祝均一受贿的金额约 160 万元，其中约 120 万是其妻黄华在上海路桥公司任职三年期间总计获得的薪金。如何定性处理分歧较大。国家工作人员要求或者接受他人给特定关系人安排工作的情况较为复杂，主要有三种情况：一是特定关系人不实际工作，"挂名"领取薪酬的；二是特定关系人虽然参与工作但领取的薪酬明显高于该职位正常薪酬水平的；三是特定关系人是正常工作和领取薪酬的。对于第一种情况，应当认定国家工作人员受贿。对于第三种情况，不宜认定为受贿。对于第二种情况能否认定为受贿，由于当前工资体系较为混乱，尤其是一些私营企业，有些岗位薪酬差别较大且不透明，如何认定领取的薪酬明显高于该职位正常薪酬水平，如何认定受贿数额，均存在困难。从理论上讲，将该种情况规定为受贿应当没有问题，实践中可根据具体案件具体认定处理。

四、关于惩治"期权受贿"犯罪的立法建议

　　为惩治"期权受贿"犯罪，2007 年 7 月最高人民法院、最高人民检察院在其联合发布的《关于办理受贿刑事案件适用法律若干问题的意见》中就该种受贿犯罪的认定作出了规定。但是从总体上说，针对此类受贿犯罪的立法还处于起步阶段，许多方面还亟待进一步完善。由于"期权受贿"是一种新的犯罪形态，加之我国相关立法工作相对滞后，目前预防和惩治"期权受贿"犯罪缺乏必要的法律依据。要有效地预防和惩治"期权受贿"犯罪，必须加快相关立法，建立完备的法律体系，为预防和惩治这种新型受贿犯罪提供足够的法律法规资源。

　　1. 进一步完善关于离职以后原国家工作人员从业行为的法律规范

　　领导干部退休以后，多数去向低调，甚至不少彻底淡出了公众的视线。然而据媒体报道，也有一些领导干部退休以后则选择去上市公司担任独立董事"发挥余热"。记者粗略统计，在市值排前 50 位的上市公司中，有 34 位政府退休高官任独立董事。在这些上市公司的独立董事中，不乏副部级以上高官，例如中国石油独董刘鸿儒曾为中国证监会原主席，独董崔俊慧为国家税务总局原副局长；中国人寿独董马永伟为中国保监会原主席；浦发银行的独立董事之一为原中国人民银行副行长、党委副书记刘廷焕等等。有专家指出，企业聘官员并不看重其"工作能力"，高薪聘来挂个闲职，其背后的用意和目的只能意会，不能言传[14]。笔者以为，其中不排除在职时利用职务上的便利为请托人谋取利益、但是并不即时收取请托人给予的好处，而在退休以后以到上

市公司担任独立董事"发挥余热"的形式来变现"期利"者。

预防和治理"期权受贿"犯罪，应当进一步严格禁止国家工作人员离职以后在其原先管辖区域内的企业里从业。国家工作人员行使的是来自民众授予的公共权力。他们要公正地行使民众所授予的权力，保护和促进各种法益，其一些行为就要受到合理的限制，其中就包括其离职以后不得在其原先管辖区域内的企业里从业，因为这种从业行为极有可能为"期权受贿"的滋生、蔓延提供条件和温床。在这方面，许多现代法治国家都有相关立法。例如加拿大1994年颁布实施的《公务员利益冲突与离职后行为法》就规定："在任何情况下，前公职人员均不应改变立场，在任何正在进行的活动、交易、谈判或以政府为一方而前公职人员曾代表政府或任政府顾问的案件中代表任何个人、商业实体、协会或联合会"，而且公务员在离职一年期限内不得"代表任何其他人或实体向他们任职期满前一年曾有直接和重要官方关系的部门提出意见。"美国《佛罗里达州公务官员和雇员的道德法》要求，公务员"在离职后两年内不得代表他人或实体向他曾经工作的机构提出补偿要求"，违者将予以处罚，"并处以相等于他通过违禁行为得到的补偿数额的民事罚款"[15]。

借鉴国外经验和做法，我国《公务员法》对公务员离职从业作出了限制。2005年4月27日第十届全国人民代表大会常务委员会第十五次会议表决通过的《中华人民共和国公务员法》明确规定："公务员辞去公职或者退休的，原系领导成员的公务员在离职三年内，其他公务员在离职两年内，不得到与原工作业务直接相关的企业或者其他营利性组织任职，不得从事与原工作业务直接相关的营利性活动。"笔者以为，此一规定还存在一些缺陷，尚不能有效堵塞滋生"期权受贿"犯罪的漏洞。其缺陷主要是：第一，对公务员离职从业所作的限制性规定还比较笼统，有待于进一步细化和具体化。譬如，"与原工作业务直接相关"有无时空概念上的区别？国家公务人员特别是领导干部的工作岗位不是固定不变的。如果他们离职前短期内连续发生工作变动，"原工作业务"应如何界定？"任职"的具体内涵是什么，是仅指担任正式职务，抑或还包括顾问、代理人、经纪人、信托人等非正式职务，以及没有正式头衔和非正式头衔但是企业需要时出面为其排忧解难并领取报酬？第二，对公务员离职从业所作的限制性规定还是单方面的，只对离职公务员的从业行为作出了限制性规定，而未对接纳其从业的相关企业的接纳行为作出相应的限制性规定。第三，对违反离职从业禁令者的处罚力度还不够大，还不足以收到震慑犯罪的预期效果。第四，对公务员离职从业行为的监管尚有待进一步加强。

　　为进一步完善关于离职以后原国家工作人员从业行为的法律规范，建议通过法定程序对《中华人民共和国公务员法》作出修订：

　　一是要细化对公务员离职从业的限制性规定，使之进一步具体化。加拿大制定有专门的《公务员利益冲突与离职后行为法》。这里所说的利益冲突是廉政研究中的一个专有名词，与人们通常所理解的社会冲突含义上的利益冲突不同，主要是指公职人员所代表的公共利益与其自身所具有的私人利益之间的抵触、冲突与侵害。一般而言，腐败是指公职人员利用公共权力谋取私利的行为，因此可以说，利益冲突是腐败之源。加拿大制定上述法律，旨在对公务员离职以后的利益冲突进行调整。我们应当借鉴加拿大的这一做法，制定与《中华人民共和国公务员法》相关条款配套的《中华人民共和国公务员离职以后行为法》，将具体的限制和要求写入其中，以提高和增强抑制公务员辞职以后利益冲突的可操作性。同时，进一步细化对公务员离职以后从业的限制性规定，应当使这一规定与中央纪委所作出的“三年两不准”的廉洁自律规定在内容上相衔接、相一致。建议在内容上将其修订为：一定级别以上领导干部离职和退（离）休以后三年之内，不得接受原任职务管辖的地区和业务范围内私营企业、外商投资企业和中介机构的聘任，不准个人从事或代理私营企业、外商投资企业从事与原任职务管辖业务相关的经商办企业活动。

二是应对离职公务员的从业行为作出限制性规定，明确规定企业不得聘用原先管辖过它们的原国家工作人员。同时，应当对已经离职的国家工作人员到其原先管辖区域内的企业从业所获得的报酬作出一般性规定；其所获得的报酬，比照他人同等劳动的收入水平，扣除正常收入后，剩余的均以非法所得处理，并对其违法行为作出相应处罚。

三是健全和完善违反公务员辞职以后行为限制的处罚机制，进一步加大对违反离职从业禁令的处罚力度。对公务员离职以后有违反规定的就业行为者，《中华人民共和国公务员法》第一百零二条规定：“公务员辞去公职或者退休后有违反前款规定行为的，由其原所在机关的同级公务员主管部门责令限期改正；逾期不改正的，由县级以上工商行政管理部门没收该人员从业期间的违法所得，责令接收单位将该人员予以清退，并根据情节轻重，对接收单位处以被处罚人员违法所得一倍以上五倍以下的罚款。”这一处罚规定，显然不是直接针对违反规定的离职公务员的，也就是说，离职公务员即使违反有关规定，自己也无需承担相应的法律责任。很显然，这样的规定既不合理，也根本不可能有效遏制辞职公务员从事利益冲突行为的冲动。因此，建议增加针对违规辞职公务员个人的处罚，其中包括与其违法所得相适应的罚款和情节严重时的刑事处罚。

四是进一步加强对公务员离职从业行为的监管。尽管国家法律和中央纪委的相关文件对公务员离职从业行为早已作出明确规定，但是由于缺失相关的监管机制，实践中对这种行为的监管还很不到位。香港特区政府的一些做法很值得我们汲取和借鉴。2008 年 9 月 30 日，香港特别行政区行政长官曾荫权宣布成立"首长级公务员离职就业检讨委员会"，委任行政会议成员夏佳理出任独立委员会主席，检讨现行规管首长级公务员在停止政府职务后担任外界工作的政策和安排，以避免首长级公务员离职后进行利益输送。曾荫权作出这样一个决定不是平白无故的，而是鉴于震惊香港社会的"梁展文事件"的发生才作出了这一制度安排。2008 年 8 月 1 日，香港特区政府前任房屋署署长梁展文出任香港一地产公司的执行董事和副董事总经理，合约 3 年，年薪 312 万港元，另加分红。这个消息公布以后，立即引起香港市民和舆论界的强烈质疑。怀疑梁展文在政府任职期间，先用低于市值的价钱将有关居屋卖给该地产公司，但是退休以后却又转任该公司董事，怀疑期间出现利益输送，舆论还批评香港公务员事务局审批梁任职私人公司的程序草率[16]。8 月 14 日，这家地产公司高层表示不会解雇梁展文，因为开除他便要赔偿 3 年近千万元的薪酬。而一些准备退休的高官，也密切关注事态，忧虑自己的退休前景[17]。同年 12 月 10 日，香港立法会通过成立专责委员会，运用《立法会（权力及特权）条例》彻查梁展文离职后加入那间地产公司工作是否有任何利益冲突。在舆论的强大压力下，这家地产公司在 8 月 17 日宣布与梁展文协议无条件提前解约，此一事件才算告一段落。我们要加强对公务员离职从业行为的监管，就应该借鉴香港特区政府的做法和经验，建立健全相关监管机制，以立法的形式明确此一行为由谁监管、怎样监管，监管的程序和手段是什么，在监管中有失职和不作为的情况怎么办，等等，从而使此种监管具有可操作性，监管效果具有可核查性。

2. 在刑法中增加受贿罪的"约定"行为类型

根据《中华人民共和国刑法》第三百八十五条的规定，受贿行为主要有索取贿赂和非法收受贿赂两种行为。索取贿赂是受贿人处于主动，请托人处于被动。而非法收受贿赂则是受贿人处于被动，请托人处于主动。索取贿赂，只要行为人有向请托人索取贿赂的行为即构成犯罪，索到了贿赂便是既遂。而非法收受贿赂，则只有受贿人非法收受了请托人的财物才构成犯罪。但是，除了这两者以外，应当还有第三种形式，即受贿人和请托人均处于主动，他们往往事先约定并在事后兑现贿赂。在这种形式中，原则上只要受贿人和请托人相互约定贿赂就成立犯罪，兑现贿赂是既遂。司法实践中虽然也将这一形式的受贿认定为犯罪，但是法律并没有明确。《中华人民共和国刑法》第三百八十六条规定："对犯受贿罪的，根据受贿所得数额及情节处罚，索贿的从重处罚"。从字面上理解，"受贿所得"的表述，显然是指已经取得财物的形态，受贿罪的成立必须是实际收受，而不能包括要求、约定两个阶段。但是事实上，受贿、行贿的过程均表现为要求、期约、收受三个阶段。

从世界各国、地区的刑事立法体例来看，包括日本、韩国、奥地利、西班牙、德国、瑞士、意大利、法国、美国、加拿大等国以及中华人民共和国澳门、台湾地区的刑事立法中均规定：只要行为人实施了"要求"、"期约"、"收受"贿赂的其中一个行为，就构成受贿罪，且均成立犯罪既遂。譬如，日本、韩国在刑法中都有这方面的法律规定。日本在刑法第一百九十七条中规定：公务员或仲裁人关于职务上的事情，收受、要求或约定贿赂的是受贿罪。同时还规定：公务员或仲裁人就其职务接受请托，让人将贿赂交付第三者，或者要求或约定如此交付的，处5年以下惩役；曾任公务员或仲裁人的人，就其任职时接受请托所为不正行为或不为当为行为而收受、要求或约定贿赂的，处5年以下惩役。在《联合国反腐败公约》规定的需要处罚的贿赂犯罪中，行为人也未必是已经得到了实际利益，许诺给予、提议给予或者实际给予公职人员本人或者其他人员或实体不正当的利益，均属于犯罪的范围。很显然，这种立法例将贿赂犯罪的构成及其形态予以前置，提高了惩治贿赂犯罪的力度，值得我们在完善贿赂犯罪的立法时予以参考。

在《中华人民共和国刑法》中增加"约定贿赂"这一行为类型，有利于减少中国刑法中的一些不必要的争论。如关于事前有约定的狭义事后受贿和事前有约定的职后受贿，只要行为人之间有约定了，就构成受贿罪，没有必要再去争论这两类事后受贿的犯罪性问题，这对于打击一部分"期权腐败"行为提供强有力的法律依据。另外，行为人之间约定的实现与否可以作为犯罪轻重的衡量标准。

3. 在刑法中将贿赂的范围由财物扩大为"不正当好处"

贿赂内容的范围和种类的界定，直接决定一个国家或地区政府对贿赂罪的打击范围和力度。在《中华人民共和国刑法》第三百八十五条中，将受贿罪"贿赂"的内容限定为"财物"。该条中规定："国家工作人员利用职务上的便利，索取他人财物

的，或非法收受他人财物，为他人谋取利益的，是受贿罪。"按
照《中华人民共和国刑法》的这一规定，贿赂就是行为人收受
或索取的财物，立法将贿赂罪的内容仅限定为财物，这是很明确
的，这也是关于贿赂的财物说的观点，其认为贿赂仅指金钱或可
以用金钱计算的财物，而不包括其他利益。2007 年 7 月 8 日，
最高人民法院、最高人民检察院联合发布的《关于办理受贿刑
事案件适用法律若干问题的意见》，首次将贿赂的范围由财物扩
大至财产性利益，明确规定，以交易形式收受贿赂，以接受请托
人提供的干股收受贿赂，以开办公司等合作投资名义收受贿赂，
以委托请托人投资证券、期货或者其他委托理财的名义收受贿
赂，以受贿论处。但是，这一范围的扩大并没有载入宪法，因此
迄今为止中国对贿赂内容的范围还没有一个统一的界定。同时，
与财物无关的非物质性利益，诸如帮助提职提级、调动工作、招
工招干、出国留学、安排高档娱乐消费、提供美色等，还尚未纳
入贿赂的范围。这一立法状况，既同中国贿赂犯罪的发展趋势不
相适应，也同国际通行的立法惯例不相符合。

近年来，各级党委、政府和纪检监察机关始终保持对腐败分
子的高压态势，进一步加大查办案件的力度，严肃查处了一批有
影响的大案要案，有力地震慑了腐败分子。随着腐败与反腐败博
弈形势的发展变化，一些腐败分子绞尽脑汁不断研究和"创新"
以权谋私、权钱交易的策略与手法，力图探寻更加隐秘、能够有
效规避风险的腐败方式，于是权钱交易出现了新情况、新问题，
呈现出新的演变趋势。从贿赂的标的物来看，已经超出了传统的
"财物"界限和范围，开始向财产性利益和非财产性利益领域延
伸。为了使权钱交易更具隐蔽性和复杂性，交易双方往往在贿赂
标的物上煞费苦心地精心谋划、反复揣摩。于是，贿赂的标的物

便呈现出多样化的发展趋势。请托人给职务犯罪嫌疑人施以贿赂，提供有价证券、支付凭证、黄金、珠宝等财物者依然有之，提供免费劳务、住房装修、住房使用权、车辆使用权、出国出境旅游等财产性利益者也不鲜见，安排高消费娱乐、休闲、健身活动，提供出国留学、性服务等非财产性利益者则与日俱增。从贿赂标的物所有权转移的情况来看，呈现出表面上虽未转移而实质上已经转移的趋势。以往职务犯罪嫌疑人利用职务上的便利为请托人谋取利益以后，请托人将贿赂标的物连同其所有权一次性地交付给职务犯罪嫌疑人。贿赂标的物是房屋、汽车等特定的有型财物的，请托人连房产证、汽车购置发票都一并交付。近年来，这种情况有所改变。职务犯罪嫌疑人收受房屋、汽车时，并不要求到登记机关办理权属变更手续，而是以"借用"的方式实际长期占用。

　　以上贿赂的新的表现形式，说明了贿赂内容外延及其对象随着社会经济的发展和物质、文化、精神生活的改变而改变并日益扩大，这种需求的多样性和层次不断变化性，也决定了贿赂内容手段方法的多样性、复杂性和隐蔽性。以往那种以权钱交易为主的贿赂已被权权交易、权性交易等所取代，传统的贿赂犯罪的内涵、外延上已无法涵盖今天贿赂犯罪的众多形式，贿赂犯罪对象仅限于财物，无法适应当今惩治打击贿赂犯罪的需要。

　　如果不把与财物无关的非物质性利益纳入贿赂的范围，就不能全面反映贿赂犯罪的现实状况，不利于全面惩治贿赂犯罪。索取或收受其他非物质性的利益，与索取、收受财物没有本质上的差别，主观上都有犯罪的故意，都侵犯了国家工作人员公务行为的廉洁性这一客体，客观上也会造成严重的后果。索取、收受非物质性利益，有时其实际所得的价值比索取、收受财物所获得的价值还要大，其社会危害性也更明显。将贿赂罪的内容仅限于财物，排除非物质性利益，必然造成立法的不完善，在司法实践中往往会遇到行为人收受了非财物性利益，实施了受贿犯罪行为，也造成了严重后果，却因法律无明文规定而使之逃脱法律的制裁。

贿赂犯罪一直是世界各国共同面临和急需有效治理的问题。纵观世界各国和地区，包括中国的香港和台湾地区，都将"非物质性利益"纳入了贿赂犯罪的内容范围。如美国刑法规定贿赂是财产的利益或利益，泰国刑法典规定为财物或其他利益，瑞士刑法典规定为贿赂或免费利益，德国刑法典将受贿对象规定为"利益"（包括非财产性利益），丹麦刑法典规定为贿赂或其他利益，罗马尼亚刑法典规定为金钱、有价物、其他利益，意大利刑法典规定为金钱或其他利益，加拿大刑法典将非财产性利益作为贿赂犯罪的内容。日本虽无明确规定，但在1915年一法院判定，异性间的性交也可能成为贿赂罪的目的物。以上种种规定使任何形式的有损国家公职人员职务行为廉洁性的贿赂行为都可以纳入刑法的调整范围，这不仅利于惩治贿赂犯罪，也有利于预防犯罪。

当今世界各国的刑法中，像中国现行刑法将财产性利益和"非财产性利益"排除在贿赂内容以外，把贿赂犯罪的对象仅仅局限在狭小范围内的做法，已很是鲜见。为了使立法与国际通行的立法惯例接轨，中国需要顺应世界打击贿赂犯罪的立法趋势，借鉴国内外合理的立法模式，将贿赂的内容扩大至包括"财物"、"财产性利益"和"非财产性利益"在内的应有范围，以弥补中国贿赂犯罪立法的不足。

有学者认为，把贿赂范围扩大到包括财产性利益、非财产性利益和其他不正当好处，司法机关难以掌握定罪量刑的标准从而导致操作困难。但是，我们知道，受贿罪属于职务犯罪，它侵犯了国家工作人员职务行为的廉洁性，与侵犯财产罪有质的不同。受贿罪的社会危害性并不只是通过收受财物一种形式来体现，有时甚至主要不是通过收受财物的多少来体现的。如果以财产犯罪的定罪量刑标准来规定受贿罪，显然缺乏科学性。立法不能只考虑操作上的便利，更不能因此而作出非科学的规定。实际上，把贿赂范围扩大到包括财物、财产性利益和其他不正当利益后，立法可全面规定反映受贿罪社会危害性及其程度的各种情节，如受贿金额、各种财产性利益及其他不正当利益的性质、受贿次数、手段及造成的后果等来共同决定受贿的定罪量刑。

有鉴于此，建议将现行国家刑法中贿赂的"财物"修订为"不正当好处"，即比照现行国家刑法中的有关规定，将贿赂罪定义为："国家工作人员利用职务上的便利，索取或非法收受他人提供的不正当好处，为他人谋取利益的是受贿罪。"将行贿罪规定为"为谋取不正当利益，给予国家工作人员以利益的，是行贿罪"。理由主要有三：

首先，这样规定符合受贿罪的犯罪本质。受贿罪是以权谋私的犯罪，其本质是亵渎、侵犯了国家工作人员职务行为的廉洁性。国家工作人员利用职务上的便利，无论收受或索取的是财物还是其他不正当好处，都毫无疑问地构成对国家工作人员职务行为廉洁性的侵犯，其社会危害性的本质是一样的。如果我们一方面打击受贿犯罪，另一方面却把贿赂限制在财物或财产性利益上，势必会放纵犯罪。因此，将国家工作人员利用职务之便谋取财产性利益或非财产性利益的行为规定为受贿罪，完全符合受贿罪的本质。只有将刑法中的贿赂范围扩大至"不正当好处"，才能充分保护受贿罪所侵犯的客体，有效打击一切贿赂犯罪行为。

其次，是打击现实受贿犯罪的迫切需要。随着社会的发展和人们生活水平的提高，一些人对物质利益已不屑一顾，而注重对各种非物质的、精神需要的追求，受贿行为已不再是单纯的"权钱交易"，而是呈现出多样化的特征。在司法实践中，受贿罪的社会危害性大小并不仅仅取决于收受财物的数额，收受较少财物或收受非财产性利益的受贿行为的社会危害性可能比收受财物多的更严重。比如，有的税务干部收受纳税人一两万元贿款，因此不征或少征其税款，由此导致国家税收损失几千万元。有的国家工作人员在经济往来中，接受他人提供的"性贿赂"，并利用职务上的便利为他人谋取不正当利益，使本单位遭受重大经济损失。如果仅仅因为收受财物的数额不大或收受的不是财物，而不以受贿罪处理，那就违背了立法本意，从而严重影响反腐败的实际效果。正因为收受财物以外的其他财产性利益或其他不正当利益也能够体现受贿罪的本质及其危害程度，所以把它们包括在贿赂范围之中是合理的，也是打击现实生活中受贿犯罪的需要。

再次，作出这样的修订符合国际通行的规则，有利于中国现行刑法规定与《联合国反腐败公约》的规定相衔接。2003 年 12 月 10 日，中国外交部副部长张业遂在联合国高级别政治会议上代表中国政府正式签署了《联合国反腐败公约》。作为《联合国反腐败公约》（以下简称《公约》）的签署国，中国政府有兑现承诺、履行公约的义务。该《公约》第三章规定了腐败案件的定罪和执法，其中第十五条规定了"贿赂本国公职人员罪"，这一条包括行贿罪和受贿罪。根据《公约》规定，这两种罪最根本的特征是：提供不正当好处，以使公职人员在执行公务时作为或不作为。按照《公约》的规定，贿赂的内容是指"不正当好处"，其范围显然大于"财物"，它不仅包括金钱与物品、财产性利益，还包括非财产利益。

4. 在国家刑事诉讼法中引入贿赂推定制度

推定是一项证据规则，指司法者借助现存的事实，并据以推断出另一相关事实存在的一种假设[18]。所谓贿赂推定，"是指贿赂当事人一方提供证据证明对方有行贿或受贿行为后，被指控方必须提供相反证明，否则推定其受贿罪或行贿罪成立。"[19]

贿赂推定是适用于贿赂犯罪的一项特有证据制度。英国是最早在单行的反贪污贿赂法中规定贿赂推定制度的国家。目前，许多国家和地区的反贪污贿赂法律规定了贿赂推定，且各国各地区的规定大致相同。如新加坡 1970 年防止贿赂法第八条明确规定："依照本法第五条或者第六条所规定之罪（即贿赂、与代理人贿赂交易——笔者注）被追诉之人，当其被证明在政府或者任何政府部门或者公共机构供职中的任何报酬是由或者来自于或者寻求与政府或者任何政府部门或者任何公共机构签订契约的人员或者某人的代理人所支付或者给予或者接收时，该报酬应当视为本法上文所说的为了诱导或者回报而贿赂地支付、给予或者接收，但反证被证实的除外。"[20]《香港防止贿赂条例》第二十五条明文规定："在有关第四或第五条所载罪项（即贿赂、有关合约方面为得到协助及其他而行贿——笔者注）的诉讼中，如已证明被告人曾给予或接受利益者，则除能提出反证外，该项利益应推定为罪项详情所指作为利诱或报酬而给予或接受者。"[21]

根据世界各国和各地区的相关立法及其司法实践，贿赂推定具有如下特点：

一是其适用范围的特定性。贿赂推定仅适用于贿赂案件，不适用于其他案件。相对而言，其他的一般犯罪比较容易取得法定证据，而贿赂犯罪则不然，其证据具有隐蔽性、单一性、不稳定性等特点，且大多为言辞证据，直接证据比较匮乏、稀缺，从而往往使侦查机关取证陷入困局。把贿赂行为推定认定作为特殊规则专门规定，体现了这些国家对一般证据规则的尊重。在贿赂案件中，已经证实收受不正当好处或给予不正当好处的行为事实存在，是贿赂推定的前提条件。这即是说，只要公务人员收受不正当好处或者给予公务人员不正当好处这一事实存在，即可适用贿赂推定法则，得出公务人员受贿或者向公务人员行贿的结论（即推定事实）。至于说贿赂推定的基础事实即收受报酬、给予报酬应证明至某种程度，则不属贿赂推定的范畴，而适用各国刑事证明的一般法律规定。

二是其结果的特定性。贿赂推定所要解决的只是犯罪嫌疑人、被告人行为的性质认定问题，而非贿赂数额等问题。公务人员收受与其有公务联系的人的财物或其他报酬；抑或与公务人员有公务联系的人给予公务人员财物或其他报酬，他们收受或给予报酬的行为该如何认定？这正是贿赂推定所要解决的问题，即可以推定该行为为贿赂。因此，通过适用贿赂推定，即可直接认定被告人行为的法律属性，而无须提供其他证据证明。有论者提出，在行贿人与受贿人单独交接贿赂，由于没有其他旁证，案发后一人肯定贿赂存在，另一个人否定时，即在"一对一"的场合，可以适用贿赂推定，认定受贿犯罪成立[22]。上海行政学院学者阮传胜博士不同意此观点，认为贿赂案件中的"一对一"问题，司法实践中有约定俗成的含义，即对于是否存在受贿事实，一方承认而另一方否认。所谓的"是否存在受贿事实"，当然可以指行为性质是否属于受贿之争（如一方称是贿赂，而另一方则坚持是借贷），但更主要还是指有否收受财物之争，即一方承认给予而对方否认收受，或者一方承认收受而对方否认给予。从上述国家、地区的法律规定看，贿赂推定的适用，只能解决行为性质之争，而无法解决有否收受、给予财物这类事实认定之争。亦即推定的结果具有特定性[23]。笔者赞同阮传胜博士的观点，认为此一观点更符合或者更接近国外法律规定的贿赂推定制度的原意。

三是其推定条件的限制性。贿赂犯罪一般是对偶犯罪。一种贿赂犯罪的完成，既包括请托人的行贿行为，也包括受贿人的受贿行为。如果行贿、受贿中的任何一方提供足够的证据证明贿赂事实存在，那么推定的前提即可成立。此外，由于贿赂推定毕竟是在某些证据不能获得时，对行为人拒不如实提供事实情况而作的法律推定，这种推定并非完全真实，为慎重起见，只能在已最大限度证明一方行贿或者受贿而另一方拒不提供证明的前提下才能推定。所以，单凭一方口供不能作为推定的充分理由，还需要查证可能取得的其他旁证或间接证据。这些证据越多，可信度越高，那么，以此推定对方行贿或受贿的结论也就越真实。

四是其推定结论的可反驳性。从国外立法案例看，贿赂推定一般规定在单行的反贪污贿赂法中，实施贿赂推定制度的几乎所有国家均认为，除能够提出反证外，将推定贿赂犯罪行为成立。因此，贿赂推定在证据法上的主要意义，在于举证责任转移，犯罪嫌疑人如主张贿赂犯罪不成立，必须提出证据予以反驳。反驳既包括对推定前提的质疑，也包括提出新的事实与推定的结论对抗。这即是说，在贿赂推定的适用过程中，如果没有反驳或反驳不成立，那么推定所得出的结论就可以直接认定。但是犯罪嫌疑人、被告人的辩护权是不能被剥夺的，从这个角度而言，贿赂推定是具有可反驳性的。

目前中国在立法和司法实践上均未承认贿赂推定。长期以来，中国在证明标准上过多地强调客观的绝对真实，对事实的认定过分追求理想化，而对推定的运用采取一种相对排斥、轻视的态度。目前在中国，为逃避法律制裁，以各种貌似合法的形式进行贿赂，已成为常见的作案手法，同时也使对此类案件的查处带来了困难。"期权受贿"行为，即是如此。在司法实践中，"期权受贿"行为通常是职务犯罪嫌疑人与请托人"一对一"单独进行的交易行为。由于没有其他旁证，案发后一人肯定贿赂存在、另一人否认的情况也屡见不鲜。况且，这种受贿行为又区别于传统的"一手交钱、一手办事"的即时交易行为，从职务犯罪嫌疑人利用职务上的便利为请托人谋取利益到其收取请托人兑现给的好处，两者之间有一个几年甚至十几年的时间差，相关的其他证据缺失严重，再加之职务犯罪嫌疑人与请托人当初所达成的约定只是彼此心领神会的"君子协定"，一旦案发，只要有其中一人矢口否认，就会使对案件的查处陷入困局，往往因证据不足而使犯罪嫌疑人逍遥法外，使司法公正受到极大挑战。

为了破解这一困局，应当借鉴国外反贪污贿赂的成功经验，确立并运用贿赂推定法则，通过举证责任的倒置、移转，先由被告人承担对特定问题（即其收受的财物的合法性）的举证责任。如若被告人未能履行这种责任，则推定非法收受他人财物可以成立，亦即其所收受的财物为贿赂，从而推定贿赂犯罪成立。

司法实践中，尽管侦查机关收集和提供给公诉机关的往往是间接证据，但是即便如此，也为公诉机关运用推定法则审查认定案件事实和证据提供了必要的空间。只要推定的规则和程序是合乎公理、法理的，那么由此作出的结论就能最大限度地接近案件事实真相，具有充足的说明力，从而能够最大限度地确保司法公正。与此同时，这种推定也并非就意味着被告人辩解和其辩护人依法进行辩护的权利的丧失。因为，在除了不可推翻推定的极少例外情况下，只要被告人及其辩护人辩护有理，贿赂推定是能够被反驳的，且被推定的贿赂行为还需要经过法院合议庭质证、认证等诉讼程序的论证和检验。

在此，建议对《中华人民共和国刑事诉讼法》作出修改，将贿赂推定制度以法律的形式确定下来。为使中国法律规定与国际推定及举证责任倒置原则相衔接，应当借鉴《反腐败公约》第二十八条之规定，明确规定推定在贿赂犯罪中的适用，即规定确立此一犯罪所需具备的明知、故意或者目的等要素时，可以根据客观实际情况予以推定。具体而言，可从下述两个方面对受贿犯罪中推定的适用作出规定：（1）只要查明犯罪嫌疑人财产或者支出明显超过合法收入且差额巨大时，证明责任就转移至犯罪嫌疑人身上，犯罪嫌疑人必须证明差额部分来源的合法性，否则，如果本人不能说明其来源合法的，差额部分即可推定为非法财产，巨额财产来源不明罪即成立。（2）适度扩大推定和举证责任倒置的适用范围。比如规定：受贿犯罪中的明知、故意或者目的等主观要素，除非本人能够证明不存在这些主观过错，推定为具有明知、故意和非法占有、为他人谋取利益之目的。这既是打击贿赂犯罪和追回资产的现实需要，也是实现中国刑事司法与国际接轨的必然要求。

注　释

1　［英］阿克顿著，侯健等译：《自由与权力——阿克顿勋爵论说文集》，商务印书馆，2001 年版，第 342 页。

2　［意］贝卡利亚，黄风译：《论犯罪与刑法》，中国方正出版社，2004 年版，第19 页。

3　赵秉志、张伟珂：《醉驾入罪的法理思考》，《检察日报》，2011 年 5 月 17 日。

4　恩格斯：《马克思恩格斯全集》第 2 卷，人民出版社，1957 年版，第 416 页。

5　林中明：《揭秘上海巨贪、房产局原副局长殷国元落马始末》，《检察日报》，2009

年 3 月 19 日。

6　李松：《权力期权化现象显现，多位干部退休挂职紫金矿业》，《瞭望新闻周刊》，
2010 年 10 月 24 日。

7　杨涛：《紫金矿业事件中应深挖“腐败期权”》，《中国青年报》，2010 年 7 月
20 日。

8　张明楷：《犯罪论原理》，武汉大学出版社，1991 年版，第 60 页。

9　张明楷：《刑法的基础观念》，中国检察出版社，1995 年版，第 143 页。

10　［德］考夫曼：《法律哲学》，刘幸义译，法律出版社，2004 年版，第 462 页。

11　梁根林：《不妨增设罪名惩治腐败期权化》，http：//www. qfeng. org，2011 年 3
月 22 日。

12　韩雪峰：《惩治新形势下的权钱交易——期权式腐败的思考》，http：//www.
hapf. gov. cn，2007 年 11 月 11 日。

13　最高人民法院、最高人民检察院：《关于办理受贿刑事案件适用法律若干问题的
意见》，《人民法院报》，2007 年 7 月 9 日。

14　刘阳：《市值前 50 上市公司聘 34 位退休高官任独立董事》，《证券日报》，2011
年 7 月 6 日。

15　史春林、于霞：《各国对离职公务员某些行为的限制》，《秘书》，2004 年第
6 期。

16　付可：《港高官离职从商，须受独立调查》，《南方都市报》，2008 年 10 月 2 日。

17　黄振迪：《解读“梁展文事件”》，http：//www. chinavalue. net，2008 年 9 月 3 日。

18　［美］乔恩·华尔兹：《刑事证据大全》，何家弘等译，中国人民公安大学出版
社，1993 年版，第 315 页。

19　赵虎、郑斌峰：《建议对受贿罪实行推定规则》，《人民检察》，2001 年第 4 期。

20　最高人民检察院《反贪污贿赂法》研究起草小组：《外国和港澳地区反贪污贿赂
法规汇编》，中国检察出版社，1991 年版，第 30 页。

21　最高人民检察院《反贪污贿赂法》研究起草小组：《外国和港澳地区反贪污贿赂
法规汇编》，中国检察出版社，1991 年版，第 230 页。

22　宋军等：《反贪污贿赂的特殊证据规则》，《外国法译评》，1995 年第 3 期。

23　阮传胜：《论贿赂推定及其适用》，《河北法学》，2004 年第 11 期。

附 录 一

"期权腐败"及其治理对策

阎德民

摘要："期权腐败"是权力寻租的新变种和衍生物，更具遮蔽性和欺骗性，危害也更烈。这种腐败现象的发生和蔓延，有其深刻的社会历史背景和制度、体制、机制层面的原因。要积极探索从体制、机制、制度上预防和惩治"期权腐败"的有效途径，努力从源头上不断铲除"期权腐败"滋生蔓延的土壤；进一步加强反腐倡廉教育，切实筑牢抵御"期权腐败"的思想道德防线；进一步加强对领导干部行使权力的全方位、全过程监督，最大限度地减少"期权腐败"发生的可能；依法规制行政自由裁量权，最大限度地压缩"期权腐败"的滋生空间；进一步规范和完善领导干部辞职制度，切实加强对领导干部辞职后从事经营活动的跟踪监督。

近年来，"期权腐败"现象在一些地方呈现出蔓延态势。作为腐败的新变种和衍生物，"期权腐败"更具遮蔽性和欺骗性，其危害性也更烈。深刻分析"期权腐败"的成因，认真研究其特点，准确把握其规律，悉心探索预防和治理的对策与措施，是新形势下反腐败斗争提出的迫切要求。

一、"期权腐败"及其成因

所谓"期权腐败",是一种类似于期货投资的套期式腐败行为。其表现通常是,职务犯罪嫌疑人与商业性经营主体之间达成某种权钱交易的"期权契约"。根据这种"契约",职务犯罪嫌疑人在位时利用其手中掌握的权力,为商业性经营主体谋取非法利益,但并不要求受益人即时给予回报,而是让对方在未来的某个适当时候给予其形式不同的巨额回报。这个"未来的某个适当时候",一般是指职务犯罪嫌疑人离开一定职位(退休、退职、离职)以后。以相关个案为例:浙东南某县级市的房管办负责人在位时,通过各种关系精心策划,将市区黄金地段大片地块出让给某民营企业。该企业老板借此开发的小商品市场建成后,日进斗金,成了亿元户。房管办负责人退休后,该企业老板把他聘为该公司干部,年薪30万,并享有高级住房一套,以及每年几万元的请客送礼签批权[1]。这是一起典型的"期权腐败"行为。

近年来这种腐败现象呈滋长蔓延之势,是有着深刻的社会历史背景的。

近年来,随着反腐败力度的不断加大,一些腐败分子逐渐感到了在权力寻租中前所未有的压力和风险。他们既不甘心放弃权力寻租,又担心在权力寻租中东窗事发,于是便绞尽脑汁不断研究和"创新"以权谋私、权钱交易的策略与手法,力图探寻更加隐秘、能够有效规避风险的腐败方式。一些腐败分子不敢再明目张胆地以现权套现利,转而采取在任时将手中的权力作为一种无形资产进行"资本投资"，待离职以后再套现"投资收益"的方式和策略。这表明，"期权腐败"是权钱交易空间日趋狭小而出现的新变种。

从权力寻租和扩张的一般规律看，通常具有空间和时间两个维度。在现代法治社会，任何公权力都有其法定的行使边界。缺失行使边界，必然造成权力滥用，而权力自身又都具有突破这种行使边界以期扩张和寻租的天然禀性。权力超越法定边界的扩张和寻租，即为权力在空间上的寻租和扩张。权力的扩张和寻租通常会产生两大后果：一是损害公众利益，二是谋得个人私利。这两种后果既可同时发生，亦可异时发生。寻租和扩张后果发生时序上的这种延展性，即是权力在时间上的寻租和扩张。"期权腐败"即属权力在时间维度上的寻租和扩张。这种寻租和扩张模式具有相当的遮蔽性和欺骗性。行为人利用寻租和扩张后果发生时序的延展性，故意使损害公众利益的后果发生在前，谋得个人私利后果发生在后，打一个时间差，模糊两种后果发生之间的关联性，借以障人耳目、瞒天过海，达到规避风险、逃避打击的目的。

"寻租"利益回报的高兑付率和高安全性，是"期权腐败"形式受到越来越多的腐败分子青睐的重要诱因。虽然，职务犯罪嫌疑人在为不法商人谋得巨大利益后辞去官职，亦有回报得不到兑付之虞（如果得不到兑付，职务犯罪嫌疑人也无可奈何），但从现实情况看，这种风险很小，一般都能依约兑付。"期权腐败"不仅兑付率较高，同时又经过了多种多样的遮蔽，因而安全系数也比较高，大大降低了东窗事发的几率。

"期权腐败"现象之所以得以发生和蔓延，同现行经济、政治、法律的体制和制度性弊端密切关联。这些弊端主要表现在以下几个方面。

其一，政府职能尚未得到根本转变，行政权力对微观经济活动特别是投融资活动的干预依然过多。政府干预经济活动能够在一定程度上弥补市场的缺陷，但对微观经济活动特别是投融资活动的干预过多，为腐败分子利用行政权力从事寻租活动提供了机会和空间。

其二，领导与决策体制改革还不到位，权力过分集中问题尚未得到根本解决。在不少地方和单位，对重要建设项目的安排和大额度资金的使用，决策权仍集中在少数人特别是"一把手"手里，大到城市规划、土地批租，小到合同的签订与合同的履行，往往都是"一把手"说了算。这种情况，很难对权力运行进行有效制约和监督，从而为腐败分子搞"暗箱操作"、权力寻租创造了条件。

其三，权力运行机制还有待进一步完善，对权力运行的监督制约亟待加强。权力配置不够科学，程序不够严密；权力运行不够规范，过程不够透明；监督制约机制不够健全，对权力运行的约束相当乏力，等等，所有这些都为权力寻租留下了制度和机制上的漏洞与缝隙。

其四，法律制度不够完善，尚存在相当大的法律真空。由于"期权腐败"是权力扩张和寻租的新变种，且具有很大的遮蔽性，因而我们目前对其还缺乏足够的法理学方面的认识，暂时还很难制定出相应的具体适用的法律规范，尚未将其纳入法律调整的对象范围。

二、"期权腐败"特点分析

"期权腐败"区别于其他腐败的一个最显著标志，在于其权钱交易是现权与期利之间的一种交易。职务犯罪人不是像有些贪官那样一手办事、一手要钱，而是着眼长远，先投入后求回报，离职前利用职务上的便利为不法商人谋取利益，当时并不要求即时得到回报，而是在事隔相当长时间甚至多年待其离职后，才以各种貌似合法的方式加以兑现。这是其本质特征。由这一本质特征所决定，"期权腐败"具有以下一些具体特点。

一是具有较强的预谋性。作为一种智能化程度较高的职务犯罪实施者，行为人一般都具有较高的智商，并对与其职务相关的专业知识和法律法规相当熟知，反侦查能力比较强。为规避风险，在实施职务犯罪以前，通常都进行了精心、周密的谋划，在心理上和作案条件上做了充分准备，而且其预谋多是围绕反侦查这一核心展开的，意在逃避法律的追究。有的甚至不惜出重金，请"高人"指点。

二是具有较强的纠合性。犯罪嫌疑人一般数量较少，通常只有职务犯罪者和不法商人两个自然人构成。双方一般是战友、同学、老乡关系，是彼此之间最信得过、靠得住的"铁哥们"，情感深厚、彼此耦合、过往甚密、便于沟通，容易臭味相投、沆瀣一气，易于在主观上形成共同的犯罪故意，在犯罪目的、动机和手段上达成共识，结成紧密的利益共同体，订立宁死不招的攻守同盟，且在实施犯罪过程中彼此角色配合默契。即便是一方东窗事发、身陷囹圄，也自恃彼此之间的这种过硬关系，负隅顽抗。

三是具有较强的时差性。与以往那种赤裸裸的权钱交易行为相比，"期权腐败"中的权钱交易并不是简单的即时兑现式的投桃报李，而是采取了十分隐秘的手法。经过周密的设计和策划，职务犯罪者和不法商人故意将权钱交易的实施过程拖长，使职务犯罪者谋得个人私利后果的发生，大大滞后于损害公众利益后果的发生，以模糊二者之间的因果关系。从时间跨度上看，两种后果发生的时间差通常达几年甚至十几年之久。

四是具有较强的异域性。"期权腐败"中的权钱交易双方，虽是好朋挚友，但并不一定处在同一地域。市场经济语境下，资本的跨地域、跨行业、跨国境流动十分频繁。权钱交易双方充分利用这样的机会，彼此勾结，共同犯罪。有的职务犯罪者甚至以境外的不法商人为合作对象，在国内为对方牟取非法利益，在境外得到回报。有的职务犯罪嫌疑人以前曾在国有控股公司任过职，后来又担任党政领导职务。在国有控股公司任职时，与民营企业老板达成期权交易协议，离职后被依约聘任到民营企业任职，直至此时，其所得回报才得以兑付。同时，不法商人反哺职务犯罪嫌疑人的回报也形式多样，花样翻新，通常以各种看似"合情、合理、合法"的形式兑现。

"期权腐败"的上述特征和特点，使其具有较大的遮蔽性，所以学界有些专家把这种腐败称作"遮蔽型腐败"。这种腐败方式的最大功效，就是能将通过权钱交易得到的黑钱洗白，以降低权钱交易的风险，提高职务犯罪的安全系数。因此，有些专家又称之为"洗钱式腐败"。"期权腐败"的遮蔽性，无疑增大了甄别和查处此类职务犯罪的难度。首先是此类职务犯罪的时间跨度相当大，职务犯罪嫌疑人有足够的时间密谋串供，毁灭证据。证据缺失，证人难找，使得侦查机关难以查证，公诉机关难以举证。如江苏省建设系统的一个官员，在位期间为一家房地产公司牟取了很多利益。退休之后，该公司以各种名义给予了这名官员很多好处。事情被发现之后，一审法院判决他有罪。这名官员不服，觉得自己在位时没有获得任何好处，不属犯罪，因而提起上诉。二审法院经过审理，判决他无罪，从而使他逍遥法外[2]。其次是在犯罪构成要件上难界定。职务犯罪嫌疑人早已离职，很难从法律上将其定性为职务犯罪；职务犯罪嫌疑人离职后从事合法的商业经营，很难从法律上将其定性为"期权腐败"行为。最后是具体犯罪事实更难界定。譬如有些职务犯罪嫌疑人离职后，本人并不直接在受益企业任职，而是由其亲属代之任职。再次，受益企业为职务犯罪嫌疑人提供的豪华住宅、高级轿车虽由其长期使用，但产权却并未归于其名下。

"期权腐败"的遮蔽性强，因而其社会危害性也较大。由于职务犯罪嫌疑人认定这种腐败行为安全系数大，因而往往尽可能地把手中权力的运用空间发挥到极致，为不法商人谋取尽可能大的利益，以便将自己手中的权力转化为尽可能大的资本，为自己争得尽可能大的期权收益。此类职务犯罪以国家的经济权益为其主要侵害客体，往往会造成巨额的国有资产流失，严重损害社会公共利益。1994年5月，时任广东省高级人民法院院长、省政法委副书记的麦崇楷利用职务便利，鼎力为其澳门商人简祖扬摆平一起毁约官司，在为简祖扬避免巨额经济赔偿的同时，给予之合作的天河办事处造成1000万元的经济损失。几年后，在麦崇楷即将退休时，简祖扬单方面出资2000万元建造"成丰大厦"，将麦的儿子列为合伙人。1997年，简祖扬因涉嫌诈骗被公安机关拘传，麦崇楷又利用职务便利将简弄出。此举让"成丰大厦"的全部产权归在其儿子的名下[3]。有人惊呼："权力期权"已成为当今最大且最具升值潜能的"期货"[4]！不仅如此，它还在一定程度上扰乱正常的社会经济秩序，破坏社会分配领域的公平与公正，进而导致社会心理的结构性失衡。在目前我国社会处在矛盾凸显期的情势下，其社会危害性不可低估。

三、防治“期权腐败”的对策

“期权腐败”这一腐败新变种的发生和蔓延，已经引起社会各界的忧虑和关切。要坚持标本兼治、综合治理、惩防并举、注重预防的战略方针，积极探索从体制、机制、制度上预防和惩治“期权腐败”的有效途径，努力从源头上不断铲除“期权腐败”滋生蔓延的土壤。

一是悉心研究和探讨“期权腐败”的特点和规律，为从源头上防治“期权腐败”奠定思想认识基础。当前，我们对“期权腐败”的特点和规律还知之不多，认识不深。这是目前惩治和预防“期权腐败”还相当乏力的一个重要原因。要进一步深化对“期权腐败”现象的研究，科学界定这一职务犯罪的构成要件，深刻揭示和准确把握其基本特征，为加强反腐防腐立法、惩治“期权腐败”犯罪，提供科学的量刑依据和标准。同时，还要动态剖析“期权腐败”现象发生蔓延的条件和环境、过程与环节，找出相关体制、机制、制度和管理上存在的漏洞与薄弱环节，不断增强反腐败工作的预见性、针对性和有效性。

二是进一步加强反腐倡廉教育，切实筑牢抵御“期权腐败”的思想道德防线。那些堕落为“期权腐败”分子的党员领导干部，往往是从思想道德防线失守开始的。防治“期权腐败”，基础在于加强思想道德建设。要以各级领导干部为重点，以树立马克思主义的世界观、人生观、价值观，正确的权力观、地位观、利益观，科学的发展观和政绩观以及社会主义荣辱观为根本，以艰苦奋斗、廉洁奉公为主题，以更好地做到立党为公、执政为民为目标，进一步加强反腐倡廉教育。要坚持和完善反腐倡廉"大宣教"的工作格局，把思想道德教育和纪律教育贯穿于工作的各个环节，把教育、制度规范和严格管理有机结合，发挥整体效能，形成合力。充分利用现代教育手段，开展正面宣传和警示教育，弘扬正气，激浊扬清，以案明纪，警钟长鸣。切实加强廉政文化建设，积极营造良好的党风廉政建设和反腐败工作的社会环境、舆论环境和人文环境，进一步增强各级领导干部廉洁自律、廉洁从政意识，筑牢拒腐防变思想道德防线。

三是继续深化改革，通过体制和机制创新逐步铲除腐败现象产生的土壤和条件。"期权腐败"之所以在一些领域、环节和部位得以滋生和蔓延，是同这些领域、环节和部位存在着的体制和机制上的缺陷和弊端分不开的。防治"期权腐败"，关键在推进体制和机制创新。要着重抓住那些容易产生"期权腐败"的重点领域、环节和部位，加快推进行政审批制度、财政管理体制、投融资体制改革和干部人事制度改革。当前，要重点推进建设工程招投标、经营性土地使用权出让、产权交易、政府采购等管理体制和机制创新。要引入市场竞争机制，建立统一开放的招投标中心，对经营性土地使用权出让、建设工程发包、企业产权交易和政府采购实行公开招投标或拍卖，规范各类招投标、交易、采购中心的运行机制与管理监督制度，切实做到与政府主管部门机构、职能、人员、财务"四分开"，割断领导干部利用职权干预和插手这些经济活动以从中进行"期货交易"的可能。要加快行政管理体制改革，推进政府职能转变，着力建设有限政府、法治政府、责任政府和服务政府，充分发挥市场在资源配置中的基础性作用，严格禁止领导干部插手微观经济活动，防范权力进入市场。应建立重大建设项目和投融资活动终身责任追究制，不管职务犯罪嫌疑人离职多少年，都要依法追究其法律责任。

四是进一步加强制度建设，为预防"期权腐败"提供可靠的制度屏障。反腐倡廉，制度更带有根本性、全局性、稳定性和长期性。防治"期权腐败"，关键在加强制度建设。要适应新形势新任务的要求，切实加强以党章为核心的党内法规制度体系建设，着力提高制度的科学性、系统性、权威性，做到用制度管权、用制度管事、用制度管人。要对权力进行适度的分解，坚决改变一个人说了算的金字塔权力结构，建立健全决策权、执行权、监督权既相互制约又相互协调的矩阵型亦即网状权力结构，形成结构合理、配置科学、程序严密、制约有效的权力运行机制，以便有效地防止权力失控、决策失误、行为失范。全面贯彻落实党风廉政建设责任制，进一步完善报告制度、谈话制度、述职述廉制度、评议制度、考核制度和责任追究等制度，坚持和完善"三重一大"集体决策制度、领导干部经济责任审计制度，健全信访举报管理制度，深化和完善政务公开制度；建立健全内部控制制度。加快廉政立法进程，进一步完善相关的法律规范。抓紧研究制定反"期权腐败"的专门法律条款，修订和完善刑法、刑事诉讼法等相关法律制度。

五是进一步加强对领导干部行使权力的全方位、全过程监督，最大限度地减少"期权腐败"发生的可能。"期权腐败"的本质是权力的失控、失范和滥用。历史和现实都表明，失去制约和监督的权力必然导致腐败。防治"期权腐败"，重在加强对权力运行的制约和监督。把权力运行置于严密的制约、监督之下，权钱交易就失去了条件，无论是"即时交易"还是"期权交易"

均难以进行。要增强监督意识。权力具有潜在的扩张性、诱惑性和腐蚀性，只有切实加强对权力运行的制约和监督，才能有效遏制"期权腐败"的滋生和蔓延。要突出监督重点，着重加强对领导干部特别是主要领导干部的监督，加强对重点环节和重点部位权力行使的监督。尤其要加强对财政资金运行的监督，依法规范财政资金分配行为；加强对国有资产和金融的监管，健全对国有资本投资决策和项目法人的约束机制，实行重大投资项目论证制和重大投资决策失误追究制。要拓宽监督渠道，充分发挥各监督主体的积极作用，使各种监督形式有机结合、各方面监督力量有效配合。切实加强党内监督，支持和保证人大、政协、司法和政府专门机关的监督。尤其要切实加强社会监督，依法保障公民的知情权、参与权、选择权、监督权和检举权、控告权、申诉权，认真受理人民群众举报反映的问题。

六是依法规制行政自由裁量权，最大限度地压缩"期权腐败"的滋生空间。滥用行政自由裁量权，是权力扩张和寻租、"期权腐败"滋生的温床。自由裁量权是指国家主体在法律、法规规定的原则和范围内有选择余地的处置权力，其实质是行政主体在法定的范围和幅度内，对具体的行政行为以及行为的范围、方式、种类、幅度、时限等拥有自行选择权和决定权。赋予行政主体这样的权力，便于行政主体在复杂多变的问题面前审时度势、权衡轻重、灵活机动地作出决断，履行职责，以避免错过处置问题的最佳时机，确保行政效率和行政效能。但正由于行政自由裁量权具有选择性和较强的任意性，行政主体可在法定范围内相对自由地作出决断和处置的特点，也容易导致行政主体滥用该权。在依法治国的时代背景下，慑于法治的威严，一些腐败分子在滥用权力的方式选择上慎之又慎，往往要为其披上"合法合规"的外衣。于是，滥用行政自由裁量权便成为他们搞"期权腐败"的首选。防治"期权腐败"，必须依法规制行政自由裁量权。要进一步完善行政立法，从源头上加强对行政自由裁量权的控制。应根据法的目的，对自由裁量权行使的条件、运用的范围、裁量的幅度、事实要件的确定标准等作出准确、明晰的规定，以尽可能地压缩自由裁量的弹性空间。要进一步完善程序立法，强化对自由裁量权的程序控制。行政程序是公正与效率的平衡机制。应通过制定实施细则，以严密的行政程序来规范自由裁量行为。要进一步强化对行政自由裁量的监督，建立自由裁量公示制度，使自由裁量权的行使在"阳光"下运行；建立自由裁量登记报告备案制度，使自由裁量权的行使有案可稽；建立自由裁量质询制度，使自由裁量权行使中的违规行为得以及时发现与纠正。

七是进一步规范和完善领导干部辞职制度，切实加强对领导干部辞职后从事经营活动的跟踪监督。辞职从事经营活动，是权力滥用受益者向原权力行使人兑付期权收益的重要形式和关键阶段。防治"期权腐败"，还需在期权收益套现这一重要环节进行跟踪追击。要进一步规范领导干部辞去公职的条件，健全和完善领导干部辞去公职的审核、批准程序，健全和完善领导干部辞去公职经济责任审计制，建立健全领导干部辞职以后遵守有关从业规定的承诺制。依法对领导干部离开公职后从事经营活动作出更加严格的限制，明确规定不得从业任职的区域、单位和业务范围以及禁入的期限，进一步明确违反离职从业限制者所应承担的法律责任以及对其所采取的强制性制裁措施。

（本文发表在《中州学刊》2006 年第 5 期）

注 释

1 柴骥程、张建平:《警惕权力腐败的期权化》,《国际金融报》,2004 年 3 月 10 日。

2 陶建群:《隐蔽性大难查处,"期权腐败"成贪官逍遥法外护身符》,《人民论坛》,2006 年第 10 期。

3 张丽锦、郭媛丹:《麦崇楷受贿案存在"期权腐败",查处最大难点在取证》,《法制晚报》,2004 年 12 月 13 日。

4 高福生:《用制度阻击"期权腐败"》,《法制日报》,2005 年 12 月 01 日。

附　录　二

再论"期权腐败"及其治理对策

阎德民

摘要："期权腐败"是一种事后受贿类的职务犯罪行为。离开一定职位并不是"期权腐败"的必备要件，国家工作人员在职期间的一些受贿行为同样具有"期权腐败"的性质。因此，"期权腐败"有在职型和离职型之分。"期权腐败"型职务犯罪行为的最本质特征在于它的期约性。事先约定不仅是国家工作人员事后受贿构成犯罪的主观要件和客观要件，而且也是国家工作人员此类行为构成"期权腐败"型职务犯罪的认定要件。必须坚持以改革统揽"期权腐败"治理工作，把制度创新放在更加突出的位置。

"期权腐败"是在近年来我国反腐败力度不断加大、权钱交易空间日趋狭小的新的历史条件下而衍生出来的腐败新变种。笔者曾在《中州学刊》2006年第5期著文《"期权腐败"及其治理对策》（以下简称"前文"），就此一腐败现象的成因、特点及其治理，谈了自己的一些浅薄之见。本文拟就相关问题再作进一步的探讨。

一、离开一定职位：并非是"期权腐败"的必备要件

所谓"期权腐败"，是指把公共权力当作一种资本，被掌握这种权力的国家工作人员利用其来为请托人谋取利益，此后请托人在某个时期内按照事前的约定，将"投资收益"回报给该国家工作人员或者其亲属等利益相关人。

在这里，掌握公共权力的国家工作人员为他人谋取利益，但并不要求立即兑付回报，而是约定在未来的某个适当时候再予以兑现。这个"未来的某个适当时候"，或者是该谋利行为的影响期过后，或者是待该国家工作人员离开一定职位（退休、退职、辞职）以后。

在前文中，笔者曾经将"未来的某个适当时候"，界定在国家工作人员"离开一定职位（退休、退职、辞职）以后"。现在看来，似有不妥。依目前笔者愚见，这个"未来的某个适当时候"，不仅应当包括"离开一定职位（退休、退职、辞职）以后"，而且还应当包括国家工作人员在职期间。也就是说，国家工作人员在职期间收受贿赂的一些贪腐行为，同样也带有"期权腐败"的色彩，具有"期权腐败"的性质。

以田某贪腐案为例。2002 年，某县电力公司国有股转让，某集团公司董事长王某意欲购买。在与时任县委书记的田某"密谋"时，王某提出：出资 3000 万元购买该县电力，事成之后给田某 1500 万元。于是，两人很快达成了"交易协定"。在田某极力促成下，2002 年 11 月，该县将拥有 4.6 亿元总资产、1.9 亿元净资产的电力公司国有股以 4000 万元的价格出售给了某集团公司。由于收购价比请托人王某的出价稍高些，田某主动

提出少要 300 万元。随后，王某便按照事前约定，开始向田某兑现"承诺"。到 2004 年 9 月，王某总计给田某行贿钱物价值一千二百万余元。

在这个案例中，尽管田某接受贿赂时并未离开原有职位，而是仍在现任职务任期内，但是其行为符合"期权腐败"的基本特征，具有明显的"期权腐败"性质。这种腐败行为的期权性质，并不能因为职务犯罪嫌疑人尚未离开一定职位而发生任何改变。

首先，从"期权腐败"的内涵和基本特征看。"期权腐败"与这类现权与现利之间即时交易式的传统的、一般性的腐败现象有很大不同。"期权腐败"不同于传统的和一般性的权钱交易行为。传统的和一般性的权钱交易行为，通常是请托人向掌握公共权力的国家工作人员行贿在先，国家工作人员利用职务上的便利为请托人谋得利益在后，或者是请托人向国家工作人员行贿与国家工作人员利用职务上的便利为请托人谋得利益同时进行，亦即人们常说的"先拿钱，后办事"、"一只手受贿，一只手卖权"。

"期权腐败"与这类现权与现利之间即时交易式的传统的、一般性的腐败现象存在着明显的区别。它区别于其他腐败的一个最显著标志，就在于它是"现权"与"期利"之间的一种交易：国家工作人员利用职务上的方便为请托人谋取利益，但并不要求即时回报，而是与请托人约定，在该谋利行为的影响期过后，或者国家工作人员离职以后再予以兑现。也就是说，职务犯罪嫌疑人不是像过去有些贪官那样，一手办事、一手要钱，而是先投入后求回报。他们利用职务上的便利为不法商人谋取利益，当时并不要求即时得到回报，而是着眼长远，在事隔多年或者待其离职以后，才以各种貌似合法的方式加以兑现。可以说，它实质上是一种延期回报的权钱交易行为。

在上述贪腐案中,职务犯罪嫌疑人田某在为请托人王某谋取利益之时,并没有即时索取或者收受请托人的贿赂,而是约定在事成之后再行收受。在这里,职务犯罪嫌疑人田某既把公共权力当做谋取私利的工具,又以期权投资的方式与请托人进行"交易",是一种典型的"期权腐败"行为。

其次,从"期权腐败"的本质特征看。在前文中,笔者在剖析"期权腐败"的本质特征时指出,权力的寻租和扩张通常具有两个维度:空间和时间;产生两大后果:一是损害公众利益,二是谋得个人私利。这两种后果既可同时发生,亦可异时发生。寻租和扩张后果发生时序上的这种延展性,即是权力在时间上的寻租和扩张。笔者进一步指出,"期权腐败"即属权力在时间维度上的寻租和扩张。行为人之所以使损害公众利益的后果发生在前,谋得个人私利后果发生滞后,使这两种权力寻租和扩张的后果发生的时序出现错位,就是要打一个时间差,故意模糊两种后果发生之间的关联性,借以障人耳目、瞒天过海,达到规避风险、逃避打击的目的。

在田某贪腐案中,职务犯罪嫌疑人利用职务上的便利为请托人王某谋取利益,使其以明显低于实际价值的4000万元的价格,购得4.6亿元总资产、1.9亿元净资产的县电力公司国有股,造成了国有资产的严重流失。他明知自己的这一行为会发生损害公众利益的严重后果,但是却对自己的这一行为以及由此可能造成的后果的发生采取了放任的态度。他之所以这样做,完全是为了谋得个人私利,从请托人王某那里得到1500万元的"回报"。在这里,损害公众利益的后果发生在前,而从请托人那里谋得个人私利的后果发生在后,而且二者之间存在着密不可分的因果关系。这两种后果发生时序的错位性，决定了职务犯罪嫌疑人贪腐行为的期权性。

再次，从在职型"期权腐败"行为与离职型"期权腐败"行为的异同看。按照谋得个人私利后果发生时职务犯罪嫌疑人在职与否，笔者将"期权腐败"行为划分为两种类型：一种是谋得个人私利的后果发生在职务犯罪嫌疑人在职期间，另一种则是谋得个人私利的后果发生在职务犯罪嫌疑人离职之后。前者可简称为在职型"期权腐败"行为，而后者则可简称为离职型"期权腐败"行为。二者既有区别，又有联系。

二者的区别主要在于并且仅仅在于：在前一种类型"期权腐败"行为中，谋得个人私利的后果发生在职务犯罪嫌疑人在职期间，而在后一种类型"期权腐败"行为中，谋得个人私利的后果发生在职务犯罪嫌疑人离职之后。二者的这种区别，丝毫也不能湮没或者改变它们的"期权腐败"的共同性质：二者均是把权力作为一种资本进行"投资"，以期获得某种收益，并且二者均是损害公众利益的后果发生在前，谋得个人私利后果发生滞后。

二、事先约定："期权腐败"不可或缺的构成要件

"期权腐败"是一种事后受贿类的职务犯罪行为，但是该种职务犯罪行为又同一般性的事后受贿职务犯罪行为存在着一定的差异。二者的本质区别就是在于国家工作人员在利用职务上的便利为请托人谋取利益时，其是否就贿赂的标的物及其数量和事后双方交接的时间、方式等事项，与请托人进行了约定。当然，约定的内容可简可繁；约定的形式可以是书面的，也可以口头的；

约定的主动方可以是国家工作人员，也可以是请托人。

在"期权腐败"型职务犯罪行为中，当事人双方就这些事项进行了某种形式的约定，而在一般性事后受贿职务犯罪行为中，当事人双方则未就这些事项进行任何约定。

试举例说明。某国有公司总经理陈某，利用职权为下属李某单独制定了一个特殊的利润提成办法，并以公司文件的形式下发。由此，李某的年度提成比例比当时公司别的处室的提成比例高出许多倍，两年间共有总额达一百八十余万元的超额利润归个人支配。为感谢陈某对他的这种特殊关照，李某先后分3次将33万元人民币和15万元港币送给陈某。陈某的妻子用李某送的钱在珠海以本人的名义购买了一套价值50万元的商品房。

在上述案件中，尽管陈某的行为亦属事后受贿类的职务犯罪行为，但是其事前并未就收受贿赂的有关事项与李某进行约定。他事先为李某谋取利益时并没有受贿的故意，但在事后明知李某所送的财物是对自己职务行为的不正当回报而予以收受，于是便具有了收受贿赂的故意。因此，陈某的行为构成了受贿罪，但不属于"期权腐败"型职务犯罪行为。陈某的行为之所以不属于"期权腐败"型职务犯罪，主要在于陈某利用职务上的便利为李某谋取利益之时，未就李某给予其回报的相关事宜与李某作"事先约定"，而离开这种"事先约定"，陈某的事后受贿行为就不具有期约性。也就是说，陈某利用职务上的便利为李某谋取利益时，并没有将手中的权力当作"期权投资"的资本，没有以此获取李某不菲回报的主观上的期待。既然陈某未将手中的权力当作"期权投资"的资本，亦没有以此获取不菲回报的主观期待，那么他的受贿行为当然就不属于"期权腐败"型职务犯罪。

而前面所举的田某贪腐案中，请托人王某在与田某"密谋"

时，开出 1500 万元的价码来收买田某，条件是田某必须利用职务上的便利为其谋取利益：以 3000 万元的价格收购总资产为 4.6 亿元、净资产达 1.9 亿元的县电力公司国有股。这是一个典型的"事先约定"、事后受贿类的职务犯罪案例。在这个"约定"中，"交易"双方就请托事项和贿赂的标的物及数量与时间等进行了约定。于是，作为国家工作人员的田某在收受请托人王某的钱财之前，应请托人王某的请求，许诺为他谋取利益，那么这种请求和许诺之间在客观上就形成了一种以权换利的约定。这种约定的本身就使职务行为的纯洁性不可收买性受到了侵犯，具备了受贿罪最本质的犯罪特征。这个约定的达成，使田某收受贿赂的主观故意表露无遗：他明知利用职务上的便利为请托人谋取利益而非法收受贿赂的行为是一种损害其职务行为廉洁性的犯罪行为，而故意地实施这种行为。在其受贿的主观故意中，不仅包含有非法收受他人财物的故意，而且还包含有为他人谋取利益作为非法收受财物的交换条件，即以权换利的故意。

在这起贪腐案中，田某不仅主观上具有索取和收受他人财物的故意，而且其行为还具有明显的期约性。这种期约性，集中和突出地体现在田某与请托人王某所达成的那个"约定"上。透过该"约定"，作为国家工作人员的田某作出了利用职务上的便利为请托人王某谋取利益的许诺。利用职务上的便利为请托人谋取利益，作出如此这般许诺，其本身就是一种行为。这种许诺一经作出，就在作为国家工作人员的田某与请托人王某之间客观地形成了以权换利的权钱交易关系，并以该种关系的形成使人们产生以下认识：国家工作人员的职务行为是可以收买的，只要给予一定的财物，就可以使国家工作人员为自己谋取各种利益。这本身就使国家工作人员职务行为的不可收买性受到了侵犯。于是，无论田某为请托人谋取的利益是否正当，也不论他为请托人王某谋取的利益是否实现，其行为已经具备了刑法所规定的受贿罪的客观要件。

利用职务上的便利为他人谋取利益并在事后收受他人财物，这是典型的受贿犯罪形式。一般情况下，无需考察事先有无明确约定，因为行为人收受他人财物的行为本身就说明了他主观上具有受贿的故意，认定为受贿是没有争议的。但是，要认定"期权腐败"型职务犯罪行为，则必须对国家工作人员与请托人双方事先有无约定的情形作出详尽的考察。

以往人们也十分注重对国家工作人员事后收受他人财物（无论是在职期间还是离职以后）的案件中有无事先约定的情形进行考察，但是他们作出这种考察的目的，主要在于对行为人事后收受他人财物是否构成受贿罪作出正确判断，以避免客观归罪现象的发生。譬如，有些专家学者认为，国家工作人员利用职务上的便利为他人谋取利益离退休后收受财物的，要认定其受贿罪，须以在职时有事先约定为定罪条件。如果没有这一限制要件，很有可能造成客观归罪。很显然，这些专家学者是从犯罪构成与否即罪与非罪的视角，来考察事先约定对于办理"期权腐败"这一新类型受贿刑事案件的意义的。

笔者以为，事先约定不仅是国家工作人员事后受贿构成受贿罪的主观要件和客观要件，而且也是国家工作人员此类行为构成"期权腐败"型职务犯罪的认定要件。"期权腐败"型职务犯罪行为的最本质特征是它的期约性。这里所说的"期约"，指的是作为国家工作人员的受贿者与作为请托人的行贿者之间就前者利用职务上的便利为后者谋取利益、后者在未来一个时期内向前者交付贿赂的有关事项达成意思合致而形成的约定。该约定以国家工作人员即时职务上的行为为对价而期约收受请托人的财物。该约定的达成，标志着现权与期利之间期约对价关系的确立。此类约定的达成和此种期约对价关系的确立，是认定"期权腐败"型职务犯罪行为的限制要件。假如没有此类约定的达成和此种期约对价关系的确立，或者案发后没有充分证据证明有此类约定的达成和此种期约对价关系的确立，就无法认定其以权换利行为的期约性，从而也就无法认定其行为是"期权腐败"型职务犯罪行为。

三、制度创新：惩治和预防"期权腐败"的根本路径

从现实情况看，"期权腐败"之所以得以滋生蔓延，其社会背景和因素是相当复杂的，因此治理这种腐败必须采取综合措施，作出多种路径选择。同时又要清楚地认识到，治理"期权腐败"，最根本的是要靠制度、靠法制。这就要求我们必须把制度创新放在更加突出的位置，着力从源头上解决深层次问题。

预防和治理"期权腐败"，核心是加强制度建设，推进体制、机制、制度创新。现在，"期权腐败"之所以能够在一些领域和环节滋生蔓延，一个重要原因，就是在于这些领域和环节的体制、机制、制度还不完善不健全，还存在一些漏洞和缺陷。我们必须按照十七大的部署和要求，在坚决惩治腐败的同时，更加注重治本，更加注重预防，更加注重制度建设，通过新的体制、机制、制度安排筑牢从源头上预防和治理"期权腐败"的制度防线。

当前和今后一个时期推进制度创新，要着力做到以下几个方面：

　　一是要坚持以规范和制约权力运行为核心。历史和现实都表明，权力一旦失去规范和制约，必然导致腐败。目前一些"期权腐败"现象之所以能够滋生蔓延，其中的一个重要原因，就是对权力运行规范的乏力和制约的缺位。要有效预防和治理这类受贿犯罪，必须按照结构合理、配置科学、程序严密、制约有效的原则，建立健全决策权、执行权、监督权既相互制约又相互协调的权力结构和运行机制，将权力运行的每一个部位、每一个环节都置于有效的监督之下，切实把预防腐败的要求落实到权力结构和运行机制的各个环节。严格落实党内监督制度，督促各级领导机关、领导干部特别是"一把手"认真执行民主集中制，切实做到科学民主决策、依法规矩用权。要通过建立健全各项制度，努力形成用制度规范从政行为、按制度办事、靠制度管人的有效机制，保证权力在阳光下运行，防止权力失控、决策失误和行为失范，最大限度地减少权力"寻租"的机会。

　　二是要坚持以"期权腐败"易发多发的重点领域和关键环节为着力点。从现已经查处的"期权腐败"案件的相关情况看，此类受贿犯罪大多发生在工程建设、房地产开发、土地批租和金融、司法等领域，以及干部人事、行政审批、行政执法、财政资金运行等权力行使的关键环节和掌管人、财、物的关键岗位。针对这种情况，要重点研究干部人事、行政审批、土地管理、国有资产管理、财税金融、投资体制等方面权力的科学配置，用制度强化对干部人事权、司法权、行政审批权和行政执法权运行的规范和制约，用制度强化对财政资金和金融以及国有资产的监管，靠制度实现对权力在这些领域和环节的运行进行全方位、全过程的监控，靠制度防止"期权腐败"在这些领域和环节的频发与蔓延。对于资源不能完全由市场配置、垄断性比较强的领域，应认真组织相关制度的廉政风险评估，加强制度建设，堵塞制度漏洞，坚决防止因垄断引发权力滥用问题。

三是要坚持以改革统揽预防和治理"期权腐败"的各项工作。改革是发展中国特色社会主义的强大动力，也是从源头上防治腐败的根本途径。预防和治理"期权腐败"，必须始终坚持这一治本的办法。要以改革创新精神把制度建设贯穿于"期权腐败"预防和治理工作的各个环节，不断深化对"期权腐败"这种新型受贿犯罪的特点和规律的研究，提出防治此类犯罪行为体系建设的新思路、新办法、新举措。要把惩治和预防这种新型受贿犯罪寓于各项改革措施之中，坚持用改革的办法解决导致此类犯罪行为发生的深层次问题。坚持以改革创新精神加强制度建设，紧紧围绕权力制约、资金监控和从政行为规范，加快推进干部人事、司法体制、行政管理、社会体制、财税、金融、投资体制、国有企业等方面的改革和现代市场体系建设及相关改革，最大限度地减少以权谋私、权钱交易的体制机制漏洞。要进一步完善公共资源配置机制，更大程度地发挥市场在资源配置中的基础性作用，减少行政权力对微观经济活动的干预，建设公开、公平、公正和竞争有序的"阳光市场"，防止暗箱操作。

当前和今后一个时期推进制度创新，还应当确立和秉持以下重要理念：

一是民主理念。推进体制机制制度创新、预防和惩治腐败，核心是规范和制约权力运行。而要规范和制约权力运行，保证人民赋予的权力始终用来为人民谋利益，关键在树立民主理念，强化民主监督。民主是腐败的天敌，是规范和制约权力运行的利器。大量事实表明，凡是"期权腐败"易发多发的地方，无不是民主遭到践踏、少数人独断专行、监督制约机制失灵的地方。

只有大力发展党内民主和人民民主，切实加强和改进党内监督，支持和保证人大监督和其他各方面的监督，把党员的各项民主权利和人民群众的知情权、参与权、选择权和监督权真正落到实处，让权力在阳光下运行，才能有效防止权力失控、决策失误和行为失范，确保权力正确行使。要通过大胆实践，着力建立健全保障党员权利和人民民主权利的具体制度，使党员权利和人民民主权利的保障工作更加规范。同时，又要充分尊重广大党员和人民群众的主体地位和首创精神，广泛听取他们的意见，善于集中他们的智慧，并以他们满意不满意作为检验体制、机制、制度创新实际成效的最高标准。

二是法治理念。在现代社会，法治的核心价值在于对权力运行形成有效的规范和制约。在法律与权力的关系上，法治理念强调权力秩序是法律的产物，一切权力秩序都必须恪守法律规则的制度安排；宪法和法律具有至上的权威，任何权力行为主体都不得凌驾于法律之上。这就要求应当运用法律规范对权力运作实施必要的制约，以法律的强制力将权力运行控制在法律允许的范围内；应当通过法定程序构建规范和制约权力运行的法律法规体系，为防止权力失范和滥用提供可靠的法治保障，提高预防和惩治"期权腐败"的法制化水平。当前以法治理念推进体制机制制度创新，当务之急是要做两件事情。第一，按照程序正义和程序法定原则的要求，进一步健全和完善行政程序法和司法程序法，对权力的授予和剥夺尤其是权力运作程序作出规定，把权力运作程序上升为法定程序。第二，要把经过实践检验的惩治越权、擅权、滥权行为的具体措施和办法通过立法程序变成法律规则，充分发挥其惩戒功能以增大"期权腐败"的犯罪成本并对此类犯罪分子形成强有力的震慑。

　　三是分权制衡理念。分权制衡绝对不是资产阶级的专利，而是人类共同的文明成果，它体现了民主宪政的基本精神和现代公法的价值取向。任何权力都需要制衡，失缺制衡的权力是不能想象的。权力制衡的重要前提和先决条件，是对权力进行合理的分解，使之具有相对性和有限性。历史表明，绝对的、无限的权力必然导致专权与腐败。目前我国社会之所以不时地发生包括"期权腐败"在内的各种以权换利的受贿犯罪行为，其中的一个重要原因，就是在一些领域和环节，权力还依旧高度集中，某些权力行使主体集决策、执行、监督等各项权力于一身，既是游戏规则的制定者，又是游戏本身的参与者。为确保自己能赢得这个游戏，这些权力行使主体还常常利用订规立制之便，把自己设计成"监督者"或者"裁判员"。在这样一种权力结构下，发生以权换利的受贿犯罪行为也就不可避免了。因此，要从源头上防治腐败，必须通过推进体制改革和机构整合，对权力配置作出新的制度安排，建立健全决策权、执行权、监督权既相互制约又相互协调的权力结构，形成结构合理、配置科学、程序严密、制约有效的权力运行机制，最大限度地减少权力"寻租"的机会。

　　　　　　　　　（本文发表在《中州学刊》2008 年第 6 期）

附 录 三

论构建中国特色
社会主义权力制约机制

阎德民

摘要：加强对权力运行的制约，构建中国特色权力制约机制，是防止权力滥用和权力腐败的治本之策，是加强党的执政能力建设、增强党执政合法性的客观要求，是发展社会主义民主政治、建设社会主义政治文明的必由之路。在构建中国特色权力制约机制过程中，应遵循民主正义、合法法治、适合国情、分工制约等原则，着力解决好人大对"一府两院"的制约监督、多党合作与政治协商制度框架下的党际制约、执政党内部的权力制约、行政机关内部的权力结构和权力配置等问题。

加强对权力运行的制约，构建中国特色权力制约机制，是预防腐败的治本之策，是加强党的执政能力建设、增强党执政合法性的客观要求，是发展社会主义民主政治、建设社会主义政治文明的必由之路。要在吸取和借鉴人类政治文明有益成果的基础上，以改革创新的精神加强对权力运行的制约，探索建立中国特色权力制约机制，以保证把人民赋予的权力真正用来为人民谋利益，从源头上预防和解决腐败问题。

一、构建中国特色社会主义权力
制约机制的重要性和必要性

在党的十七大报告中，胡锦涛同志从推进中国特色民主政治建设和反腐倡廉建设的高度，提出了权力制约问题。在这样一个重要历史时期提出这样的问题，既体现了我们党对中国特色民主政治建设和反腐倡廉建设规律的新认识，体现了我国政治体制改革的新指向，同时也凸显了加强对权力运行的制约、构建中国特色权力制约机制的极端重要性。

第一，构建中国特色权力制约机制，是防止权力滥用和权力腐败的治本之策。现实生活中，一些腐败现象不仅在一定程度上反复出现，而且还具有相当的普遍性。反复出现的问题要从规律上找原因，普遍出现的问题要从制度上找原因。历史和现实都表明，不受制约的权力必然导致腐败。现在一些地方和领域腐败现象屡禁不止，一个重要原因，就是缺乏对权力运行的有效制约。防止权力滥用和权力腐败，根本在加强制度建设，核心是完善权力制约机制。这是防止权力滥用和权力腐败的治本之策。

第二，构建中国特色权力制约机制，是加强党的执政能力建设、增强党执政合法性的客观要求。执政的实质就是掌权。加强党的执政能力建设，就是要解决为谁掌权、靠谁掌权、怎样掌权等一系列重大问题，提高党解决这些问题的能力。加强对权力运行的制约，保证把人民赋予的权力切实用来为人民谋利益，始终是我们党执政所面临的一个重大课题。能否解决好这个重大课题，直接关系到党风廉政建设和反腐败斗争的成效，关系到坚持和巩固党的执政地位。如果说惩治和预防腐败是党执政能力的重要体现，那么完善权力制约则是党执政能力的重要标志。权力腐败严重损害公众利益，损害党的形象和公信力，间离党和人民群众的血肉联系，削弱乃至瓦解党执政的合法性基础。加强党的执政能力建设，巩固党的执政地位，必须建立和完善权力制约机制，有效防止对权力的滥用，保证人民赋予的权力始终用来为人民谋利益。

第三，构建中国特色权力制约机制，是发展社会主义民主政治、建设社会主义政治文明的必由之路。政治文明是一个国家社会政治生活的进步状态和在政治发展中取得的成果。在制度层面上，它主要表现在民主政治的制度化、规范化、程序化，其核心是对公共权力进行配置、整合和有效控制的机制以及确保这一机制有效运作的相关规程。从人类政治文明发展进程看，权力制约机制的建立和完善，是人类政治文明发展的一个重要标志。如果权力失去制约而被滥用，必然使政治文明遭到破坏。党的十七大报告强调，发展社会主义民主政治，建设社会主义政治文明，必须扩大人民民主，保证人民当家作主。从权力制约的角度看，所谓民主，就是要使人民成为权力的主人，既让人民充分享受到民主权利又使权力在人民的制约监督下运行。加强对权力运行的制约，是社会主义民主政治题中应有之义，是人民当家作主的重要制度保证。

二、构建中国特色社会主义权力
制约机制应当遵循的原则

为了建立起结构合理、配置科学、程序严密、制约有效的权力制约机制，在构建中国特色权力制约机制过程中，应当遵循以下几个重要原则。

第一，民主正义原则。民主最基本的要义是人民主权与民选政府。在民主政体下，任何一个政权都是人民选择的结果，人民是其权力的唯一来源。权力来源于人民，它应当被用来为人民谋取利益。而要保证权力不被滥用，就必须将权力置于人民的规制之下。人民是制约权力的主体力量，发展人民民主是加强对权力的制约的根本路径。从某种意义上说，民主的实质就是制约公共权力。"民主主要表现为一种自下而上运行的权力。它是在政治管理系统中处于被管理地位的多数人对处于管理地位的少数人的制约。"[1]构建中国特色权力制约机制，核心在建立和完善民主机制，使人民能够通过这一机制对权力实施有效的制约。权力制约的民主诉求总是与权力制约的正义诉求联系在一起的。对权力的任何滥用，都是对社会正义的践踏。社会正义是社会主义民主政治的核心价值。强化权力制约，必须始终以维护和实现社会正义作为其核心价值目标。构建中国特色权力制约机制，既要体现权力制约的民主诉求，又要体现权力制约的正义诉求，凸显社会主义民主政治的核心价值，以实现公共权力的平等分配及其运行的有序、公正。

第二，合法和法治原则。权力制约的一个基本价值维度，就是保证公共权力在合法和法治的轨道上运行。对于公共权力及其执掌者而言，合法性是要求社会公众能够承认和接受其统治、治理，使其权力具有尊严。合法性既是权力制度体系的价值取向，也是权力制约的价值追求。权力制约不仅有其合法性要求，也有其法制性要求。只有在法治的状态下，才能使权力得到有效规制，保证其规范运行和正确行使而不至被滥用。从本源意义上说，所谓的法治，就是要防止公共权力的滥用，保证人民当家作主。在法治条件下，政府的权力是有限的，它的权力只来源于人民以及法律的授权和委托，并且只能在法律规定的范围内规范行使，否则即为无效或非法。法制化的权力制约是一种刚性的制度约束，因而这样的权力制约更为有效。构建中国特色权力制约机制，既要通过一定的权力制度体系来实现和维系权力制约的合法性，又要着力推进相关制度体系的法制化。

　　第三，立足国情原则。作为制约权力的制度安排，西方的多党制、议会制和"三权分立"并不适合中国的国情，既没有其在中国赖以存在的历史文化传统，也没有其在中国发挥作用的政治和社会基础。如果不顾中国的国情和历史文化传统，盲目照搬西方的政治制度和政党制度，必然给国家和人民带来巨大灾难。实践表明，西方的多党制、议会制和"三权分立"并非是解决权力制约问题的最佳模式，它们没有也难以解决西方社会存在着的腐败问题。构建中国特色权力制约机制，需要借鉴人类政治文明的有益成果，但必须坚持从我国的基本国情出发，坚持中国特色社会主义政治发展道路，坚持人民代表大会制度和共产党领导的多党合作和政治协商制度，绝不能照搬西方的多党制、议会制和"三权分立"。要特别注重并且善于总结我们自己的实践经验，构建起植根于中国自己土壤里、具有更多中国元素的权力制约机制。

　　第四，分工制约原则。为反对独裁专制，加强权力制约，近现代西方国家普遍实行了分权制衡的宪政原则。由具体国情所决定，中国不能实行分权制衡原则，而是应当实行分工制约原则。分工制约与分权制衡是有着严格的区别的。二者的区别主要体现在社会主义政体和资本主义政体的原则界限上。分工制约的基本要义是"分工负责、互相配合、互相制约"，而分权制衡的核心要义则是"权力分立、互相独立、相互制衡"。在政体意义上，分权是立法、行政和司法之间在组织和责任上的绝对划分。尽管这样做能够有效地防止权力过分集中，但却往往出现以不同党派和利益集团为背景的各权力主体之间的彼此掣肘、互相拆台，导致议而不决、决而不行、效率低下。而分工则是各种国家职能在组织和责任上的相对划分。在以人民代表大会为基础和核心构建起来的权力制约框架体系下，各国家机关之间虽然分工不同、职责不同，但目标是完全一致的，既在各自职权范围内独立负责地开展工作，同时又彼此之间密切配合，从制度上避免了"三权分立"政体下各权力主体之间唱对台戏、搞内耗等情况的出现。因此"分工制约"的治国效率总体而言高于"三权分立"政体，"干一件事情，一下决心，一做出决议，就立即执行，不受牵扯"，"这方面是我们的优势，我们要保持这个优势"[2]。

三、构建中国特色社会主义权力制约
机制必须着力解决好的几个问题

　　经过这些年的不懈努力，权力制约机制已在我国初步建立起来，并在预防和治理腐败中发挥了较好的作用，初步遏制了一些腐败现象的高发势头。但是，我们的权力制约机制还存在一些不健全不完善的地方。对权力运行制约不力，仍是一些腐败现象高发频发的重要原因之一。2007 年 1 月，胡锦涛总书记在中央纪委第七次全会上指出，"要抓住正确行使权力这个关键，建立健全结构合理、配置科学、程序严密、制约有效的权力运行机制"[3]。这段重要论述，既对构建中国特色社会主义权力制约机制提出了新的要求，同时也为其指明了方向。以笔者浅见，当前构建中国特色权力制约机制，应着力解决好以下几个问题。

第一，人大对"一府两院"的制约监督问题。人民代表大会是我国的国家权力机关，依法享有对国家行政、审判和检察机关的监督权。人民代表大会及其常务委员会的监督，是我国权力制约监督机制体系中最高层次、最有法律效力的监督。人大对"一府两院"监督的实质，就是要从制度上确保宪法和法律得到正确实施，确保行政权和司法权得到正确行使。构建中国特色权力制约机制，首先就要切实解决好人大对"一府两院"的制约监督问题，完善相关的制约监督机制。解决好这一问题，最根本的是把坚持党的领导、人民当家作主和依法治国三者有机统一起来，正确处理好加强人大监督与坚持党的领导、支持"一府两院"依法行使职权的关系。要以依法行政、公正司法为主要内容，进一步健全监督机制、完善监督制度，增强人大对行政、审判和检察机关工作监督的针对性和实效性，支持和督促他们严格按照法定的权限和程序办事。要紧紧围绕党和国家的工作大局、改革发展稳定中的热点难点问题和关系群众切身利益的问题，改进和加强人大监督工作。要坚持民主集中制原则，依照法定程序集体行使职权，集体决定问题。要扩大和改进人民群众通过人大有序参与管理国家事务的渠道和方式，完善以人大代表为主渠道的民意表达和整合机制，保障人大代表依法行使职权，推进人大工作的公开性和透明度。

第二，多党合作与政治协商制度框架下的党际制约问题。党际制约是指各参政党对执政党行使权力的制约。这种制约集中地体现在共产党领导的多党合作和政治协商这一制度化形式中。中国的多党合作和政治协商必须由共产党领导，共产党对权力的行使应由各民主党派制约监督。这就是权力制约机制在党际关系上的鲜明中国特色。参政党的民主监督是中国特色权力制约监督机制的重要组成部分，建立参政党民主监督的长效机制是构建中国特色权力制约机制的内在要求。要进一步完善政治协商制度，依法保证政协制约监督渠道的畅通，落实政协章程和相关规定，完善制约监督程序，充分发挥民主党派参政议政和民主监督作用，有效发挥人民政协的制约监督功能。应把政治协商纳入决策程序，支持政协运用专题调研、委员视察、提案等形式对国家宪法和法律法规的实施、重大方针政策的贯彻执行、国家机关工作人员履行职责和廉政情况等进行制约监督。要进一步规范执政党同各参政党协商的内容和程序，使政治协商进一步制度化。要在坚持既有架构的前提下合理安排权力结构，把参政党参政议政与制约监督的范围、方式、内容、步骤等方面用制度与法律方式固定下来，以便为民主党派发挥参政议政与制约监督功能提供组织和法律保障。

第三，执政党内部的权力制约问题。构建中国特色权力制约机制，必须着力完善执政党内部的权力制约机制，大力发展党内民主。要认真落实党章及党员权利保障条例等党内规章赋予党员的知情权、参与权、选举权、监督权等民主权利，使党员在党内生活中真正发挥主体作用；牢固树立党员主体意识，健全党员权利保障机制，发挥党员在党内事务中的参与、管理、监督作用；推进党务公开，创新党务公开形式，拓宽党员参与党内事务渠道，探索和丰富党员发挥作用的途径和方式。要按照党的十七大的决策部署，进一步完善党的代表大会制度，实行党的代表大会代表任期制，选择一些县（市、区）试行党代表大会常任制；完善党的地方各级全委会、常委会工作机制，发挥全委会对重大问题的决策作用；严格实行民主集中制，健全集体领导与个人分工负责相结合的制度，反对和防止个人或少数人专断；完善全委会、常委会的工作规则，推行地方党委讨论决定重要问题和任用重要干部票决制。要加强对贯彻执行党的路线方针政策情况、执行民主集中制情况、领导班子和领导干部党风廉政建设情况、选拔任用干部情况的巡查，进一步加大对党政领导干部问责的力度。

第四，行政机关内部的权力结构和权力配置问题。合理的权力结构要求对各权力主体进行合理的分解与整合，使之处于相互平衡的和谐状态，以避免权力过分集中；要求科学界定各权力主体的职能和作用范围，清晰权力边界，既彼此独立，各司其职，又相互支持，密切配合，减少权力的摩擦成本，控制权力越界行为。当前我们应当重点加以考量的，是按照决策权、执行权、监督权适度分离的原则，整合相关职能及其机构，科学分配权力，合理设置权力层级。要通过改革，使决策机关只有决策权而无执行权，执行机关只有执行权而无决策权，监督机构单独设置，在职能上不同决策机关和执行机关重叠交叉。要着力健全各部门、各系统内部权力的合理配置，严格划分不同权力的使用边界，加强对权力使用的规范和限制，形成部门内部的权力制约与协调机制。与此同时，还要进一步健全组织法制和程序规则，以法律和规章的形式把不同权力的行使确定下来，将其纳入法制化、程序化轨道，保证分工明确、各司其职、各负其责，按照法定权限和程序行使权力、履行职责。

第五，权力制约机制的内在本质要求问题。权力制约机制之所以能够发挥限制与约束权力的功能，是由其内在本质要求决定的。从权力制约机制形成和运行的一般规律看，构建中国特色权力制约机制，至少应当遵循以下几点本质要求。一是权力制约主体活动的独立性。如果权力制约主体活动的独立性没有切实保障，其他机关、组织或个人可以随意干涉，那么它就不可能对被制约对象形成有效的监督。二是被制约对象活动的公开性。如果搞暗箱操作，就剥夺了权力制约主体的知情权、参与权、监督权，制约权力就成了一句空话。三是权力制约关系的对等性。权力制约主体只有享有与被制约对象平等的地位，才能对其施权行为形成制约。如果权力制约主体依附于被制约对象，那么就不可能有效防止权力失控、决策失误、行为失范。四是权力制约手段的强制性。权力制约主体的制约活动要有党纪国法的强制力量作为保证。只有以这样的强制力量为手段，才能迫使被制约对象无论意愿如何都接受制约主体的约束。五是权力制约主体的协调性。亦即各类制约主体在权力制约过程中彼此之间是相互协调、密切配合而不是相互推诿、彼此掣肘的。在我国，各权力制约主体分工虽然有所不同，但他们的根本目标却是一致的。权力制约目标能否顺利实现，不仅取决于权力制约主体各自运作的状况，同时还取决于彼此间协调配合的情况。只有各权力制约主体间能够做到功能上互补、结构上互动，才能有效提高权力制约系统的整体效能。

（本文发表在《中州学刊》2009 年第 5 期）

注　　释

1　李景鹏：《论权力分析在政治学研究中的地位》，《天津社会科学》，1996 年第
　　3 期。

2　邓小平：《改革的步子要加快》，《邓小平文选》第三卷，人民出版社，1993 年
　　版，第 240 页。

3　胡锦涛：《在中央纪委第七次全体会议上的讲话》，《人民日报》，2007 年 1 月
　　10 日。

附 录 四

关于惩治"期权
受贿"犯罪的立法建议

阎德民

摘要:"期权受贿"是近年来滋生出的新的犯罪形态。为惩治和预防这种新型受贿犯罪,应当进一步完善对离职以后原国家工作人员从业行为的法律规范,并通过法定程序对《公务员法》的相关规定作出修订;在《刑法》中增加受贿罪的"约定"行为类型,以便为惩治"期权"职务犯罪提供有力的法律依据;将《刑法》中规定的贿赂范围由财务扩大为"不正当好处",以同惩治"期权"职务犯罪的现实要求相适应;在《刑事诉讼法》中引入贿赂推定制度,以使我国的法律规定与国际推定及举证责任倒置原则相衔接。

近年来,由于腐败与反腐败博弈形势的发展变化,以权钱交易为主要特征的受贿职务犯罪出现了一些新情况,滋生出一些新变种。在这些新变种中,隐蔽性很强的"期权受贿"犯罪特别引人瞩目。为惩治"期权受贿"犯罪,2007 年 7 月 8 日最高人民法院、最高人民检察院在其联合发布的《关于办理受贿刑事案件适用法律若干问题的意见》中就改种受贿犯罪的认定作出了规定。但是从总体上说，针对此类受贿犯罪的立法还处于起步阶段，许多方面还亟待进一步完善。由于"期权受贿"是一种新的犯罪形态，加之相关立法工作相对滞后，目前惩治"期权受贿"犯罪尚缺乏必要的法律依据。为适应惩治"期权受贿"犯罪的现实需要，本文拟就一些具体问题提出立法建议。

一、进一步完善对离职后原国家工作人员从业行为的法律规范

预防和治理"期权受贿"犯罪，应进一步严格禁止国家工作人员离职以后在其原先管辖区域的企业里从业。国家工作人员离职后虽然失去了原有的身份和权力，但其原有的关系网、人情链以及其在职期间所掌握的政府内部信息等公共资源，在一定时期内还可以发挥作用。因此，他们的一些行为理应受到合理的限制，其中包括其离职以后不得在其原先管辖区域的企业从业，因为这种从业行为极有可能成为滋生"期权受贿"的温床。在这方面，许多现代法治国家都有相关立法。例如加拿大规定："在任何情况下，前公职人员均不应改变立场，在任何正在进行的活动、交易、谈判或以政府为一方而前公职人员曾代表政府或任政府顾问的案件中代表任何个人、商业实体、协会或联合会"，而且公务员在离职一年期限内不得"代表任何其他人或实体向他们任职期满前一年曾有直接和重要官方关系的部门提出意见。"美国《佛罗里达州公务官员和雇员的道德法》要求，公务员"在离职后两年内不得代表他人或实体向他曾经工作的机构提出补偿要求"，违者将予以处罚，"并处以相等于他通过违禁行为得到的补偿数额的民事罚款"[1]。

借鉴国外经验，我国《公务员法》对公务员离职从业作出了限制，明确规定："公务员辞去公职或者退休的，原系领导成员的公务员在离职三年内，其他公务员在离职两年内，不得到与原工作业务直接相关的企业或者其他营利性组织任职，不得从事与原工作业务直接相关的营利性活动。"笔者以为，此一规定还存在一些缺陷，尚不能有效堵塞滋生"期权受贿"犯罪的漏洞。其缺陷主要是：第一，对公务员离职从业所作的限制性规定还比较笼统，尚有待于进一步细化和具体化。譬如，"与原工作业务直接相关"有无时空概念上的区别？国家公务人员特别是领导干部的工作岗位不是固定不变的。如果他们离职前短期内连续发生工作变动，"原工作业务"应如何界定？"任职"的具体内涵是什么，是仅指担任正式职务，抑或还包括顾问等非正式职务，以及没有正式头衔但能出面为企业解决难题者？第二，对公务员离职从业所作的限制性规定还是单方面的，只对离职公务员的从业行为作出了限制性规定，而未对接纳其从业的相关企业的接纳行为作出相应的限制性规定。第三，对违反离职从业禁令者的处罚力度还不够大，还不足以收到震慑犯罪的预期效果。第四，对公务员离职从业行为的监管尚有待进一步加强。

因此，建议通过法定程序对《公务员法》作出修订：

一是要细化对公务员离职从业的限制性规定，使之进一步具体化。加拿大制定有专门的《公务员利益冲突与离职后行为法》。这里所说的"利益冲突"是一个特定的廉政概念，主要是指公职人员所代表的公共利益与其自身所具有的私人利益之间的抵触、冲突与侵害。一般而言，腐败是指公职人员利用公共权力谋取私利的行为，因此可以说，利益冲突是腐败之源。加拿大制定上述法律，旨在对公务员离职后的利益冲突进行调整。我们应当借鉴这一做法，制定与《公务员法》有关条款相配套的《公务员离职后行为法》，将具体的限制和要求写入其中，以提高防止公务员离职后利益冲突的可操作性。同时，细化对公务员离职从业的限制性规定，应当使此一规定与中央纪委所作出的"三年两不准"规定在内容上相衔接、相一致，将其修订为：领导干部离职和退（离）休后三年内，不准接受原任职务管辖的地区和业务范围内私营企业、外商投资企业和中介机构的聘任，不准个人从事或代理私营企业、外商投资企业从事与原任职务管辖业务相关的经商办企业活动。

二是应对离职公务员的从业行为作出限制性规定，明确规定企业不得聘用原先管辖过它们的原国家工作人员。同时，应对已经离职的国家工作人员到其原先管辖区域内的企业从业所获得的报酬作出一般性规定；其所得报酬，比照他人同等劳动的收入水平，扣除正常收入后，剩余的均以非法所得处理，并对其违法行为作出相应处罚。

三是进一步完善违反公务员离职后行为限制的处罚机制，加大对违反离职从业禁令的处罚力度。目前我国《公务员法》对公务员离职以后有违反规定的就业行为者，规定"由其原所在机关的同级公务员主管部门责令限期改正；逾期不改正的，由县级以上工商行政管理部门没收该人员从业期间的违法所得，责令接收单位将该人员予以清退，并根据情节轻重，对接收单位处以被处罚人员违法所得一倍以上五倍以下的罚款"。这一处罚规定，显然不是直接针对违反规定的离职公务员的，也就是说，离职公务员即使违反有关规定，自己也无需承担法律责任。很显然，这样的规定既不合理，也不可能有效遏制离职公务员进行利益冲突行为的冲动。建议增加针对违规离职公务员个人的处罚，包括与其违法所得相适应的经济处罚和情节严重情形下的刑事处罚。

四是进一步加强对公务员离职从业行为的监管。尽管国家法律和中央纪委的相关文件早已对公务员离职从业行为作出明确规定，但是由于缺失相关的监管机制，实践中对这种行为的监管还很不到位。香港特区政府的一些做法很值得我们汲取和借鉴。香港特区政府为防止前首长级公务员离职就业引起利益冲突，建立了规管首长级公务员离职就业的机制，设立了"首长级公务员离职就业检讨委员会"，具体负责检讨现行规管首长级公务员在停止政府职务后担任外界工作的政策和安排，平衡首长级公务员离职后担任外间工作的权利、公众期望和避免利益冲突各项因素。2008 年 8 月 1 日，香港特区政府前任房屋署署长梁展文出任香港新世界中国地产公司高官，引起香港市民和舆论界的强烈质疑，被指在政府任职期间曾以"红湾半岛"工程搞"利益输送"，以为退休后就业铺路。在舆论的强大压力下，梁展文和新世界于 8 月 16 日宣布双方无条件解约，此一风波方告平息[2]。我们应借鉴香港特区政府的经验，建立健全相关监管机制，以立法的形式明确此一行为由谁监管、怎样监管，监管的程序和手段是什么、在监管中有失职和不作为的情况怎么办，等等，从而使此种监管具有可操作性，监管效果具有可查性。

二、在刑法中增加受贿罪的"约定"行为类型

根据我国《刑法》的规定，受贿行为主要有索取贿赂和非法收受贿赂两种行为。前者是受贿人主动，请托人被动；后者是受贿人被动，请托人主动。前者只要行为人有向请托人索取贿赂

的行为即构成犯罪，索到了贿赂便是既遂。后者则只有受贿人非法收受了请托人的财物才构成犯罪。但是，除了这两者之外，应当还有第三种形式，即受贿人和请托人均主动，他们往往事先约定并在事后兑现贿赂。在这种形式中，原则上只要受贿人和请托人相互约定贿赂就成立犯罪，兑现贿赂是既遂。我国实践中虽然也将这一形式的受贿认定为犯罪，但法律并没有明确。我国《刑法》第 386 条规定："对犯受贿罪的，根据受贿所得数额及情节处罚，索贿的从重处罚"。从字面上看，"受贿所得"这一表述，显然是指已经取得财物的形态，受贿罪的成立必须是实际收受，而未包括要求、约定两种情形。但是在现实中，受贿、行贿的过程均表现为要求、期约、收受三个阶段。

　　从国际刑事立法体例来看，许多国家都规定只要行为人实施了"要求"、"期约"、"收受"贿赂的其中一个行为，就构成受贿罪，且均成立犯罪既遂。譬如，日本《刑法》第 197 条规定：公务员或仲裁人关于职务上的事情，收受、要求或约定贿赂的是受贿罪。同时还规定：公务员或仲裁人就其职务接受请托，让人将贿赂交付第三者，或者要求或约定如此交付的，处 5 年以下惩役；曾任公务员或仲裁人的人，就其任职时接受请托所为不正行为或不为当为行为而收受、要求或约定贿赂的，处 5 年以下惩役。在《联合国反腐败公约》规定的需要处罚的贿赂犯罪中，行为人也未必是已经得到了实际利益，许诺给予、提议给予或者实际给予公职人员本人或者其他人员或实体不正当的利益，均属于犯罪的范围。很显然，这种立法例将贿赂犯罪的构成及其形态予以前置，提高了惩治贿赂犯罪的力度，值得我们在完善贿赂犯罪的立法时加以借鉴。

　　在我国《刑法》中增加"约定贿赂"这一行为类型，有利于减少我国《刑法》中的一些不必要的争论。如关于事前有约定的狭义事后受贿和事前有约定的职后受贿，只要行为人之间有约定，就构成受贿罪，没有必要再去争论这两类事后受贿的犯罪性问题，以便为惩治"期权受贿"犯罪提供有力的法律依据。另外，行为人之间约定的实现与否可以作为犯罪轻重的衡量标准。

三、将刑法中规定的贿赂范围
由财物扩大为"不正当好处"

贿赂内容的范围和种类的界定，直接决定一个国家或地区政府对贿赂犯罪的打击范围和力度。在我国《刑法》第三百八十五条中，将受贿罪"贿赂"的内容限定为"财物"。条中规定："国家工作人员利用职务上的便利，索取他人财物的，或非法收受他人财物，为他人谋取利益的，是受贿罪。"按照我国现行刑法的这一规定，贿赂就是行为人收受或索取的财物，立法将贿赂罪的内容仅限定为财物，这是很明确的，这也是关于贿赂的财物说的观点，其认为贿赂仅指金钱或可以用金钱计算的财物，而不包括其他利益。2007 年 7 月 8 日最高人民法院、最高人民检察院联合发布的《关于办理受贿刑事案件适用法律若干问题的意见》，首次将贿赂的范围由财物扩大至财产性利益，明确规定，以交易形式收受贿赂，以接受请托人提供的干股收受贿赂，以开办公司等合作投资名义收受贿赂，以委托请托人投资证券、期货或者其他委托理财的名义收受贿赂，以受贿论处。但这一范围的扩大并没有载入刑法，因此迄今为止我国对贿赂内容和范围还尚无一个统一的界定。同时，与财物无关的非物质性利益，诸如帮助提职提级、调动工作、出国留学、安排高档娱乐消费、提供美色等，均未被纳入贿赂的范围。这一立法状况，既同我国惩治贿赂犯罪的发展趋势不相适应，也同国际通行的立法惯例不相符合。

　　近年来，各级党委、政府和纪检监察机关始终保持对腐败分子的高压态势，进一步加大查办案件的力度，严肃查处了一批有影响的大案要案，有力震慑了腐败分子。随着腐败与反腐败博弈形势的发展变化，一些腐败分子绞尽脑汁不断研究和“创新”以权谋私、权钱交易的策略与手法，力图探寻更加隐秘、能够有效规避风险的腐败方式，于是权钱交易出现了新情况、新问题，呈现出新的演变趋势。从贿赂的标的物来看，已经超出了传统的“财物”界限和范围，开始向财产性利益和非财产性利益领域延伸。为了使权钱交易更具隐蔽性和复杂性，交易双方往往在贿赂标的物上煞费苦心地精心谋划、反复揣摩。于是，贿赂的标的物便呈现出多样化的发展趋势。请托人给职务犯罪嫌疑人施以贿赂，提供有价证券、支付凭证、黄金、珠宝等财物者依然有之，提供免费劳务、住房装修、住房使用权、车辆使用权、出国出境旅游等财产性利益者也不鲜见，安排高消费娱乐、休闲、健身活动，提供出国留学、性服务等非财产性利益者则与日俱增。从贿赂标的物所有权转移的情况来看，呈现出表面上虽未转移而实质上已经转移的趋势。以往职务犯罪嫌疑人利用职务上的便利为请托人谋取利益以后，请托人将贿赂标的物连同其所有权一次性地交付给职务犯罪嫌疑人。贿赂标的物是房屋、汽车等特定的有型财物的，请托人连房产证、汽车购置发票都一并交付。近年来，这种情况有所改变。职务犯罪嫌疑人收受房屋、汽车时，并不要求到登记机关办理权属变更手续，而是以“借用”的方式实际长期占用。

以上贿赂的新的表现形式，说明了贿赂内容外延及其对象随着社会经济的发展和物质、文化、精神生活的改变而改变并日益扩大，这种需求的多样性和层次不断变化性，也决定了贿赂内容及其手段方法的多样性、复杂性和隐蔽性。以往那种以权钱交易为主的贿赂虽然还相当普遍，但是权权交易、权性交易等贿赂行为更呈迅猛发展势头，传统的贿赂犯罪的内涵、外延上已无法涵盖当今贿赂犯罪的诸多形式，贿赂罪对象仅限于财物，无法适应现阶段惩治贿赂犯罪的实际需要。

与财物无关的非物质性利益未能纳入贿赂的范围，未能全面反映贿赂犯罪的现实状况，不利于我国全面惩治贿赂犯罪。索取或收受其他非物质性的利益，与索取、收受财物没有本质上的差别，主观上都有犯罪的故意，都侵犯了国家工作人员公务行为的廉洁性这一客体，客观上也会造成严重的后果。索取、收受非物质性利益，有时其实际所得的价值比索取、收受财物所获得的价值还要大，其社会危害性也更明显。将贿赂罪的内容仅限于财物，排除了非物质性利益，必然造成立法的不完善，在司法实践中往往会遇到行为人收受了非财物性利益，实施了受贿犯罪行为，也造成了严重后果，却因法律无明文规定而使之逃脱法律的制裁。

贿赂犯罪一直是世界各国严厉打击的重要犯罪行为之一。纵观世界各国和地区，包括我国的香港和台湾都将"非物质性利益"纳入了贿赂犯罪的内容范围。如美国《刑法》规定贿赂是财产的利益或利益，德国刑法典将受贿对象规定为"利益"（包括非财产性利益），意大利刑法典规定为金钱或其他利益，加拿大刑法典将非财产性利益作为贿赂犯罪的内容。日本虽无明确规定，但在 1915 年法院判定，异性间的性交也可能成为贿赂罪的目的物。以上种种规定，使各种侵害国家公职人员职务行为廉洁性的贿赂行为都可以纳入刑法的调整范围，不仅有利于惩治贿赂犯罪，同时也有利于预防此种犯罪。

当今世界，像我国《刑法》将财产性利益和"非财产性利益"排除在贿赂内容之外，把贿赂犯罪的对象仅仅局限在狭小范围内的做法已很鲜见。为了使立法与国际通行的立法惯例相接轨，我国应当顺应世界打击贿赂犯罪的立法趋势，借鉴国外、境外合理的立法模式，将贿赂的内容扩大至包括"财物"、"财产性利益"和"非财产性利益"在内的应有范围，以弥补我国贿赂犯罪立法的不足。

有学者认为，把贿赂范围扩大到包括财产性利益、非财产性利益和其他不正当好处，司法机关难以掌握定罪量刑的标准从而导致操作困难。但是我们知道，受贿罪属职务犯罪，它侵犯了国家工作人员职务行为的廉洁性，与侵犯财产罪有质的不同。受贿罪的社会危害性并不只是通过收受财物一种形式来体现，有时甚至主要不是通过收受财物的多少来体现的。如果以财产犯罪的定罪量刑标准来规定受贿罪，显然缺乏科学性。立法不能只考虑操作上的便利，更不能因此而作出非科学的规定。实际上，把贿赂范围扩大到包括财物、财产性利益和其他不正当利益后，立法可全面规定反映受贿罪社会危害性及其程度的各种情节，如受贿金额、各种财产性利益及其他不正当利益的性质、受贿次数、手段及造成的后果等来共同决定受贿的定罪量刑。

有鉴于此，建议将我国《刑法》贿赂罪中的"财物"修订为"不正当好处"，即比照现行《刑法》的相关规定将贿赂罪定义为："国家工作人员利用职务上的便利，索取或非法收受他人的不正当好处，为他人谋取利益的，是受贿罪。""为谋取不正当利益，给予国家工作人员以不正当好处的，是行贿罪"。理由有三：

首先，这样规定符合受贿罪的犯罪本质。受贿罪是一种以"以权谋私"为基本特征的职务犯罪，它侵犯的直接客体是国家工作人员职务行为的廉洁性。国家工作人员利用职务上的便利，无论收受或索取的是财物还是其他不正当好处，都毫无疑问地构成对国家工作人员职务行为廉洁性的侵犯，其社会危害性在本质是一样的。如果我们一方面打击受贿犯罪，另一方面却把贿赂限制在财物或财产性利益上，势必会放纵犯罪。因此，将国家工作人员利用职务上的便利谋取财产性利益或非财产性利益的行为规定为受贿罪，完全符合受贿罪的本质。只有将刑法中的贿赂范围扩大至"不正当好处"，才能更有效地打击一切贿赂犯罪行为，保护受贿罪所侵犯的客体。

其次，是惩治受贿犯罪的迫切需要。随着社会发展和生活水平的提高，人们愈来愈注重对非物质的和精神层面需要的追求，受贿行为已不再是单纯的"权钱交易"，而是呈现出多样化的特点和趋势。在司法实践中，受贿罪的社会危害性大小并不仅仅取决于收受财物的数额，收受较少财物或收受非财产性利益的受贿行为的社会危害性可能比收受财物多的更严重。有的国家工作人员接受他人提供的"性贿赂"，并利用职务上的便利为请托人谋取不正当利益，使国家利益遭受重大损失。如湖南女巨贪蒋艳萍与省计委原副主任陈作贵相识后，便频频向这一权贵施以美色诱惑，很快便勾搭成奸，使之对她言听计从。她出谋划策，搞假招标，使陈把一装修工程交给她妹妹承包，她从中获取100万元。如果仅仅因为收受财物的数额不大或收受的不是财物，而不以受贿罪处理，那就违背了立法本意，从而严重影响反腐败的实际效果。正因为收受财物以外的其他财产性利益或者其他不正当利益，也能够体现受贿罪的本质及其危害程度，所以把它们包括在贿赂范围之中是合理的，也是惩治受贿犯罪的现实需要。

再次，作出这样的修订符合国际通行的规则，有利于我国《刑法》规定与《联合国反腐败公约》的规定相衔接。中国是《联合国反腐败公约》（以下简称《公约》）的签署国。该《公约》第三章规定了腐败案件的定罪和执法，其中第十五条规定了"贿赂本国公职人员罪"，这一条包括行贿罪和受贿罪。根据《公约》规定，这两种罪的特征是：提供不正当好处，以使公职人员在执行公务时作为或者不作为。按照该《公约》的规定，贿赂的内容是指"不正当好处"，其范围显然大于"财物"，它不仅包括金钱与物品、财产性利益，还包括非财产利益。

四、在我国刑事诉讼法中引入贿赂推定制度

推定是一项证据规则，即指司法者借助现存的事实，并据以推断出另一相关事实存在的一种假设[3]。所谓贿赂推定，"是指贿赂当事人一方提供证据证明对方有行贿或受贿行为后，被指控方必须提供相反证明，否则推定其受贿罪或行贿罪成立。"[4]贿赂推定是适用于贿赂犯罪的一项特有证据制度。

英国是最早在单行的反贪污贿赂法中规定贿赂推定制度的国家。目前，许多国家和地区的反贪污贿赂法律规定了贿赂推定，且各国各地区的规定大致相同。如新加坡1970年颁布的《防止贿赂法》第八条规定："依照本法第五条或者第六条所规定之罪（即贿赂、与代理人贿赂交易———笔者注）被追诉之人，当其

被证明在政府或者任何政府部门或者公共机构供职中的任何报酬是由或者来自于或者寻求与政府或者任何政府部门或者任何公共机构签订契约的人员或者某人的代理人所支付或者给予或者接收时，该报酬应当视为本法上文所说的为了诱导或者回报而贿赂地支付、给予或者接收，但反证被证实的除外。"[5] 香港防止贿赂条例第二十五条规定："在有关第四或第五条所载罪项（即贿赂、有关合约方面为得到协助及其他而行贿———笔者注）的诉讼中，如已证明被告人曾给予或接受利益者，则除能提出反证外，该项利益应推定为罪项详情所指作为利诱或报酬而给予或接受者。"[6] 一些国家和地区的相关立法与司法实践，贿赂推定具有如下特点：

一是其适用范围的特定性。贿赂推定仅适用于贿赂案件，不适用于其他案件。相对而言，其他的一般犯罪比较容易取得法定证据，而贿赂犯罪则不然，其证据具有隐蔽性、单一性、不稳定性等特点，且大多为言辞证据，直接证据比较匮乏、稀缺，从而往往使侦查机关取证陷入困局。把贿赂行为推定认定作为特殊规则专门规定，体现了这些国家对一般证据规则的尊重。在贿赂案件中，已经证实收受不正当好处或给予不正当好处的行为事实存在，是贿赂推定的前提条件。这即是说，只要公务人员收受不正当好处或者给予公务人员不正当好处这一事实存在，即可适用贿赂推定法则，得出公务人员受贿或者向公务人员行贿的结论（即推定事实）。至于说贿赂推定的基础事实即收受报酬、给予报酬应证明至某种程度，则不属贿赂推定的范畴，而适用各国刑事证明的一般法律规定。

二是其结果的特定性。贿赂推定所要解决的只是犯罪嫌疑人行为的性质认定问题，而非贿赂数额等问题。公务人员收受与其有公务联系的人的财物或者其他报酬；抑或与公务人员有公务联系的人给予公务人员财物或其他报酬，他们收受或给予报酬的行为该如何认定？这正是贿赂推定所要解决的问题，即可以推定该行为为贿赂。因此，通过适用贿赂推定，即可直接认定被告人行为的法律属性，而无须提供其他证据证明。有论者提出，在行贿人与受贿人单独交接贿赂，由于没有其他旁证，案发后一人肯定贿赂存在，另一个人否定时，即在"一对一"的场合，可以适用贿赂推定，认定受贿犯罪成立[7]。上海刑事律师阮传胜博士不同意此一观点，认为贿赂案件中的"一对一"问题，司法实践中有约定俗成的含义，即对于是否存在受贿事实，一方承认而另一方否认。所谓的"是否存在受贿事实"，当然可以指行为性质是否属于受贿之争（如一方称是贿赂，而另一方则坚持是借贷），但更主要还是指有否收受财物之争，即一方承认给予而对方否认收受，或者一方承认收受而对方否认给予。从上述国家、地区的法律规定看，贿赂推定的适用，只能解决行为性质之争，而无法解决有否收受、给予财物这类事实认定之争。亦即推定的结果具有特定性[8]。笔者赞同后者的观点，认为此一观点更符合或者接近国外法律规定的贿赂推定制度的原意。

　　三是其推定条件的限制性。贿赂犯罪一般是对偶犯罪。一种贿赂犯罪的完成，既包括请托人的行贿行为，也包括受贿人的受贿行为。如果行贿、受贿中的任何一方提供足够的证据证明贿赂事实存在，那么推定的前提即可成立。此外，由于贿赂推定毕竟是在某些证据不能获得时，对行为人拒不如实提供事实情况而作的法律推定，这种推定并非完全真实，为慎重起见，只能在已最大限度证明一方行贿或者受贿而另一方拒不提供证明的前提下才能推定。所以，单凭一方口供不能作为推定的充分理由，还需要查证可能取得的其他旁证或间接证据。这些证据越多，可信度越高，那么，以此推定对方行贿或受贿的结论也就越真实。

四是其推定结论的可反驳性。从国外立法例看，贿赂推定一般规定在单行的反贪污贿赂法中，实施贿赂推定制度的几乎所有国家均认为除能够提出反证外，将推定贿赂犯罪行为成立。因此，贿赂推定在证据法上的主要意义，在于举证责任转移，犯罪嫌疑人如主张贿赂犯罪不成立，必须提出证据予以反驳。反驳既包括对推定前提的质疑，也包括提出新的事实与推定的结论对抗。这即是说，在贿赂推定的适用过程中，如果没有反驳或反驳不成立，那么推定所得出的结论就可以直接认定。但是犯罪嫌疑人、被告人的辩护权是不能被剥夺的，从这个角度而言，贿赂推定是具有可反驳性的。

目前我国在立法和司法实践上均未承认贿赂推定。长期以来，我国在证明标准上过多地强调客观的绝对真实，对事实的认定过分追求理想化，而对推定的运用采取一种相对排斥、轻视的态度[9]。在目前我国，为逃避法律制裁，以各种貌似合法的形式进行贿赂已成为常见的作案手法，同时也给对此类案件的查处带来了困难。"期权受贿"行为，即是如此。在司法实践中，"期权受贿"行为通常是职务犯罪嫌疑人与请托人"一对一"单独进行的交易行为。由于没有其他旁证，案发后一人肯定贿赂存在、另一人否认的情况屡见不鲜。况且，这种受贿行为又区别于传统的"一手交钱、一手办事"的即时交易行为，从职务犯罪嫌疑人利用职务上的便利为请托人谋取利益，到其收取请托人兑现给他的好处，两者之间有一个几年甚至十几年的时间差，相关的其他证据缺失严重，再加之职务犯罪嫌疑人与请托人当初所达成的约定只是彼此心领神会的"君子协定"，一旦案发，只要有其中一人矢口否认，就会使对案件的查处陷入困局，往往因证据不足而使犯罪嫌疑人逍遥法外，使司法公正受到极大挑战。

为了破解这一困局，应当借鉴国外反贪污贿赂的成功经验，确立并运用贿赂推定法则，通过举证责任的倒置、移转，先由被告人承担对特定问题（即其收受的财物的合法性）的举证责任。如若被告人未能履行这种责任，则推定非法收受他人财物可以成立，亦即其所收受的财物为贿赂，从而推定贿赂犯罪成立。

司法实践中，尽管侦查机关收集和提供给公诉机关的往往是间接证据，但是即便如此，也为公诉机关运用推定审查认定案件事实和证据提供了必要的空间。只要推定的规则和程序是合乎公理、法理的，那么由此作出的结论就能最大限度地接近案件事实真相，具有充足的说服力，从而能够最大限度地确保司法公正。与此同时，这种推定也并非就意味着被告人辩解和其辩护人依法进行辩护的权利的丧失。因为，在除了不可推翻推定的极少例外情况下，只要被告人及其辩护人辩护有理，贿赂推定是能够被反驳的，且被推定的贿赂行为还需要经过法院合议庭质证、认证等诉讼程序的论证和检验。

在此，建议对《刑事诉讼法》作出修改，将贿赂推定制度以法律的形式确定下来。为使我国法律规定与国际推定及举证责任倒置原则相衔接，可借鉴《反腐败公约》第二十八条之规定，明确规定推定在贿赂犯罪中的适用，即规定确立此一犯罪所需具备的明知、故意或者目的等要素时，可以根据客观实际情况予以推定。具体而言，可从下述两个方面对受贿犯罪中推定的适用作出规定：（1）只要查明犯罪嫌疑人财产或者支出明显超过合法收入且差额巨大时，证明责任就转移至犯罪嫌疑人身上，犯罪嫌疑人必须证明差额部分来源的合法性，否则，如果本人不能说明其来源合法的,差额部分即可推定为非法财产,巨额财产来源不明罪成立;(2)适度扩大推定和举证责任倒置的适用范围。如规定:受贿犯罪中的明知、故意或者目的等主观要素,除非本人能够证明不存在这些主观过错,推定为具有明知、故意和非法占有、为他人谋取利益之目的;国家工作人员的特定关系人为前者非法收受他人不正当好处的已查证属实,只要其本人不能证明其不知情,推定为明知。这既是打击贿赂犯罪和追回资产的现实需要,也是我国刑事司法与国际接轨的必然要求。

(本文发表在《中州学刊》2010 年第 4 期)

注　释

1　史春林、于霞:《各国对离职公务员某些行为的限制》,《秘书》,2004 年第 6 期。

2　黄振迪:《解读"梁展文事件"》,价值中国网,2008 年 9 月 3 日。

3　[美]乔恩·华尔兹著,何家弘等译,《刑事证据大全》,中国人民公安大学出版社,1993 年版,第 315 页。

4　赵虎、郑斌峰:《建议对受贿罪实行推定规则》,《人民检察》,2001 年第 4 期。

5　6　最高人民检察院《反贪污贿赂法》研究起草小组:《外国和港澳地区反贪污贿赂法规汇编》,中国检察出版社,1991 年版,第 30 页。

7　宋军等:《反贪污贿赂的特殊证据规则》,《外国法译评》,1995 年第 3 期。

8　传胜:《论贿赂推定及其适用》,《河北法学》,2004 年第 11 期。

9　诸葛阳:《事后受财应构成受贿罪——兼谈推定在刑事公诉案件审查中的运用》,四川刑事律师网,2009 年 4 月 11 日。

主要参考文献

1. 陶建群：《"期权腐败"：成贪官逍遥法外的护身符》,《人民论坛》, 2006 年第 5 期。

2. 蒋元明： 《透视"期权腐败"》, pinglun. eastday. com, 2004 年 12 月 11 日。

3. 李章泽：《权力期权问题浅析》,《新视野》, 2005 年第 2 期。

4. 沈小平：《谨防"权力期权化"》,《党政干部学刊》, 2003 年第 12 期。

5. 杨涛：《撩开"权力期权化"的面纱》,《人民检察》, 2005 年第 1 期。

6. 刘武俊：《警惕"辞官下海"中的"权力期权"现象》,《发展》, 2004 年第 3 期。

7. 孙载夫：《警惕领导干部期权化》,《政工研究动态》, 2003 年第 22 期。

8. 邵道生：《警惕社会转型期腐败"权力期权化"》,《人民日报》, 2006 年 5 月 26 日。

9. 薛万昌：《"腐败期权化"现象值得关注》,《中国监察》, 2003 年第 22 期。

10. 高文：《辞官下海应防"权力期权"谋私利》，《今日信息报》，2003 年 7 月 21 日。

11. 奚旭初：《要防止"权力期权化"》，《中国改革报》，2006年 10 月 27 日。

12. 孙月沐：《注意"权力期权"》，《文汇报》，2003 年 7 月10 日。

13. 蒋元明：《解构"期权腐败"》，《前线》，2005 年第 3 期。

14. 崔生祥：《高官下海与权力期权》，《WTO 经济导刊》，2005年第 5 期。

15. 曹儒国：《权力期权化腐败渐成反腐新难点》，《党政干部文摘》，2007 年第 2 期。

16. 黄宇等：《"权力期权化"的成因及对策研究》，《理论与改革》，2005 年第 2 期。

17. 王佳宁：《釜底抽薪遏制"权力期权"》，《中华工商时报》，2004 年 11 月 30 日。

18. 徐玉泉：《领导干部权力"期权化"现象不正常》，《中国监察》，2004 年第 14 期。

19. 马海伟等：《浙江寻找遏制"权力期权化"之策》，《中国商报》，2004 年 11 月 23 日。

20. 巴山雨：《管"头"盯"尾"杜绝"期权腐败"》，《中国改革报》，2004 年 11 月 11 日。

21. 罗开卷：《"期权腐败"治理论》，《党政论坛》，2007 年第 1期。

22. 曹儒国：《提高反腐能力有效遏制权力"期权化"》，《领导科学》，2006 年第 12 期。

23. 徐小军：《领导干部权力"期权化"倾向及其防治》，《求实》，2005 年第 6 期。

24. 邵道生：《如何治理权力期权化》，《人民论坛》，2006 年第
    10 期。

25. 高福生：《用制度阻击"期权腐败"》，《法制日报》，2005
    年 11 月 29 日。

26. 刘武俊：《对"期权腐败"要动真格》，《中国纪检监察
    报》，2005 年 12 月 14 日。

27. 边晓丹：《浙江出台措施遏制官员"期权腐败"》，《中国改
    革报》，2005 年 7 月 18 日。

28. 阎德民：《"期权腐败"及其治理对策》，《中州学刊》，2006
    年第 5 期。

29. 阎德民：《再论"期权腐败"及其治理对策》，《中州学
    刊》，2008 年第 6 期。

30. ［美］A. 克鲁格：《寻租社会的政治经济学》，《经济社会
    体制比较》，1988 年第 4 期。

31. 卢现祥：《寻租经济学导论》，中国财政经济出版社，2000
    年版。

32. 俞可平主编：《治理与善治》，社会科学文献出版社，2000
    年版。

33. 何增科：《反腐新路——转型期中国腐败问题研究》，中央
    编译出版社，2002 年版。

34. 马海军：《转型期中国腐败问题比较研究》，知识产权出版
    社，2008 年版。

35. 邱玉梅等：《"期权腐败"行为分析与治理》，《湖湘论坛》，
    2008 年第 3 期。

36. 曹大：《略论"期权腐败"产生的原因与对策》，《中共南宁

市委党校学报》，2008 年第 2 期。

37. 胡忠恒：《论"期权腐败"与权力制约创新》，《广西大学学报》，2008 年第 2 期。

38. 赵晓根等：《惩治"腐败期权化"的古与今》，《检察风云》，2005 年第 15 期。

39. 杨子健：《建立健全监督制约机制坚决惩治腐败》，《中共成都市委党校学报》，2004 年第 3 期。

40. 郝银飞：《关于建设惩治和预防腐败体系的思考》，《中国监察》，2004 年第 13 期。

41. 蔡霞：《提高公共权力运行透明度——反腐败的必由之路》，《中国党政干部论坛》，2004 年第 6 期。

42. 李玉赋：《充分认识建立健全惩治和预防腐败体系的重要意义》，《求是》，2008 年第 16 期。

43. 巴音朝鲁：《完善惩治和预防腐败体系全面加强反腐倡廉建设》，《中共宁波市委党校学报》2008 年第 2 期。

44. 刘春良：《充分发挥制度建设在惩治和预防腐败中的重要作用》，《求是》，2008 年第 19 期。

45. 郭玲玲：《依靠制度惩治和预防腐败是反腐倡廉的根本途径》，《山东社会科学》，2004 年第 12 期。

46. 金道铭：《以改革创新精神完善惩治和预防腐败体系》，《党建研究》，2008 年第 5 期。

47. 刘峰岩：《关于反腐倡廉"大宣教"的思考》，《中国监察》，2005 年第 6 期。

48. 张艳梅等：《加强党风廉政教育是提高党员拒腐防变能力的基础》，《科学大众》，2007 年第 3 期。

49. 习宏彦等：《反腐倡廉"大宣教"机制探究》，《云南师范大学学报》，2005 年第 2 期。

50. ［美］A. 麦金太尔：《德性之后》，《中国社会科学出版社》，1995 年版。

51. 侯觉非：《惩治和预防腐败体系制度建设必须做到基本建设与改革创新并重》，《党建》，2005 年第 1 期。

52. 刘峰岩：《加强廉政文化建设的实践与思考》，《人民日报》，2006 年 7 月 26 日。

53. 张利生：《廉政文化建设要论》，中国方正出版社，2007 年版。

54. 张丽艳：《发展党内民主提高防治腐败的能力》，《中共山西省委党校学报》，2005 年第 4 期。

55. 马郑刚：《党员权利保障与党内监督》，《党建研究内参》，2005 年第 8 期。

56. 艾国：《以保障党员权利为基础建立健全党内民主制度》，《中国党政干部论坛》，2003 年第 10 期。

57. 代金平等：《健全党内民主参与机制的若干问题》，《山东社会科学》，2007 年第 12 期。

58. 阎德民：《构建干部监督长效机制的若干思考》，《中州学刊》，2005 年第 5 期。

59. 刘学军：《完善制约有效的权力运行机制》，《科学社会主义》，2005 年第 5 期。

60. 焦健：《论建立科学有效的权力运行机制》，《军队政工理论研究》，2004 年第 5 期。

61. 吴振钧：《权力监督与制衡》，中国人民大学出版社，2008 年版。

62. 林喆：《权力腐败与权力制约》，山东人民出版社，2009

年版。

63. 彭淑珍等：《社会主义法治国家的权力制约问题探析》，《理论月刊》，2003 年第 8 期。

64. 杨长青：《建构领导干部权力制约机制研究》，《湖北社会科学》，2002 年第 8 期。

65. 方立成：《治理腐败制度建设带有根本性》，《理论前沿》，2004 年第 9 期。

66. 周侠平：《坚持以改革统揽预防腐败》，《国家行政学院学报》，2005 年第 1 期。

67. 任建明：《坚持深化改革有效预防腐败》，《中国监察》，2005 年第 7 期。

68. 施春雷：《事后受贿行为的法理评析》，《检察实践》，2004 年第 1 期。

69. 刘维兵：《成立"事后受贿"须有"事先约定"》，《检察日报》，2006 年 5 月 30 日。

70. 于宏等：《事后受贿的约定》，《国家检察官学院学报》，2003 年第 1 期。

71. 郏茂林：《事后受贿中的约定应为明确约定》，《检察日报》，2003 年 12 月 19 日。

72. 袁祥：《十种新类型受贿如何界定》，《光明日报》2007 年 7 月 16 日。

73. 蔡雪冰：《我国腐败犯罪的现状分析及其法律思考》，《求索》，2001 年第 3 期。

74. 林维业：《关于惩治腐败犯罪的法律思考》，《甘肃政法学院学报》，2005 年第 4 期。

75. 龙太江等：《公务员辞职后的利益冲突问题》，《探索与争鸣》，2007 年第 6 期。

76. 马国霞：《非物质性利益也应被纳入贿赂犯罪的范围》，《廉政瞭望》，2004 年第 6 期。

77. 钱小平等：《论中国贿赂犯罪立法之修正与完善》，《首都师范大学学报》（社会科学版），2006 年第 1 期。

78. 杨宇冠：《我国反腐败机制完善与联合国反腐败措施》，中国人民公安大学出版社，2007 年版。

79. 王明高：《论贿赂推定》，《湖湘论坛》，2008 年第 2 期。

80. 阮传胜：《论贿赂推定及其适用》，《河北法学》，2004 年第 11 期。

81. 杜琪：《论"期权受贿"的非典型性》，《中国石油大学学报》（社会科学版），2010 年第 2 期。

82. 杜琪：《对"期权受贿"概念与特征的重新解读》，《华北电力大学学报》（社会科学版），2009 年第 3 期。

后　　记

本书是笔者主持完成的国家哲学社会科学基金项目《"期权腐败"问题研究》的深化研究成果。在国家社科基金项目以良好等次顺利结项以后，笔者与刘兆鑫博士合作对这一项目进行了深化研究。由于"期权腐败"是新形势下腐败的新变种和衍生物，人们对"期权腐败"现象的认识还比较粗浅，学界对"期权腐败"问题的研究也刚刚起步，加之我们对这一问题的研究时间还比较短，因此本书存在某些谬误和瑕疵在所难免，敬请读者和学界同仁见谅并不吝赐教。一代国学大师郭沫若先生在为1954 年新版《中国古代社会研究》所写的引言中曾经写道："我怀抱着欢欣鼓舞的心情，期待着史学界的研究工作会蓬蓬勃勃地开展起来，并期待着我自己的错误会有彻底清算干净的一天。"[1]笔者觉得，借用此言来表达此时此刻自己的心情，当是再合适不过的了。

在深化研究中，我们借鉴和吸纳了学界相关专家的已有成果，在此，笔者向各位学者同仁谨致谢忱。同时，我们的深化研究得到了河南省社会科学院领导以及科研管理部门、党建与政治研究所同仁的关心和支持，尤其是河南省廉政理论研究中心领导及其他同事的关心和支持。党建与政治研究所行政秘书陈茜同志为我们的深化研究提供了诸多帮助，在此一并表示衷心的感谢。

阎德民

辛卯兔年除夕

注　　释

1　郭沫若:《郭沫若全集·历史编》第 1 卷，人民出版社，1984 年版，第 4—5 页。

图书在版编目（CIP）数据

论"期权腐败"及其治理 / 阎德民, 刘兆鑫著.
–北京：人民出版社，2012
ISBN 978-7-01-011239-8

Ⅰ.①论… Ⅱ.①阎… ②刘… Ⅲ.①反腐倡廉–研究–中国
Ⅳ.①D630.9

中国版本图书馆 CIP 数据核字（2012）第 223581 号

论"期权腐败"及其治理

LUN QIQUANFUBAI JIQI ZHILI

作　　者：阎德民　刘兆鑫
责任编辑：张秀平
封面设计：徐　晖

人民出版社 出版发行

地　　址：北京朝阳门内大街 166 号
邮政编码：100706　http://www.peoplepress.net
经　　销：新华书店总店北京发行所经销
印刷装订：北京昌平百善印刷厂
出版日期：2012 年 10 月第 1 版　2012 年 10 月第 1 次印刷
开　　本：880 毫米×1230 毫米　1/32
印　　张：12.25
字　　数：290 千字
书　　号：ISBN 978-7-01-011239-8
定　　价：35.00 元